WENJUAN DIAOCHA
YANJIU SHEJI
YU SHUJU JIANMO

问卷调查研究设计与数据建模

——从 SPSS 到 AMOS 的应用

王　晴　　著
徐建华　　审

江苏大学出版社
JIANGSU UNIVERSITY PRESS
镇　江

图书在版编目（CIP）数据
问卷调查研究设计与数据建模 ：从SPSS到AMOS的应用 / 王晴著. -- 镇江 ：江苏大学出版社，2024. 12.
ISBN 978-7-5684-2393-9
Ⅰ. C915
中国国家版本馆CIP数据核字第2024WT0097号

问卷调查研究设计与数据建模——从 SPSS 到 AMOS 的应用
Wenjuan Diaocha Yanjiu Sheji Yu Shuju Jianmo—Cong SPSS Dao AMOS De Yingyong

著　　者/王　晴
审　　定/徐建华
责任编辑/许　睿
出版发行/江苏大学出版社
地　　址/江苏省镇江市京口区学府路 301 号(邮编：212013)
电　　话/0511-84446464(传真)
网　　址/http://press. ujs. edu. cn
排　　版/镇江文苑制版印刷有限责任公司
印　　刷/镇江文苑制版印刷有限责任公司
开　　本/710 mm×1 000 mm　1/16
印　　张/15
字　　数/259 千字
版　　次/2024 年 12 月第 1 版
印　　次/2024 年 12 月第 1 次印刷
书　　号/ISBN 978-7-5684-2393-9
定　　价/95.00 元

前　言

问卷调查和数据建模是当今社会科学（广义上的文科、商科等）以及心理学（心理学是在思维科学、自然科学和社会科学交合点上形成的一门具有综合性的交叉学科）等相关领域的重要研究方法，问卷设计规范性、调查质量控制、数据分析等工作都关系到研究结果的有效性和有用性。然而，对于研究新手或初学者来说，这可能是件困难的事情，有的时候甚至无从着手，或找不到"理实一体"的贯通式理论方案及实操指南。

目前，市场上的问卷调查类、数据分析类书籍众多，令人难以做出选择。这些书籍大致可以分为三类：一是专门探讨如何设计调查问卷的；二是讲解 SPSS、AMOS（版本相应更新）等统计分析软件的使用方法；三是数据建模类。相关书籍有的很厚、很大，满目繁杂，有的存在明显的数理化倾向，缺乏一套"从问卷设计到调查实施再到数据分析"相对完整的系统性解决方案，不利于研究参考和知识创新。

为满足研究实践上的真切需求，本书从学术研究的整体性思路出发，以系统的逻辑、理性的观点，力图跨越实际研究中问卷调查与数据建模的知识鸿沟，将其中的关键隐性知识显性化并串联、贯通起来；同时，针对研究者在研究实践中可能遇到的核心问题提出相应的解决方法，通过前人或作者研究实例的展示，为读者呈现一个切实可行、易于操作的问卷调查研究设计方案及数据建模分析范式。

本书由 18 章构成，分为四大模块。其中，第 1～5 章是关于社会科学中调查问卷的原论议题的，在这五章中，我们将全面地认知并理解什么是调查问卷、如何设计问卷并控制质量。第 6～7 章囊括问卷调查过程中的两个重要环节：一是确定测量工具（即量表），这是学术研究的核心工作，二是关于调查抽样策略的内容。第 8～9 章是基于 SPSS 的问卷数据处理知识的系统表达，主要包括数据的录入、整理及变量转换。第 10～14 章是本书的问卷数据分析部分，详细阐释描述性统计分析、项目分析与信效度检验、同源偏差、均值差异检验以及相关和回归分析，为读者全面地呈现如何检验问卷数据的可用性、基础性的数据统计分析范例等，具有层层递进、知识贯通的显著特点。第 15~18 章是常规性的问卷数据模型分析，必不可少地涉及调节分析模型、中介分析模型等建模方法。另外，还引入高阶模型分析方法论，即被调节的中介分析模型、被中介的调节分析模型、多重中介分析模型，最后一章以 AMOS 软件在数据建模中的应用为收尾，探究结构方程模型在问卷数据分析中的实操方法并辅以具体实例。值得一提的是，笔者还在本书附录中罗列出研究报告中应当注意的规范性表达、问卷调查研究中的部分经典量表以及影响机制类问卷调查研究论文的写作框架。

本书体系规范、结构清晰、内容详实，适合作为（新文科、新商科、心理学等相关专业）课程教学用书。本书也适合于数学基础相对薄弱或统计知识有限的社会科学研究者、研究生、有志于从事学术研究的高年级本科生，期冀本书能够成为他们研究实践中参阅、引证的首选之作。

限于笔者的学识水平，书中可能存在一定的疏漏，热忱期待广大读者和同行不吝赐教、批评指正！也欢迎读者就某些问题与笔者交流和讨论，请致信：nku_wq@ 163.com 或 nju_wq@ 126.com。

王　晴

2024 年孟冬

目 录

第一章　社会调查中的问卷法

第一节　问卷调查概述

问卷调查是社会调查的常用方法，在学习问卷调查法之前，有必要掌握社会调查的主要方法，以便于更好地理解问卷调查法在社会调查方法体系中的作用、优势、局限性、适用范围等。

社会调查的目的在于考察、了解和预测特定社会现象的认识活动，在收集资料、数据或信息方面，社会调查通常采取一种或多种方法，便于开展后续的定性或量化分析，以期掌握某些特定社会现象的发展态势及变化规律（翟振武，2019）。实施社会调查的具体方法有很多，按调查方式，可分为直接调查和间接调查，直接调查和间接调查两类方法的优势、局限性及适用范围见表 1-1。直接调查就是调查者直接地接触被调查对象进行的调查，如实地观察和访问（访谈）等；间接调查，则是通过某种中介间接地对被调查对象进行的调查，如问卷调查、文献调查等，其中，问卷就是人们在间接调查中常用的“中介”（水延凯，1988）。

表 1-1　社会调查的主要方法及其特点

调查方式	具体方法	优势	局限性	适用范围
直接调查	实地观察	直接感受研究对象的情感、态度及其形成原因，可靠性最强	缺乏程序规范性，主观因素影响较大，结果的代表性易受质疑	多数情况下均可适用，特别适合用于对某类群体行为或现象的深层次研究
	访问（访谈）	深入了解调查对象的心理活动，对其态度、想法、动机等了解较深	对调查者能力要求较高，需要专业训练，陈述真实性难以控制	与调查对象进行各种形式的交流来收集所需信息

续表

调查方式	具体方法	优势	局限性	适用范围
间接调查	文献调查	省时、省力，对研究对象的干扰性较小，超越时空条件的限制	调查资料的二手性，内容的滞后性，易受主观因素制约	要对收集到的资料的适用范围和质量等情况进行评估
	问卷调查	效率高，易于量化分析，被调查者的个人因素对调查质量的影响较小	成本较高，研究时间较长，研究的深入性有待提高	对调查对象的状况及其看法、态度或行为等进行询问并记录

注：根据参考文献有关内容整理而得。

问卷调查法简称问卷法，实际上是访问法的延伸和发展，是访问调查法的一种特殊形式，即书面形式的访问。问卷调查一般都是标准化调查，即按照统一设计的有一定结构的问卷所进行的调查，这就是说，问卷调查法的主要特点是标准化、间接性、书面化（水延凯，1988）。这里所说的问卷（questionnaire）又称调查表或询问表，是研究者在社会调查中收集信息时常用的一种工具，通过设置问题及其答案的基本形式（有若干选项或由受访者填写内容）获得被调查对象对某些特定问题的态度、行为、观点等信息，借助于专业软件进行数据处理和统计分析，测量现况、探寻规律，为理论建构、决策或对策建议提供支持（张晓琼，2011）。

需要说明的是，不同学科领域的学者对受访者、被调查对象、被试（心理学领域更常用）等概念的使用习惯或偏好不同，本书对此不作区分，在具体的研究情境中择机而用。

第二节 问卷调查的基本程序

在学术研究中，实施一次科学严谨的问卷调查并非易事。本书中所讨论的问卷调查专指面向学术问题的调查研究范式，它不仅是一种收集数据的方式，更具有方法论的主旨要义。因此，问卷调查有着一套相对固定的规范程序，这种程序可以说是问卷调查研究方法论内在规律的一种体现。从实施过程的角度看，问卷调查的基本程序可分为五个阶段：界定问题与制定方案、设计与修订问卷、发放与回收问卷、整理与分析数据、报告结果与结论。

一、界定问题与制定方案

当研究者选定一个课题，并进入角色之后，便正式开启了问卷调查。研究过程的第一步是明确地界定研究问题，确定研究目的和调研内容。研究者可以通过实地观察、二手数据分析、小规模的探索性研究，或是对相关学术文献的系统性梳理与回顾，界定研究问题。研究过程的第二步，是根据前人研究文献和已有资料进行理论推演并构建理论框架，进而找出影响研究问题的重要的相关因素和关键变量（尤克塞尔·伊金斯，2018）。一旦确定研究问题，就意味着问卷调查活动的目的和内容基本被确定。明确地界定研究问题是学术探索的首要步骤，如果问题导向不清或研究思路混乱，就不要盲目地实施下一步工作。

接下来就要为实现研究目的并完成调研内容而做准备。这属于准备阶段中的系统性工作，主要包括：① 设计一套科学且可行的调查实施方案，即构思问卷调查研究方法论的总体性蓝图；② 选择问卷调查研究的具体类型，如探索性研究、描述性研究或验证性研究，其中，基于假设检验的解释性研究（即验证性研究）在管理研究中更为常见；③ 确定样本和数据来源，需要准确地认识研究总体的特征，合理地选取调查对象，特别是取样方式、样本量及样本结构、数据获取方式和方法等关键议题。

二、设计与修订问卷

问卷设计是整个调查研究过程中至关重要的工作流程，与研究目标的实现、概念的可操作化测量等密切相关。问卷的设计可以看作研究问题界定的后续工作，因为这些具体问题都需要通过问卷中的题项来呈现。问卷设计需要遵循一定的原则、规则、方法和技巧。问卷的设计者需要理清问卷的组成部分及其顺序、测量尺度、问项来源及其设置方式（开放式或封闭式）、篇幅、风格、版面布局等基本问题；还要确定问卷的填答方式，因为自填式和访问式的操作规程是不同的。

在开展正式的问卷调查之前，有必要对初步设计的问卷进行预调查，即预测问卷。这样才能及时发现问卷设计是否合理，特别是设计的问项能否较好地反映调研内容。选择用于预测试的调查对象应该是计划抽取的调查对象中的一个群体，这个群体应该具有较为完整的结构，最好是具有一定代表性的群体（徐国兴，2020）。预测问卷需要受访者提出修改意见或改进建议，因此问卷设计人员应当和受访者保持良好的沟通与交流，提示受访者在填写问卷时留意那些晦涩难懂或难以理解的问项内容。研究者根据预测结果对初拟问卷内容进行调整、修订和完善，这个流程可能需要反复进行，直到问卷优化得当。

三、发放与回收问卷

问卷的发放与回收是一项颇具挑战性的工作，特别是线下实施情境，调查者往往要亲自派发纸质问卷，与受访者接触或与受委托人沟通，这种方式投入的人力、物力和财力相对较多，比较适合经费充足的大型调查项目，而且调查者需要拥有良好的组织、协调和管理能力。当然，近些年流行起来的网络调查方式颇受欢迎。调查者可以通过专业性的问卷调查服务平台，或通过 E-mail、网络社交软件、即时通信工具发放并回收问卷，省去了很多人工成本，也便于后续整理与分析数据。不管采用何种方式，有效问卷回收率都是一个令人头疼的现实问题。除了当场发放问卷、当场回收问卷的线下模式，在超过预定的回收时间期限后，最好再与那些尚未提交（或返回）问卷的受访者联系一下，此时最好采取与上次有所不同的递送方式或形式（徐国兴，2020）。需要注意的是，调查者不应刻意追求更高的问卷回收率。如果问卷回收率确实很低，就需要从实施策略、受访者属性等方面寻找原因。

四、整理与分析数据

调查问卷回收后，研究者就要开始数据整理工作，如纸质问卷资料到计算机数据的转化、网络问卷数据的下载和保存。问卷数据的整理工作主要包括数据的审核、编码、录入、定义与转换等，完成以上这些工作是后续数据分析的基础，关系到结论的可靠性以及分析的顺利与深入等问题（董焱等，2019）。在整理问卷数据时，研究者要特别注意处理废卷、筛选异常值等预处理工作。从题型来看，问卷数据分析的内容可分为单项选择题的数据分析、多项选择题的数据分析、排序题的数据分析、变量测量数据的分析；从形式来看，问卷数据的分析工作包括描述性统计分析（如频次分布）、相关分析、因果关系分析、预测分析等；从方法上讲，问卷数据的分析方法主要有因子分析、均值差异检验、回归分析，还包括调节、中介、路径等回归分析的延伸应用方法。

五、报告结果与结论

研究者在完成了前面一系列的工作后，就会进入问卷调查研究的总结阶段。本阶段的主要任务是分析结果并形成研究结论，或与前人研究结论进行比较（相同研究情境下），或对既有经典理论进行合理创新，或将研究结果及结论转化成咨政建议，提交政府部门，将研究成果及结论作为决策参考。在学术研究中，研究者通常将研究成果在期刊上发表。

第三节　网络问卷调查方式

随着互联网技术的快速发展，网上调查逐渐兴起并被人们广泛应用，现已成为传统调查方法的一个重要补充方法。学术研究领域的网上问卷调查法（网络问卷调查法）一般是指研究者通过网络平台或数字媒介发放问卷（主要是推送链接或二维码）收集第一手资料或原始信息的调研方法。网上问卷调查的渠道主要包括两类：一类是研究者将调查问卷放在网络站点或平台上，以便受访者自愿地参与调查；另一类是研究者通过微信、QQ等社交媒体发放自己的问卷，或者通过 E-mail 的形式向目标对象直接发送问卷链接或二维码。采用此类方法发放问卷或问卷链接时，研究者应当明确发放的网络空间范围，不宜直接在朋友圈大范围“撒网”，需要明确问卷发放的网络去向和可控数量。当然，为了提高网络调查的响应率，研究者可以给予适当的奖励来激发受访者的参与积极性，从而达到调查数量方面的预期目标。同时，为保证网络调查问卷的填答质量，研究者应设计恰当的填答者身份认证与筛选机制。

借助 E-mail 方式发放问卷是常见做法。在没有合理激励（主要指金钱）的情况下，通过邮件点对点发送邮件，邀请受访者填答问卷的回收率可能比较低，特别是面向陌生的受访者发送邮件，由于彼此并不了解对方，在获得对方信任、兴趣等方面更困难一些，对方也没有义务填答问卷。因此，在发放问卷上耗费的时间和精力比较多，而效率又很低。但是，这种方式也有其内在优点，获得的问卷数据往往具有相对可靠性或更接近真实情况。例如，印尼学者（Wihuda et al.，2017）在对酒店一线员工进行问卷调查过程中，采用电子邮件方式发放了 235 份问卷，符合进一步处理要求的问卷多达 121 份，问卷回收率为 51%。中国学者张晋朝（2013）在调查我国高校科研人员科学数据共享意愿时，随机抽取我国高校科研人员 1200 人，发送邮件邀请他们填写在线问卷，其中，成功发送邮件 1108 封，另有 92 封邮件的地址无效或系统发送失败，正式调查持续进行了四周，共回收有效问卷 151 份，其中 150 人有主持并参与科研项目的经历。他们都采用了电子邮件方式发放并回收问卷，但由于研究情境不同，问卷回收率相差甚远。

目前，国内提供问卷调查服务的网络平台较多，已形成市场化竞争态势，各具特点，其中不乏专门从事问卷调查业务的知名网站，如问卷星、问卷网等；有的则是依靠其强大的用户基础或市场占有率而“顺带”提供问卷调查业务。各大网络平台也会提供功能多样化的增值服务，值得一提的是，AI（人工智能）生成问卷内容及深度 AI 分析，甚至自动生成调查报告、总结论点等功能可能成为市场新宠。例如，腾讯问卷就提供这样的专业服务，只需要在 QQ 界面中找到“腾讯文档”栏目下的“工具箱”，或直接搜索就可以进入“腾讯问卷”专门工作台。腾讯问卷提供“AI 生成问卷”这种新的选择方式，可以帮助用户快速自动完成问卷从设计、编排到制作的全过程，AI 还可以自动快捷地甄别和剔除无效问卷，也可以直接生成 AI 调查报告，包括题目、前言、说明、逐项统计分析、调查数据的图表化展示等，有的甚至包括总体性的结果分析、被调查者的观点总结等（韦生源，2024）。需要指出的是，对于网络问卷调查来说，AI 技术固然有其长处，但研究者也应当审慎地使用，特别是要注意细节问题，不能将 AI 生成的内容作为问卷调查研究结果和结论。

第二章 调查问卷的基本形态

第一节 调查问卷的类型

一、按问题答案类型划分

（1）结构式问卷

结构式问卷的设计需要遵循严密的内在逻辑，问题的提问方式、顺序和组合方式是根据特定的逻辑关系安排的，不能随意变更。根据问题的回答方式，结构式问卷可分为封闭式问卷、开放式问卷、半封闭式问卷等三种类型。

（2）无结构式问卷

与结构式问卷相比，无结构式问卷的问题设计是比较灵活的，其通常被用于探索性研究中，目的是获得一些启发性的问题和线索，因此不适合进行逻辑形式的设计。提问的形式、用语（措辞）、回答格式等具有一定的灵活性，可以根据实际情况或调查需求控制问题内容和方向。无结构式问卷有利于研究者从回答中了解被调查对象的态度、意见、动机等层次较深的内容，缺点是资料分散、量化困难，也有可能出现被调查者刻意隐匿、修饰自己真实想法的问题（翟振武，2019）。

二、按填答方式划分

（1）自填式问卷

自填式问卷指的是研究者将问卷发给受访者，由受访者自己填答的问卷，既可以现场发放并回收，也可以通过网络发放并回收，还可以通过邮寄方式实现此操作。采用自填式问卷收集数据是当前调查研究中最常用的一种方式。

(2) 访问式问卷

访问式问卷是由调查者按照问卷的内容向被调查者提问，并根据被调查者的回答进行填写的问卷（风笑天，2019）。研究者或调查员可以通过当面访问、网络实时在线访问、电话访问、微信、QQ 语音、视频对话等途径实现这一操作。

第二节 调查问卷的结构

尽管问卷类型多样，但就其一般性结构而言，一份设计规范的问卷一般都包含标题、封面信、指导语、问题及答案（选项）等组成部分（张晓琼，2011）。在表述方面，郭志刚等（1989）认为问卷一般包括引言、注释和条款（item）三大部分，这里的引言、注释、条款分别等同于封面信、指导语和题项；水延凯（1988）指出，问卷一般包括前言、主体和结语三个组成部分，这里的前言等同于前述的封面信、引言，主体包括调查的问题、回答的方式以及回答的指导和说明等，是问卷的主要组成部分。结语力求简短，也可省略。

一、标题

问卷标题是对调查主题的概括性说明，有时也称调查说明，目的是使被调查对象对主题内容有一个直观的了解。问卷标题有时也是一把“双刃剑”：一方面，研究者明确地标示研究主题，可能会激发填答者的兴趣等；另一方面，由于填答者可能存在社会称许性（social desirability）反应偏向（也称社会性期望偏差），产生按社会所期望的行为作答的倾向，答案看起来偏“好”，因此研究者可以考虑采取隐匿问卷标题。

二、封面信

封面信（或称引言）通常放在问卷的最前面。在封面信或引言部分，有关内容应当包含问卷调查的目的与意义、调查的组织者与结果的使用者、问卷的匿名性与保密原则，特别是问卷所收集资料的使用去向与隐私保护，应当在此部分作出说明，这样能够更好地消除被调查者的抵触或戒备心理；除此之外，也可以包括调查员的自我介绍等内容。

下面举例说明问卷封面信。

尊敬的女士/先生：

您好！

本问卷采用匿名制填写，所得资料仅作学术研究之用，并严格按照《中华人民共和国统计法》的有关规定对所得资料进行保密。题目的答案并无对错好坏之分，请您根据真实情况与感受，在相应的序号后画“✓”或者将序号标红，并在________上填写。您的认真作答将对本研究具有莫大的帮助，请尽量不要漏填或多选。

衷心感谢您在百忙之中抽出宝贵时间参与调查。祝您工作愉快，生活幸福！

＊＊大学＊＊＊＊研究团队

三、指导语

为帮助被调查对象正确填答，调查问卷通常设置指导语（或称注释），对填答问卷过程中的共性要求或注意事项进行提示，起到解释和说明的作用，有时也对题项表述做出进一步的诠释。特别指出，在量表计分方式上，指导语有时也会对态度或行为的评分方向做出说明。

例 1：

请您选择与自身情况最相符的选项，在相应的序号后画“✓”或者将序号标红。（说明：① 非常不同意；② 不同意；③ 有点不同意；④ 不确定；⑤ 有点同意；⑥ 同意；⑦ 非常同意）

例 2：

年均收入（税后，包含津贴/奖金等）

例 3：

其他（请注明：____________）

四、问题及答案

根据问答格式，问卷中的问项分为开放式和封闭式两种。开放式问项通常被用于探索性研究，封闭式问项则对描述性研究或假设检验类研究比较合适。封闭式问项的设计主要分为两类，第一类是要求受访者从答案清单中选择一个或多个选项，第二类就是与评分有关的量表问项。根据研究者所要获得信息的不同而划分的问项类型可分为行为类问项、事实/知识类问项、态度类问项以及分组问项。其中，分组问项主要被用于收集个体属性类或组织特征类信息；事实/知识类问项常被用于访问式调查；行为类问项用于收集与受访者自己或其他人实际行为与过去行为相关的信息，通常是针对某一主题；态度类问项用于收集受访者对某些事情的看法的信息，态度有正向和负向之分，考虑到态度是人类行为的先行指标，所以态度问项有助于研究者深度理解受访者的行为（尤克塞尔·伊金斯，2018）。

第三节　调查问卷的版式

一、表格式问项排版格式

一般而言，问卷中的某个题目应由题干和选项组成。考虑到填答者直接接触纸质问卷，问卷的长短、风格、版面等要素都会对填答质量带来影响，纸质问卷应当保持合理的篇幅和设计元素。对于一份常规性的学术调查问卷，印制纸质问卷的纸张不宜太长，若采用 A4 规格尺寸，可以通过适度调整页边距、字体大小、行间距等，将整个问卷的篇幅控制在正反一张纸以内。对于大型调查，问卷篇幅可以多一些，但也不应超过两页纸，可采用 A3 纸规格尺寸印制问卷，字体相较而言更大一些。

较长时间的纸卷文字阅读、思考和打分，容易引起填答者的视觉或精神疲劳，也有可能带来不必要的心理压力。为消解被调查对象在填答过程中的负面情绪，纸质问卷应在排版上采取相应的优化策略。除调节字体、字号、行间距等操作外，还可以加入色彩区分度，例如，在表格式的问项排版情形下，每隔一行，增加相同颜色的底纹以示区分，底纹在问卷黑白印刷后不能影响直观的文字识别和阅读，见表 2-1。

表 2-1　表格式问项排版格式示例

1. 我在积极地寻找另一份工作	①	②	③	④	⑤	⑥	⑦
2. 我很认真地在考虑离开这个单位	①	②	③	④	⑤	⑥	⑦
3. 我时常会想要离开这个单位	①	②	③	④	⑤	⑥	⑦
4. 如果我能找到一份好的工作，我就会立即离开这个单位	①	②	③	④	⑤	⑥	⑦

注意，不建议过多地对题项采用加粗、下划线等操作，题干的描述语中间可用逗号分开，但结尾处不应出现标点符号。此外，题项类型应尽可能设置为选择题，可以尝试将填空题“转换”为选择题。若一定要设置填

空题的话，可将填空题放在问卷的最后部分。

二、问卷版式设计

问卷版式设计关系到填答者对问卷的直观感受，如果版式设计不当，会影响问卷应答率、数据质量等。就问卷版式设计的一般要求而言，郭志刚等（1989）列举了四个方面的注意事项，其中最主要的是题项或称条款（item）内容及措辞的设计。

第一，问卷的每一个题项及答案（选项）都应单独列出，上下题项之间应留出适当距离，不宜过密。特别是开放式问题，一定要留有足够的空格以供填答。例如：

Q3. 据您判断，哪些因素是影响图书馆员职业成长的关键因素？请您尽可能地按照重要性顺序填写。感谢您的支持与合作！

（1）________________________________

（2）________________________________

（3）________________________________

（4）________________________________

（5）________________________________

第二，在封闭式问卷版式设计方面，答案及选项之间一定要留有足够的空格，每个选项前的勾选或圈选标记可以是数字、字母、括号、方框等多样化形式，比如：（✓）、☑；也有在圆圈内打上十字号的，比如：⊕。研究者应当注意的是，一定不要在以上标记形式的前后做特殊记号，以免由于填答前后产生记号混淆。

第三，在条件式题项的版式设计方面，可灵活设计版式。例如，想要了解图书馆读者忠诚度在持证用户和非持证用户之间的差异，可以这样设计版式。

C06. 您是否持有本馆的正式读者证？（读者证处于有效状态）

（1）是【如果是，请回答 C06. 1】

C06. 1. 您的读者证已办理的时间

① 1 年以下　② 1~5 年　③ 6~10 年　④ 11~15 年

⑤ 16~20 年　⑥ 20 年以上

（2）否

第四，顺序效应问题。在多数情况下，题项在问卷中出现的前后顺序会影响填答者的选择倾向。但是，题项的顺序效应问题在绝大多数的调查问卷中是难以避免的。有人认为可以采取随机排序的方式确定题项的先后顺序，但是这种做法在自填式问卷中的效果较差，因为随机排序的问题容易促使填答者产生跳跃性思考，不利于集中作答。针对自填式问卷的设计，最好能够将引起填答者兴趣的题项排在前面，将有关个人特征的信息排在后面，而针对采访式问卷，排序方式正好相反。特别指出，不要将敏感性题项排在问卷的前面，这有可能会影响调查的深入。

第三章　调查问卷的题项设计

第一节　题项设计的原则

一、答案穷尽原则

在问卷设计中，每一个问题的选项应当囊括的答案，原则上不可遗漏。对初学者或不了解调查对象个体或组织特征的研究者来说，这是一个相对难度较高的设计工作。可以从三个方面补充和完善相关知识：一是前人的问卷设计中寻找灵感或在前人的基础上批判性地改良；二是通过访谈获得第一手资料，可以遵循“从调查对象中来，再回到调查对象中去”的理念进行设计；三是进行开放式问卷调查。后两种方式更接地气，但应当注意访谈/调查对象的结构合理性等问题，避免源头上的偏差。

例如，想要了解高校教师的学历（问卷中常表述为“受教育程度”）结构，可以设置四个选项：大专及以下、本科、硕士、博士。这里需要说明的是，由于国内学界长期以来的习惯性误解或误导，将本科与硕士、博士同类相待，而实际上，本科属于学历，硕士、博士属于学位，造成的结果是，若将本科替换为学士，反而觉得“另类”。

在学历（受教育程度）方面，国内长期存在一种常识性错误，误将博士后视为比博士更高的学位，而实际上，博士后是一种工作岗位名称，不是学历教育形式，不应纳入学历范畴。若要针对性地测量博士后群体的心理与行为，可单设题项，但不应在学历选项中列出此项。

二、便利作答原则

题项的设计应当尽可能地使得调查对象及时、有效地、方便地作答。对于现场发放的问卷，研究者应当在现场提供便利条件，特别是纸质问卷，要让被调查对象快速地适应并进入作答状态；对于网络问卷或电子问卷

（在线作答并提交），二维码或链接是常见的作答接入方式，版式要美观、清爽，分页数量适中，每一页呈现的内容不宜过多。

为方便被调查对象作答，至少需要解决好四个问题：问卷的长度、布局、题项的表述清晰度，以及题目的作答方式。纸质问卷一般采用的是打印纸（A3 或 A4 尺寸的纸张），印刷出来的字体大小、排版风格、整体布局都有可能会影响被调查对象的作答情绪。

在题目的作答方式上，是勾选还是填空？除非有必要将答案列出来，否则，不宜过多地设置填空题，或者转换思路，尽可能地将预备答案以选项的方式列出来以便勾选，也不要寄希望于被调查对象逐一填空。当然，若是将填空题转换为选择题，应当在事前充分酝酿和斟酌，如果条件允许，调查者可进行预试以避免遗漏选项，这一点无法正式在问卷发放之后弥补，切记！

三、保持更新原则

由于个体特征或组织环境的变化，某些选项可能会失去其原有意义或不具备价值。这就要求新设选项应当保持更新，及时改良或优化相应的设计方案。保持更新需要重点关注两个方面，一是常规性变化，如工资的增长；二是非常规变化，如制度改革和创新。

根据常规性变化的特点和趋势，某个或某些选项在内容设置上需要持续跟进最新发展动态，比较常见的例子是收入。考虑到不同的时间跨度，即使是同一类职业群体，随着职务、工龄等因素的变化，其收入的差距可能发生了较大变化。例如，2010 年调查高校图书馆员的收入状况时，可设置“2000 元及以下”这一选项，而到了 2020 年，“2000 元及以下”的区间划分已没有意义。值得注意的是，如果是追踪式问卷调查，需要注意前后两次或多次题项设计的延续性和连贯性。

在设置选项时，研究者还需要了解时代背景或制度环境。例如，调查者要了解调查对象所在图书馆的类型，且以高校图书馆和公共图书馆为调查的主要类型时，可以设置高校图书馆、公共图书馆、其他等选项；当研究者想要分析更深层次的类型差异时，可以将高校图书馆这一类型细分为一流大学建设高校图书馆、一流学科建设高校图书馆、民办本科院校图书馆、独立学院图书馆，等等。根据教育部要求，全国所有独立学院要在 2020 年末提出转设方案：改为公办、改为民办或注销建制。这意味着转设完成之后，独立学院不复存在，相应地，在其后就不能新设“独立学院图书馆”这一选项。

关于保持更新原则，水延凯（1988）编著的《社会调查教程》第 210 页指出，选择调查问题的第一原则就是“必须符合客观实际情况”，书中所举之例值得当今调查者理解，原文表述如下：调查城镇居民 1986 年底拥有耐用消费品的情况，如果仅仅设计手表、自行车、缝纫机这老“三大件”，就大大落后于实际了；如果设计上空调器、微波炉、小轿车等项目，又大大超过了现实。处于当今时代的我们，经济条件有了很大改善，生活水平明显提高，再去阅读前述表述时，又作何感想呢？

第二节　题项设计的功能

一、调查对象排除功能

在问卷调查样本来源的结构中，可能有一类或某些群体不是我们想要调查的对象，但是在发放问卷的过程中，又很难或不方便直接进行有效甄别。这个时候，可以针对题项进行特殊设计，在选项中增设拟排除对象的信息。例如，调查对象是图书馆正式员工，需要将临时工排除在外，可在选项中设置“临时工”或“临时工作人员”一项，凡是勾选该项的，即为排除对象。

这个功能应当引起调查研究者的重视，因为在问卷发放的过程中，很有可能存在无意识地放大或缩小调查对象来源范围的行为，从而增加由此导致误差的风险。

例如，为了获得正在工作的企业人员的样本数据，张佳良等（2018）通过设置答题者的身份、年龄、工作经验等约束条件，可以有效地剥离出针对性的答题者。为保证被试的代表性和结果的准确性，张玉琴和南钢（2020）在幼儿园教师职业生涯适应力对离职意向的影响研究中，特地在问卷的人口学变量部分设置了“工作岗位”（包括行政管理者、教师、保育老师）题项，用以识别出调研对象——幼儿园教师。

二、特征变量优化配置

为了解中国博士生国际期刊论文产出的群体差异，李澄锋等（2019）将法学、工学、管理学等 13 个（含缺失值）“学科类别”进行再次归类处理，将理学、工学、农学和医学划归为自然科学类（A），将法学、教育学、经济学和管理学划归为社会科学类（B），将历史学、文学、艺术学和哲学划归为人文学科（C）。由于存在缺失值，故类别比例加总后未达 100%。

在本书作者开展的高校教师组织行为调查中，被试“目前从事专业所属的学科门类”题项中，设置了 13 个类别：① 文学 ② 历史学 ③ 哲学 ④ 法学 ⑤ 教育学 ⑥ 理学 ⑦ 工学 ⑧ 农学 ⑨ 医学 ⑩ 经济学 ⑪ 管理学 ⑫ 艺术学 ⑬ 其他（请注明：________）。同样地，人事关系中的“编制”题项也有类似功能，① 公务员编制（含“参公”） ② 事业编制（不含“参公”） ③ 人事代理 ④ 劳务派遣 ⑤ 劳动合同制 ⑥ 聘用制 ⑦ 其他（请注明：________），其中的公务员编制、事业编制可以合并为“编内”，其他选项则可以合并为“编外”。

三、调查对象隐私保护

调查研究者有责任保护调查对象的隐私，若涉及组织层面的秘密或不宜公开信息，也必须有意识地采取必要的保护措施，这是调查研究需要遵守的职业伦理。

第三节　新设题项的来源

试设一个研究情境如下：调查业务培训频率对图书馆员职业成长的影响，而研究者并不了解或掌握目前图书馆员参加业务培训的实际情况。针对这一研究情境，研究者可以设置相应的填空题来实现原始数据的采集。例如，在个人信息的靠后部分，增设填空题：

您平均每年参加业务培训的次数：________。

这样做的好处至少有两个：一是确保数据来源的真实可靠性；二是为后续有关研究提供参考或借鉴，该次调查完成后，可将业务培训频率有关题项从填空题转设为选择题，增加填答的便利性和数据的规整性。

根据本书作者的调查结果，图书馆员每年参加业务培训达到 4 次及以上的样本量所占比重较小，因此在后续的有关问卷设计中，可将此填空题转设为以下选择题：

平均每年参加业务培训的次数：① 0 次　② 1 次　③ 2 次　④ 3 次　⑤ 4 次　⑥ 5 次及以上。

应当注意的是，为提升后续调查中该题项设计的延展性，需要适度增加选项的宽度和边界，例如，将“4 次及以上”扩展到“5 次及以上”，为可能突然出现的数据留有余地。

第四节　人口学变量的设置

一、人口学特征的内涵及外延

在进行问卷调查研究时，若问卷中缺失受访者个体特征问项，则这些问卷基本上可以认定为废卷，整个调查研究也没有基础性价值。因为个体特征是探寻特定情境下被调查对象心理或行为规律的客观依据，有的时候这种依据会对问卷起到了最重要的作用，比如，了解大学生的网瘾/网游依恋状况，研究者就需要针对个体特征差异进行更为细致的考察。另外，从方法论的角度来看，个体特征还具有一定的指导意义：当调查者整理初步回收到的问卷数据时，可以通过统计个体特征及其比例结构了解抽样是否已达到合理预期。而在实际的调查实施过程中，研究者很难保证被精准而真实地测量和获取到个体特征信息，原因主要在于个体特征问题在大多数情况下都会涉及受访者的隐私。这就需要研究者在设计个体特征题项（及其数量）时要采取权衡策略，或做出信息采集深度和广度上的取舍。

经过长期的问卷调查经验积累，时至今日，个体特征已被视为所有研究人的心理与行为活动的起点（徐国兴，2020）。个体特征信息内容丰富且属性多样。在不同的调查情境中，其称谓略有差异，如在政府部门开展的问卷调查（如普查）中，个体特征通常被称为人口学特征。受此影响，在学术界的问卷调查研究中，样本的个体特征也常常被称作人口学特征或人口学变量。设计这类变量的问项时研究者需要遵循规范的逻辑和用语方式，并要注重打磨和控制问项细节的锤炼和把控，既为降低受访者的主观敏感度和受威胁性，也为后续的高质量统计分析打好基础。同时，由于个体特征的种类和层次较多，研究者在参考前人设计方案的基础上，还必须根据自己的研究情况和调研需求进行合理修订，或删或改。比如，在侯振虎等（2019）考察人口学变量对大学生综合幸福感的影响研究中，研究者根据研究需要，在基本人口学资料的基础上增设了被调查对象的家庭背景、校园生活与学业状况等自评项目。新增的个体特征有助于拓展研究视角和问题讨论的广度。

调查问卷中的个体特征需要通过一系列专门的问项内容来反映，尤克塞尔·伊金斯（2018）称这类问项为分组问句，因为这些问句获得的信息可用于对受访者、组织和客体进行分组，或用于检验研究中受访者或组织的分布情况。典型的分组问句可以通过人口统计特征、组织特征等对个人或组织进行画像。个人分组问句放在问卷的开头还是结尾是研究者的个人选择，学界并无定论。本书认为研究者最好将某些高度敏感的信息（如个人收入）放在问卷的最后部分。问卷调查中的个体特征既可以单独作为一类变量进行检验与分析，如对样本进行分组后，检验其结果变量在人口特征不同水平上是否存在显著差异；也可以与其他变量一起开展“协同”分析，如将性别作为调节变量，纳入有调节的因果关系分析模型。

二、常见的人口学变量示例

（1）性别与年龄

通过检索问卷类学术文献可以发现，常见的人口学变量包括性别、年龄、社会经济地位（受教育程度、收入、职业）等。这些有关受访者的描述性信息常以列表显示答案的方式呈现出来，有的时候也通过受访者填答获得。关于性别的设置，一般为单选题并列出两个选项（男、女）。年龄是很重要的个体特征信息，因为在分析与其他变量数据的相互关系时经常使用年龄。如在市场细分调研中，检验样本的有效性，评估年龄组之间的结果差异性，年龄都起到了关键作用（尤克塞尔·伊金斯，2018）。需要注意的是，年龄这个问题存在一定的模糊性，既可以报告实岁，也可以报告虚岁，还有的人喜欢用约数来表示自己的年龄。确切的年龄应该来自生日问句。当然，有些受访者可能会对自己的年龄很敏感而不愿意透露，研究者可以考虑采取分组的形式来询问。

以下关于年龄的三种设问方式可供参考：

Q1. 您的出生年月是：________年____月。

Q2. 您的年龄属于下列哪一组：

☐ 25 岁及以下

☐ 26~35 岁

☐ 36~45 岁

□ 46~55 岁

□ 56~65 岁

□ 66 岁及以上

研究者还可以采取适当的细粒度划分策略（如间隔 5 年）进行年龄分组，这样的话，便于后续分析时重新对研究对象编组。如果研究者想从代际的角度来分析受访者的特征差异，那就应该以出生年代的形式来设问。比如，在以高校教师为被调查对象时，可以设置“60 后”“70 后”“80 后”“90 后”等代际分组问句。

（2）职位与职称

职业、职位（职务）、职称等特征信息属于社会经济地位或阶层分组体系中的问项。但是，目前流行的一些职业分类结构容易出现交叉的情况，不建议研究者直接照搬，而应根据实际调查目标进行确定。职位与职业的划分也存在类似的模糊边界情形，需要具体情况具体分析。例如，在测量亲环境行为（pro-environment behavior，PEB）时，问卷调查对象是洛桑联邦理工学院（EPFL）的教师和学生，研究者共设置 6 个职位（position）选项（Hansmann et al.，2020），其中，教师和学生各 3 个，具体如下：

a. 本科生

b. 硕士生

c. 博士生

d. 博士后及高级研究员

e. 教授（包括助理教授、副教授、名誉教授和正教授）

f. 管理和技术人员

考虑到制度和文化环境的差异，我国大学教师的职位分类可能与国外差异较大，但也不排除部分地区已接轨国际。例如，深圳大学《2020 年春季学期教职工返校工作预通知》显示，该校教职工并不包含该校的安全保卫、后勤和物业管理等工作人员，该校教职工包含教师、管理和技术人员、博士后、专职研究人员等。

关于职称，总体上可分为初级、中级和高级三个层次，而在具体的职业环境中，职称分类又存在名称上的差别。在我国高等教育系统内，教学系列的职称一般分为助教、讲师、副教授和教授四个层次；研究系列的职称同样有四个层次：研究实习员、助理研究员、副研究员和研究员；教辅系列职称又可再分为实验系列职称、图书资料系列职称等，如图书资料系列的职称一般包括助理馆员、馆员、副研究馆员和研究馆员四个层次。

(3) 组织类型与组织规模

不同类型或规模的组织具有不同的发展水平，被调查对象即使同属于同一个行业，也可能由于不同的环境特征而产生差异化的表现。比如，在我国图书馆行业内，分类体系就比较复杂且发展水平差异较大。根据服务对象的属性，我国图书馆系统大致分为高校图书馆、公共图书馆、中小学图书馆、党校图书馆、医院图书馆、科研机构图书馆，以及其他图书馆。

具体地，高校图书馆还可以根据高校的类型再次分类，如划分为世界一流大学建设高校（第一批共 42 所）图书馆、世界一流学科建设高校（第一批共 95 所）图书馆、“双一流”之外的省属重点高校图书馆、省属普通高校图书馆、民办本科院校图书馆、独立学院图书馆、公办高职（高专）院校图书馆、民办高职（高专）院校图书馆。公共图书馆可以按照层次划分，具体分为：① 国家图书馆、② 省（自治区/直辖市）图书馆、③ 副省级市图书馆、④ 地级市（州/地区/盟）图书馆、⑤ 县（区/旗/县级市）图书馆、⑥ 乡（镇/街道）图书馆。

组织规模大小的划分依据一般是组织内正式员工的人数。以组织特征对图书馆员职业成长的影响研究为例，研究者（王晴，2019）根据员工人数来划分图书馆规模的类别（或称水平），共分为四个不同的类别：“1”表示馆内员工人数为“50 人及以下”、“2”表示馆内员工人数为“51 ~ 100 人”、“3”表示馆内员工人数为“101 ~ 150 人”、“4”表示馆内员工人数为“151 人及以上”。在员工信息素养对外部知识效应的影响研究中，王宗军和蒋振宇（2020）采用员工人数来测度企业规模，为方便进行数据分析，用 1 至 4 分别代表不同的企业规模，其中“1”表示员工人数为“小于 100 人”，“2”表示员工人数为“100 ~ 500 人”，“3”表示员工人数为“500 ~ 1000 人”，“4”表示员工人数为“1000 人以上”。

第四章　调查问卷的质量控制

第一节　问卷填答质量的影响因素

一、社会称许性效应

在问卷调查中，受访者往往会刻意地做出某些与本意不符的选择或填答行为，以使答案看起来“更理想”或避免尴尬。这类意图修饰答案所造成的问卷填答影响可称为社会期待的偏差（social-desirability bias），这类现象也被称为社会称许性效应。一个普遍意义上的解释是：人们不愿意透露与自己有关的负面情况，特别是那些心里的敏感之事。比如，酒后驾车就是一个敏感问题。尽管研究者把社会性期望当作解释这些现象的一类“统称”（blanket term），但是几种不同的外力作用可能导致了上述效应（弗洛德·J. 福勒，2010）：第一，受访者倾向于迎合某种社会期许，从而在选项上美化自己；第二，某些问题的答案事实上可能会对受访者造成威胁，比如，在调查涉及吸毒、HIV 等问题时，调查所得出的答案可能会给受访者带来后续“麻烦”，从而使得受访者会自觉地“自我保护”故意隐瞒真实情况；第三，受访者出于对自我印象管理的需要，可能会采用一种相关但稍微不同的方式修饰答案，或受访者受多数人的影响，修饰答案。

反思修饰答案的理由会引出这样一个观点：在调查问卷的填答过程中，应该尽可能地减少以上外部因素的负面干扰或事实偏误。研究者可以采取的优化策略不只有优化设计问项（问题及其答案选项），还涵盖了调查实施过程的某些环节。在问项设计方面，研究者应当通过采取相应的措施提高受访者的认识、打消受访者的顾虑、调整答案的详细程度或让受访者完成“用代码作答”的工作。通常以更加缓和的语气提问，同时合理设置选项的范围，因为在某些情况下，选项边界宽泛的问项要比提供详细答案的压力或顾虑小得多。比如，了解受访者的收入情况，第一种方式是直接询问具体数额，第二种方式是给出区间以供选择，显然，第二种方式更不容易造成修饰答案。关于使用代码来回答问题的策略描述，感兴趣的读者可以参考福勒的《调查问卷的设计与评估》第 41 至 44 页的有关内容。在数据收集程序上，研究者应对受访者做出隐私保护的承诺，保持友好沟通并减少调查过程中的人为干扰。

二、如何设置测谎题和反向题

问卷数据收集过程中的社会期望性回答或不认真回答均是普遍存在的现象，对问卷效度会产生负面影响，在数据的统计分析前必须剔除那些废卷。为了能够筛选出那些“极有可能”在问卷填答中修饰过答案或随意(胡乱）填答的受访者，研究者通常会在问卷的问项设计中加入个别或少量的测谎题或反向题，即通过问项之间的关联逻辑来探测受访者是否真实地表达了自己的主观状况。如果受访者不按实际情况或真实感受填答问卷，那么他/她在测谎题上的填答结果将会出现异常情况：过高或过低的加总分数、相悖的问题选项。

从质量控制的角度看，设置测谎题或反向题的主要功能是过滤无效问卷，以保证问卷调查结果的信度，这类问项的设计也应遵循一定的规则和程序。从问项数量上讲，测谎题或反向题不宜过多，1～2 题即可。在问项的陈述方面，可以设置含义相同但表述不同的一个或一对问项，比如，在测量个体在组织内感知到的职业成长机会的量表问项中，量表共设置 3 个问项（张勉和张德，2007)：① 本单位为我提供了跟上与工作有关的新动向的机会，② 本单位没有为我提供学习新知识或提高专业技能的机会，③ 本单位为我提供了在工作中自我提高的机会。显然，第二个问题的表述方向与其前后两项均相反。还可以将两个相同的问题放在问卷中的不同位置，考查其选项的前后一致性。

第二节　调查问卷的回收率

一、问卷回收率的概念与计算方法

调查问卷的回收率，也称为应答率（response rates)，是实际完成调查的个案数与计划完成的样本个案总数之比。问卷的回收率=(回收的问卷数÷发出的问卷总数)×100%。比如，在一项调查研究中，研究者采用自陈式问卷从总体中抽取出500名目标对象作为样本，发放问卷500份，实际收回问卷420份。那么，根据回收率的计算方法，该调查问卷的回收率为：(420÷500)×100%=84%。

应当注意到，在实际操作层面，调查回收的问卷往往并非全部符合预期规范，需要剔除那些无效或不合格的问卷后，剩下的有效问卷才能用于真正意义上的数据分析。因此，严格地讲，问卷的回收率与有效问卷的回收率还是有所区别的，计算方式也不一样。有效问卷回收率，是指回收的有效问卷数与发出的问卷总数的比率（百分比）。比如，在上述的调查示例中，通过审核和筛查实际收回的420份问卷，发现其中有40份无效问卷，将这些废卷剔除后，该项调查的有效问卷回收率为：[(420-40)÷500]×100%=76%。

在研究论文的陈述部分，研究者通常需要报告其发放的问卷总数、收回的问卷数、有效问卷回收率等统计值，一般情况下，研究者还会特别说明或加注无效问卷的筛选标准。

关于有效率，这里需要注意两个指标：回收问卷有效率、问卷有效率。两者的计算方法是不同的，其中，回收问卷有效率=(有效问卷数量÷回收问卷数量)×100%，问卷有效率=(有效问卷数量÷发放问卷数量)×100%。

二、问卷回收率的意义与界定标准

在问卷调查研究中，科学的抽样设计可以在很大程度上保证样本的代表性，然而，调查结果的代表性并不能由此得出，因为抽样的代表性属于“事前”评估指标，而在实际调查过程中，会遇到诸多影响问卷应答率的因素或障碍，因此收回的个案数总是属于预期抽样范围内的部分。未应答者通常是排斥被调查、沟通不畅、看不懂题项或无法准确送达的那些人，所以，当调查问卷的回收率很低时，总体代表性就会受到明显的影响和破坏(风笑天，2021)。

达到什么比例的回收率才能令人满意或可接受呢？关于问卷回收率的界定标准，目前学界尚未形成一致的看法，科研工作者对最低回收率的认定标准也不统一。所谓的界定标准，也仅是一种经验之谈或概略指标，并没有统计验证结果作为科学依据，也很难验证这些不同标准之间的优劣。但是在客观上，由于有效回收率所代表的实际样本才是真正可用的样本，因此，即使在抽样具有良好代表性的情况下，问卷回收率的高低仍然可以影响调查结果的代表性，从这种意义上来看，调查问卷的有效回收率越高越好。但这只是一种理论上的答案，如果加上现实条件或因素，或许过高的回收率并不一定是件好事。研究者更应该关注的是问卷调查实施过程的严谨性、规范性以及调查所得资料的质量，而不应过度追求高的问卷回收率（风笑天，2021）。

我们应当看到，问卷回收率并不是研究质量或结果可信度的决定性因素。在教育领域的问卷调查研究中，关于有效问卷回收率，大部分学者建议不应低于 70%，如果低于此值，要进行补测。还要考虑到问卷发放方式的差异，一般而言，访问问卷的回收率最高，可达 90%以上；邮寄（纸质）问卷的回收率较低，达到 50%的有效问卷回收率就比较理想；自填式问卷的回收率一般达到 60%即可。

第三节　无效问卷的界定标准

一、不认真作答的甄别

尽管研究者可以通过制订详密的调查计划来收集有价值的问卷数据，但这并不能保证填答者参与动机的真诚度，特别是在网络问卷（即在线作答方式）流行的当下，更难保证填答者认真地参与问卷调查。不努力作答（insufficient effort response），又称不认真作答，是指被调查者在填写问卷过程中出现不专心、疲劳或加速作答，导致问卷数据无法反映真实状况的现象。这种现象更容易出现在题量较多的量表中，疲劳效应会使得被调查者在问卷或量表的后半部分不认真作答；不认真作答不仅令个体问卷数据无效，还会为测量题项打分的计算带来偏差，严重影响分析结果的可靠性，因此，对不认真作答的甄别就显得很有必要（王丹和刘红云，2023）。

目前，甄别不认真作答的方法及评判指标有十几种，针对不同的不努力作答表现，如何选择合适的指标进行推断，是研究者需要考虑的重要议题。王丹和刘红云（2023）在归纳总结不努力作答识别指标的基础上，通过实际应用中的方法论比较，在甄别选取策略方面给出了相应的对策建议，甄别不努力作答的主要方法、优缺点及建议，见表 4-1。

表 4-1　不努力作答的主要甄别方法、优缺点及建议（王丹和刘红云，2023）

方法	内容	优点	缺点	建议
主动侦查法	陷阱题	不容易受到其他因素的干扰；容易计算	增加作答时长和认知载荷；印象管理的影响	结合题目内容，识别不努力和故意作假
	直接反应题			
作答过程指标	题目缺失率	计算简便；无须插入其他题目	甄别效果不敏感；有些量表无法提取这类信息	评估作答缺失实情，以决定是否能采用完成率来甄别无效问卷
	作答时长			
	连续相同作答			
指标分析法	个体作答变异	无须插入其他题目；灵活选择甄别标准	计算过程复杂；阈值缺乏统一标准	尝试多种指标；根据实际情况确定截断值

在实际操作中，研究者们主要通过作答时间、前后矛盾等具体方法来甄别无效问卷，而作答时间又与题量、难易程度（被调查者对测量内容的理解能力）等因素密切相关，设置陷阱题或直接反应题（即要求填答者选定某一特定答案）可能会受到印象管理的影响，以上问题还需要根据实际情况，具体问题具体分析。

二、前后回答矛盾

华南理工大学张振刚等（2016）提出了三条废卷筛选标准：① 漏选题项数超过 5 个，② 连续 5 个及以上选项相同，③ 同一家企业员工的问卷不超过 3 份。发放问卷 312 份，回收 223 份，获得的有效问卷为 199 份，有效问卷回收率为 89.2%。王雁飞和朱瑜（2012）将填答不全的问卷视为无效问卷。发放问卷 400 份，回收 329 份，有效问卷 311 份，有效问卷回收率为 77.75%。王鹏等（2019）将填写不完整或回答前后矛盾的问卷归为无效问卷，发放 450 份问卷，回收有效问卷 396 份。王军和韩晓宁（2020）在考察新闻从业者职业承诺状况的问卷调查中，将两类问卷定为无效问卷：一是问卷填答时间过短（低于 3 分钟）；二是问卷填答存在前后矛盾，问卷设置了三道对立题用于检测填答质量。文中部分量表未提及题项数，亦涉及多选题项，故无法统计其准确的题项数，但至少有 62 个。共回收问卷 504 份，其中有效问卷 396 份，有效问卷回收率为 78.57%。

三、作答时长过短

网络平台的在线问卷具有匿名性高、便于在后台对作答时长和内容进行监控等优点（叶晓倩等，2020）。筛选有效的在线问卷也应遵循一定的标准，其中，作答时长是优先考虑的显性指标，重复填答也比较容易识别，也可以参照有效纸质问卷的筛选标准剔除废卷。如何界定合理的时长，是一个值得仔细推敲的方案。以叶晓倩等（2020）员工创新行为调研为例，从文中表述来看，问卷共设置了 45 个题目，认定在线问卷无效的其中一个标准是作答时间少于 5 分钟。以张佳良等（2018）开展的员工环保公民行为调研为例，经估算，问卷中共设置至少 35 个题目，剔除废卷的标准是答题时间少于 4 分钟。

印度学者 Garg 和 Dhar（2017）在测量公共部门银行员工服务创新行为时，采用方便抽样（convenience sampling）方法：联系 45 家银行的 45 名分行经理，其中 37 家银行允许进行问卷调查；在向参与银行提供了有关调查过程的所有细节后，每名分行经理发放 10 份问卷，要求员工自愿参与；37 家参与银行共发放问卷 370 份。为了获得一个好的回收率，调查者进行了两次电话提醒。共收集到 294 份填写完整的问卷，净回复率（net response rate）为 79.46%。

四、样本的代表性问题

一项规范的问卷调查，不仅要在问卷设计和编制中避免误差，还应在调查的实施阶段密切关注因无应答造成的样本代表性问题。随着个体自我隐私保护意识的增强，以及社会环境的影响，问卷调查中出现无应答现象很普遍。一般认为，问卷应答率越高，样本代表性越强，从而推定问卷调查质量就越高。依据调查经验，较为普遍的观点是：问卷应答率（回复率）至少要达到 50%才算得上“可接受”，达到 60%才算是“好”，达到 70%就算“足够好”了。对于一些问卷调查类书籍中设定不同级别应答率区间的做法，北京大学中国社会科学调查中心任莉颖等（2014）学者指出，应答率作为评估问卷调查质量的代表性指标有其自身的局限性，并介绍 R 指标的界定及计算方法。这一观点提示我们，问卷调查不仅要求较高的应答率，还应当充分考虑应答样本的结构性失衡问题，例如，在调查图书馆员工服务创新行为时，要关注编内和编外员工的比例是否合理。

随着同一问卷调查项目所要解决问题的增多，越来越多的问卷“只能被”设计得越来越长，而长问卷又容易造成被调查者作答负担增加、无回答率上升和问卷数据质量下降。解决长问卷无回答率相对较高的一个可行方案是对问卷分割设计（SQD），就是将长问卷中的所有问题分成几个小的部分，然后仅对抽中的被调查者选择其中的若干部分让其填答，选择的那些问题既可固定也可随机。问卷分割设计中的关键问题是确定样本量，国际上普遍接受和采用的样本量分配方法主要包括按比例分配、最优分配和内曼分配（最优分配的特例），而分配方法的选择又与问卷调查的经费、精度要求等有关（王小宁，2023）。换言之，在考虑精度的前提下，可以从最小化花费的角度来探讨问卷分割中的最优样本分配。

第四节　问卷的评估与修订

问卷的设计是一项系统性工作，在完成问卷初稿之后，开展正式调查之前，还需要对问卷进行评估。问卷评估主要围绕三个方面展开：问卷内容便于被调查者理解且不存在过于敏感或不适的问题，调查问卷的测量结果具有信度，调查问卷具有效度。

近年来，学界围绕如何提升问卷设计质量展开了充分讨论，提出的针对性优化方案可以凝练为以下三条路径：技术提升、工具运用和方法交叉。在技术提升方面，主要依靠经验的积累使问卷设计推陈出新，通过运用虚拟情境锚定法、多元化实验设计、工具性题目，在一定程度上提高敏感问题的测量效度；在工具运用上，实验工具、数理工具乃至数字媒介通信工具的辅助，都能够为问卷设计提供支持，特别是网络问卷设计，研究者可以借助网络平台的技术优势，使问卷设计更为丰富多样，更好地满足调查需求；在方法学的运用上，作为定量研究数据来源的调查问卷，其设计应当充分吸纳定性研究理念与方法，需要放弃方法的对立观念，重视方法的融合（臧雷振和徐榕，2023）。

中国人口学会会长翟振武（2019）阐述评估问卷的一些常用的综合性方法，包括专题小组讨论、深度访谈和预调查。专题小组讨论可以帮助研究者确定主题和研究问题，通过收集新的信息并拓展思路，深化对问题的认识，及时修正不当之处。需要注意的是，研究者在开展专题小组讨论之前，应准备好问卷初稿并列出主要问题清单，确定专人记录讨论内容，最好请经验丰富的人士担任主持人，同时控制好小组成员规模，通常以 5~8

人为宜，以维持讨论的轻松氛围，尽可能获取与会人员的真实看法。

相较于专题小组讨论，深度访谈更加注重被调查者对问题的认识和思考的过程。深度访谈对访谈员的素质要求较高，应当具有相当水平的觉察能力。由于深度访谈花费的时间更多一些，对被访谈者的心理也是一种挑战，因此访谈员应当具备合理推进访谈进程的技能，同时保持与被访谈者的顺畅沟通。

预调查的样本选取通常不需要经过严格的抽样过程，一般采用针对目标群体的小规模问卷调查形式进行，但是对于样本的选择仍然要尽量覆盖各类目标群体。对于问答式问卷，预调查可通过行为编码、提问或开讨论会等形式进行评估。对于自填式问卷，应当对被调查者的理解程度、填答时间、一致性漏答等内容进行综合评估。

第五章 纵向调查问卷设计方法

第一节 纵向调查问卷的填答方式

纵向研究（longitudinal study），又被称为纵断面研究，是问卷调查研究的重要思路和实施方法。纵向调查问卷常采用“主管-员工”配对的填答方式分期收集数据。采用上下级（主管-员工）配对方式填答问卷，一般要求领导问卷由员工的直线上级主管填答，员工问卷则由主管管理的直线下属员工填答，双方同时填答。在填答之前，施测人员应保证配对人员均自愿参与匿名问卷调查，并做出数据保密，以及仅供学术研究使用的书面承诺。在收集问卷之前，对每份问卷都标注特定编号，其中，可以用数字对团队进行编码，领导问卷采用团队的数字作为代码，员工问卷编号为团队编码+英文字母，以此确保收集到的问卷是有效配对的（徐本华等，2021）。

例如，为探究员工的创新行为是如何通过期望这种行为来解释的，Yuan 和 Woodman（2010）调查了美国四家公司的 425 名全职员工及 96 名公司主管，通过公司邮件进行问卷调查，调查对象填完后直接邮回。收到 287 份员工问卷（测量除创新行为外的所有变量），其问卷回收率为 68%。被调查者与未被调查者在组织成员和工作岗位方面没有显著差异。收到 84 份来自主管的问卷（包括他们对员工创新行为的评价以及对他们与下属关系质量的看法），问卷回收率为 88%。总体问卷回收率（员工和主管加起来）为 71%，主管及其下属员工形成匹配关系的共有 238 对，去掉不完整问卷后，可用样本共 216 份。

再举一例。为探讨授权型领导与员工创新工作行为的关系，Jada 等（2019）收集了在印度制药机构工作的主管及其直接下属的问卷数据。分别向主管和下属发放问卷，要求下属对主管的授权行为、自我的角色清晰度和知识分享行为进行评分；要求主管对其直接下属的创新工作行为进行评分。约发放 300 对问卷，共收到 250 份填答问卷，其中有 15 份问卷因数据缺失而被剔除，其余 235 对问卷用于统计分析。

第二节　纵向研究中如何确定时间间隔

纵向研究的实施需要事先确定好几项重要事宜，包括但不限于时间间隔的长短、测量工具（量表）在问卷中的前后顺序、是否记名、是否配对等。其中，时间间隔的安排是一项重要工作。如何确定两次或多次发放问卷的间隔长度？学界尚未形成统一的观点，主要原因在于因果关系的生成时间难以界定，再加上施测难度，如很难保证多次调查中受访者均保持客观情绪或做出真实反馈。

例如，在王雁飞和朱瑜（2012）探究组织社会化影响员工行为绩效的纵向研究中，核心变量是组织社会化，整个问卷调查过程分为两个阶段，第一次调查后的 6 个月后进行第二次调查。之所以采取这样的时间间隔安排，研究者主要基于两个方面的考虑。第一，依据既有研究文献中的相关分析结果，也就是遵循变量测量研究惯例。大多数的研究者都认为组织社会化过程的三阶段理论：职前期、适应期、蜕变期。通过文献研究发现，国外相关研究通常是将适应期的调查时间点确定为入职后的 4~6 个月之间，将蜕变期的调查时间点确定为入职后的 10~12 个月之间。第二，依据企业调研实际情况，即通过研究者与企业管理者、员工的深度访谈，结合本土企业实际情况，确定两次调查的时间间隔。需要说明的是，该纵向研究中的问卷由员工本人填写并署名，即同一受访者必须前后填答两次，以便进行匹配统计。

同样是组织社会化研究，在周小曼等（2018）的纵向研究中，以酒店实习生为研究对象，采取两次调查的方式收集问卷数据，第一次数据收集时点为酒店实习生入职两周后，第二次数据收集时点为酒店实习生入职两个半月后，此时酒店实习生已完成入职培训，并进行工作。由此可知，在该问卷调查研究中，两次施测的时间间隔约为两个月，研究者做出这样的安排，主要是依据被调查对象入职后的阶段性特点，并未给出理论依据或前人研究惯例。

第三节 纵向研究中的多波段问卷调查

一、两个时点上的问卷调查

分批发放问卷的常规做法是对所有问卷进行逐一编号，将问卷分成所含题项数量大致相等的两个部分，在第一个时点只发放包含前半部分题项的问卷，经过一段时间（如两个月）后，在第二时点发放包含剩余题项的问卷，研究者或调查者根据预先编号进行汇总和整理，形成最终问卷。例如，吴士健等（2020）测量员工利他行为时，就采用这种分批发放问卷的形式。这种问卷发放方式在很大程度上避免了由于调查对象同一时间作答导致的共同方法偏差问题，也有助于提高问卷的作答质量。

二、三个时点上的问卷调查

研究者设计三阶段的纵断面问卷调查时应当注意，三次分批发放问卷测量的变量有所区别。一般而言，第一次发放问卷测量自变量，第二次发放问卷测量中介或调节变量，最后一次发放问卷测量因变量。

分三次发放问卷，每次发放问卷之间要设定合理的时间间隔（time lag），2~3 个月比较常见。具体操作方案如下：在第一阶段，向正式调研对象发放问卷，此时测量前因变量和人口统计学变量。回收已完成的问卷，整理并保存；间隔设定的时间后，继续邀请第一阶段完成问卷的被调查对象填答第二份问卷，此时测量中介变量或调节变量，回收已完成的问卷，再次整理并保存；进入第三阶段，继续邀请第二阶段完成问卷填答的被调查对象填答问卷，此时测量的是结果变量。

由于多波段的纵向调查难度极大，因此在问卷发放过程中可能需要在某些方面作出让步。例如，通过纸质问卷收集三波段数据，调查对象可能来自某一家代表性企业，并且需要对方的同意、支持和协助。如赵红丹和夏青（2019）在开展人际不信任对知识隐藏行为的影响研究时就采用了这一策略，他们选定上海一家员工数超过五千的大型企业，将该企业作为取样来源，在该企业人力资源部门的协助下，确定来自不同分公司和部门的 511 名员工，将这些员工作为正式问卷调查对象，其后实施了三阶段的纵向调查方案。

邢璐等（2017）在开展责任型领导对下属绿色行为的影响研究中，在正式发放问卷前，先选定调查对象并进行编号，使其与问卷匹配。在正式发放问卷时，将已编号的问卷逐一发放给对应的调查对象，并告知调查对象，研究结果将完全保密。在以上过程中，将问卷分成三份子问卷，分别用于测量责任型领导、中介变量和调节变量以及评价部门或团队内某位指定同事的绿色行为。为达到时间隔离的效果，这三份子问卷依次发放给调查对象（即回收第一份后，再发第二份，以此类推）；同时，为达到心理隔离的效果，问卷的指导语宣称三份子问卷用于不同类型的研究。

土耳其学者 Karatepe 等（2020）在测量酒店一线员工的非绿色行为时，以中国广州四星级和五星级国际酒店的一线员工为调查对象。在广州某大学的两名研究助理的协助下，联系了这些酒店的人力资源经理，向他们解释了研究目的，并获得了一家四星级国际酒店和五家五星级国际酒店数据收集许可。该研究的第三作者和研究助理与这些酒店的人力资源经理协调数据收集过程。为使得共同方法偏差最小化，该研究使用几个事前程序解决方案（Podsakoff et al.，2003）。首先，每个调查问卷的封面都包含以下信息："本调查问卷的答案没有对错之分，我们在研究过程中收集的任何信息都将保密，此次调查是自愿参加的，我们诚挚地邀请您参加此次调查。"第二，每一份问卷的封面都包括同意填写本问卷即表示准许。正如封面所写的那样，要求被调查者将问卷密封在信封中，并将密封的信封放入指定的盒子中。第三，数据分三波段（three waves）获得，时间间隔是一周。第四，员工的非绿色行为由其直接主管进行评价。最后，问卷的匹配过程是通过每个问卷的不记名部分写上识别码来完成的。在第一个时点上，向员工发放 274 份问卷，共回收 271 份问卷。这 271 名员工被要求完成第二个时点上的问卷调查，271 名参与者均填写了第二个时点上的问卷。随后，这 271 名员工被要求完成第三个时点上的问卷，第三个时点上共回收到 267 份问卷。36 名主管还评价了 267 名员工的非绿色行为。以上三波段问卷调查研究设计与实施特征可以用表 5-1 进行总结和展示。

表 5-1　三波段问卷调查研究设计与实施特征示例（Karatepe et al.，2020）

时点	测量变量	变量性质	计分方式	填写者
时点 1	工作不安全感	自变量	"5＝非常同意"……"1＝非常不同意"	员工
时点 2	工作投入	中介变量	"6＝总是"……"0＝从不"	员工

续表

时点	测量变量	变量性质	计分方式	填写者
时点 3	缺勤行为和倾向	因变量	“7＝总是”……“1＝从不”，“7＝非常同意”……“1＝非常不同意”	员工
时点 3	非绿色行为	因变量	“7＝非常同意”……“1＝非常不同意”	直接主管

三、多波段调查问卷的质量评估与控制

在多阶段问卷调查中，最后一次回收的有效问卷率往往比较低，显著低于首次或第二次，主要是因为研究者在后时间点上，难以保证前时间点上施测的受访者未发生流动，也很难取得全部的有效联系，以至于后时间点上受访者数量少于前点；再者，在多阶段施测过程中，研究者也很难与全部受访者保持合理沟通或持续联络，以至于有效调查问卷的数量和质量受到影响。其他方面的问卷质量评估与控制策略，可以参考本书第四章。

第六章　测量尺度与量表

第一节　概念的内涵

在问卷调查中，我们常常使用某些概念来界定某些心理或行为，这些概念往往是内涵丰富且外延宽泛的统一体。比如，大学生的学习心理就是这样的概念，学习动机、学习态度、学习风格等维度都可以反映大学生的学习心理，研究者也可以据此展开更深层次的调查和分析。这些调查的理论假设通常是以若干变量的因果关系为框架的预判体系，如学习风格可以是因果体系中的自变量。

问卷调查中的变量就是对概念测量的结果，但是大多数概念并不能直接反映行为表现，而仅仅是人脑对现实社会中特定理论建构的产物，被称为构念（construct），即建构的概念（徐国兴，2020）。需要说明的是，这里所指的概念（concept）与构念之间的关系在学术界尚存争议，本书认为概念是构念的元知识来源。概念具有一定的抽象性和多值特性（多义性），这种性质对理论建构具有重要作用，概念是理论建构的基石。

大多数的概念都是由若干子域或范畴构成的。例如，“职业”这一概念可以涵盖教师、公务员、工人等若干具体性的从业领域，正是因为这些概念具有多值特性，在问卷调查中，研究者往往借用数学术语，将其所研究的概念称为“变量”。风笑天（2021）认为，调查研究中的所谓变量，就是指具有两个及以上取值范畴的概念，而那些只有一个固定取值的概念叫作常量。应当注意到，调查研究中变量的构成值必须是穷尽的，其取值方式必须是互斥的，即取值范畴不能相互包含，如果既有教师，又有小学教师、教授等，那么这种设置方式就是错误的。与概念、变量密切相关的另一个术语是指标（indicator）。指标是可以观察和辨认的具体事物，抽象的概念可以用一组指标来测量，其实现的过程叫作概念测量的操作化。

第二节 概念的操作化定义

建构的概念本身在内涵上就具有一定的模糊性，因此，在问卷调查研究中，需要对将要测量的建构概念进行操作化定义，操作化定义建立在既有的系统性理论研究基础之上（徐国兴，2020）。所谓操作化定义就是将抽象的概念转化为可观察的具体指标的过程。例如，将抽象概念“隐性知识共享”转化为“愿意与同事谈论工作诀窍”“愿意与同事分享观点和灵感”等具体的测量指标就是操作化定义。

操作化定义的作用是将那些存在于人脑中的抽象概念“变成”我们可以实际测量的东西，这些“东西”在现实社会生活中看得见、察觉得到。例如，前面提到的“隐性知识共享”这一概念，那么到底什么才是“隐性知识共享”呢？尽管在工作场所中，我们有时候谈到知识共享，也能体会到它的某些方面，即使我们在现实中不知道它的属性，也可能会触及它。有意义的是，当我们将它操作化为前述的具体指标时，就可以在现实中测量它了。测量指标的内容指向的就是那些具体的、典型的行为模式或心理特质，在问卷中表现为四个具体题项。

要实现概念的操作化定义，通常需要做好两个方面的工作：一是界定概念，二是发展指标。在概念的界定过程中，需要弄清概念定义的范围，形成一个定义并列出概念的不同维度；对于比较抽象或比较复杂的概念来说，可以采取以下两种方式发展指标。第一种方式是借鉴和引用前人发展的指标，通过修改或补充，形成特定指标。第二种方式是采用访谈、观察等方法进行一段时间的探索性调查，从现实情境中获取原始资料并抽取意义，以此来发展指标（风笑天，2021）。在概念的操作化定义中，应当注意区分有意义的指标和概念维度的差异，有的所谓指标只能算是概念的某个维度。而且，操作化定义的处理方式并不具有唯一性，对同一个概念进行测量时，可能会产生不同的测量指标。

本书以国内学界建构的“职业成长”概念为例，阐明概念操作化及其测量的多样性特点。国外学者对职业成长（career growth）这一概念的解释是比较抽象的，不同的学者在测量上只强调了某些方面，未能较好地反映出职业成长的多维特性。在开发企业员工职业成长量表时，应注意相关概念测量指标的关联性并将部分内容纳入其中（翁清雄和席酉民，2011）。经过概念的操作化定义，企业员工的职业成长由职业目标进展、职业能力发展、晋升速度和报酬增长四个维度构成，共包含 15 个测量指标（题项）；在后续的调查研究中，研究者又将后两个维度合并，命名为“组织回报增长”，并运用此量表对某省的高校与科研院所人员进行调查分析，考察职业成长对工作投入与绩效的影响机制（翁清雄等，2017）。有趣的是，学者们对职业成长测量指标的探索结果呈现多样化特点。借鉴职业成长的相关概念——职业成功的主客观测量法，何辉等（2016）从主观和客观两个维度界定职业成长的测量指标，反映出企业员工职业成长是一个整合概念，但该结论是否适用于公共部门或非营利组织，仍需检验和完善。考虑到应用情境，同样是测量科研人员的职业成长状况，张莉等（2017）并没有采用翁清雄和席酉民（2011）的初始条目（测量题项），而是从既有文献中获取指标，并进行改编，同时结合半结构化访谈的结果，调整和补充题项，通过验证，形成两个维度的概念测量结构，具体内容见表 6-1。

表 6-1　科研人员职业成长的维度及测量指标（张莉等，2017）

概念	子维度	具体指标
职业成长	数量职业成长	与组织中的同事相比，我的薪资增长的速度很快
		与组织中的同事相比，我的管理职位或技术职位提升很快
		与组织中的同事相比，我管理的下属或指导的人数增幅快
		与组织中的同事相比，我得到晋升的次数比较多
	质量职业成长	我目前的工作与我整个职业生涯的发展相关
		我感觉我目前的工作是职业目标实现的基础

第三节　概念的测量尺度

变量的核心功能就是测量建构的概念。测量就需用到尺度，在探索不同的测量尺度前，我们需要熟悉测量尺度回答问项的属性、产生的数据类型，以及如何编制这些测量尺度等议题。测量是按照尺度特性，为受访者（问卷的填答者）提供一个连续编码的数字或符号的过程。尺度则是一种通过数字或符号对现象进行区分的工具或机制，使用尺度可以基于问项的特征去测量两个客体之间的不同之处。这些不同之处主要是基于四种属性对个体进行区分，四种属性是：差异、大小、相等距离和绝对零点（尤克塞尔・伊金斯，2018)。同时，测量尺度的层次高低会影响结果的数学特性，基于以上属性和特性并按照层次由低到高排序，测量尺度可分为四种类型：定性测量（名义尺度)、定序测量（顺序尺度)、定距测量（等距尺度）和定比测量（比率尺度)。

一、定性测量

定性测量得到的结果是定性变量，也叫分类变量或名义变量，此类变量本质上是一种对受访者进行分类的体系，即根据被调查对象的属性或特征，标记不同的数字或符号。在问卷调查研究中，性别、婚姻状况、职业等均属于常见的定性变量。例如，要了解高校教师所在的学科，研究者可以借鉴前人研究的结果，将学科分为自然科学类、社会科学类、人文学科和其他学科，前面三类学科可以编为1、2、3，其他学科则编为4。学科仅具有性质差别，而无数量上区分，这些数字只是为了便于将受访者分配在三个互不重叠的组别中，数字并无量化比较含义。

需要注意的是，定性变量所分的类别既要穷尽又要互斥。换言之，问句的选项要包括受访者所有可能给出的答案。在问卷调查研究中，定性变量应用广泛，既可用于分析尺度频率或百分比，又可用于对被调查对象进行分组，如研究者可以对分组后的不同群体的调查数据进行均值差异检验。

二、定序测量

按照某种逻辑或事先确定的标准对受访者进行区分得到的结果是定序变量，也称为等级变量或顺序变量。此类测量的目的是确定其等级及次序，具有展现受访者之间差异和顺序（从大到小）的能力，但它无法展现绝对零点，也没有距离的含义（尤克塞尔・伊金斯，2018)。例如，在调查当代图书馆员“快乐指数”的问卷中，可以让受访者根据其认为的重要性程度对快乐感来源（健康、人际关系等十个选项）进行选择和排序；再如，在前述调查中，研究者可用定序测量对受访者的住房条件、健康状况，以及感受到的居住地的生态环境等特征进行排序。

与定性测量相比，定序测量能够获得更详细的信息，不仅能够对受访者进行类别区分，而且还能够用等级顺序来区分受访者，并标记其在大小、高低、强弱等等级序列上的差异。但是，定序尺度不能对顺序之间的数量给出说明，它反映的是程度上的差异，却无法揭示差距的数量。

三、定距测量

定距测量可以区分事物的不同类别或等级，并确定它们之间的间隔距离和数量差异，其测量结果就是定距变量，也称作区间变量。自然界中的温度、人类的智商，以及本科生课程的平均绩点（GPA）是定距测量的典型例子。因为定距变量没有绝对零点。所以，定距测量的结果可以加减，但不可以乘除。比如，使用温度计测得某个时点上 A 城市的气温为 0 ℃，并不代表此时 A 城市没有气温，即不能说温度计上的零点就是没有温度；某个时点上，测得 A 城市的气温为 30 ℃，B 城市的气温为 15 ℃。从测量结果来看，我们可以发现 A、B 两个城市的气温不同，且 A 城市的气温比 B 城市高 15 ℃，但不能说 A 城市的气温是 B 城市的两倍，因为温度的起点是抽象的，研究者在测量时没有绝对参照点。

与定序测量相比，定距测量不仅可以将受访者分组和排序，而且还可以计算出受访者在某变量上的差异数量。在问卷调查研究中，研究者有时候会用五点尺度来表明受访者“同意—不同意”的态度，其中“1”表示对该题项表述的内容非常不同意，“5”表示对这个题项表述的内容非常同意，一般而言，1~5 之间是相等的距离。从算术意义上讲，在尺度 3 和 4 之间的空间距离就能够表明两者之间的差异数量，这个差异的数量与 1 和 2 之间的差异的数量一致（尤克塞尔·伊金斯，2018）。

四、定比测量

定比测量得到的结果是定比变量。比率尺度是测量能力最强的尺度，有一个实际意义的绝对零点（与抽象零点相反），拥有概念测量的全部特性（类别、次序、距离和比率），因此其所得结果既可以加减又可以乘除。比如，问卷调查研究中的年龄、收入、利润等都是常见的定比变量。

综上所述，定比变量可以转化为定距变量，反之则不可；定距变量可以变为定序变量，反之则不可；定序变量可以变为定类变量，反之则不可。换言之，测量层次高的尺度可以作为低层次尺度处理，这是由其内在的层次高低属性所决定的；而且，从变量测量实用性的角度来看，大部分教科书都会提醒问卷设计者：如果能够设计出测量定序变量的问项，绝不设计成测量分类变量的问项；若从变量的统计分析角度来看，变量只有连续变量和非连续变量之分。

以上的四种变量均可视作连续变量。需要注意的是，在实际的社会科学量化分析中，在对非连续变量进行统计描述时，也往往按照连续变量来处理（徐国兴，2020）。也就是说，在实际的问项设计中，如有可能，研究者应当使用测量能力最高的尺度，并且使用封闭式问项（如量表），在数据处理时需要对其进行重新编码。

第四节 量表的类型

在问卷调查中，研究者常常需要对受访者的态度、看法、性格等主观性内容进行测量，很难用单一指标来测量这些主观性内容，可以使用一组连续的问项（包括问题及答案的选项）来反映他们的想法或意见。广义的管理研究中常用的评分尺度是二分量表（dichotomous scale）、李克特量表（Likert scale）、等级量表（ordinal scale）、语义差异量表（semantic differential scale）、图形量表（GRS）。其中，二分量表只提供两个相互排斥的可能选项，通常采用是或否、同意或不同意的测量形式。

一、李克特量表

李克特量表（Likert scale）是在原有的总加量表基础上改进而成的，是问卷调查中最常用的评分加总式量表。这类量表由某个测量主题范围内的一组相关问题或陈述构成，通过计算各题的总分来认识受访者对该调查主题的态度或看法。李克特量表的陈述（问项的答案）可以采用 4、5、7、10 等不同的测量刻度。不同刻度的优缺点不同，目前以 5 级或 7 级刻度较为常见；李克特量表隐含的理论依据是，态度可以被看作由个体持有的，与信念、评价和行动相关的一组命题（徐国兴，2020）。态度从一个极端过渡到另一个极端，比如，从非常不同意到非常同意。李克特量表与二分量表相比，可以更精确地反映受访者对具体问项的态度，而且大多数统计方法只面向量表使用，如信效度检验、验证性因子分析等。

使用李克特量表进行测量时，研究者通常采取矩阵的形式向受访者展现具体的问项，这样的设计方式有利于节约问卷版面，但是如果某个主题的一组问项紧密地排列在一起，又容易产生视觉干扰，可能会造成填答偏误，因此当只能使用矩阵形式时，研究者应尽可能采取一些优化措施，如添加间隔性的深浅颜色。表 6-2 就是矩阵式量表的一个例子。九项陈述所反映的看法是不同的，对于个体在组织内的职业成长状况，可以按以下方式计分：①=非常不同意、②=不同意、③=不确定、④=同意、⑤=非常同意。按照以上赋值方式，一个填答者在该量表中的得分越高，表明其职业成长速度越快、越好。

表 6-2 请根据您在工作中的实际情况选择相应的选项

实际情况	非常不同意	不同意	不确定	同意	非常同意
1. 目前的工作促使我不断学习与业务相关的新知识	①	②	③	④	⑤
2. 目前的工作使我积累了丰富的工作经验	①	②	③	④	⑤
3. 我感觉自己的业务能力和水平得到了不断提高	①	②	③	④	⑤
4. 目前从事的工作促使我发表一定数量的学术论文	①	②	③	④	⑤
5. 目前从事的工作促使我重视发表论文的质量	①	②	③	④	⑤
6. 目前从事的工作促使我主持或参与科研课题	①	②	③	④	⑤
7. 在目前的工作单位，我的职务提升速度比较快	①	②	③	④	⑤
8. 在目前的工作单位，我的职称晋升速度比较快	①	②	③	④	⑤
9. 在目前的工作单位，我的收入增长速度比较快	①	②	③	④	⑤

注：请在相应的序号上画“✓”。

当研究者在调查问卷中使用李克特量表时，通常需要加注便于受访者填答的指导语。量表中的题项是对某个意见或看法的具体陈述（即有问题的项目），而不是问句，受访者需要对此陈述表达同意或不同意的程度，评价时对所有陈述的答案取值（得分）加总并除以陈述的个数，从而求得平均得分（尤克塞尔·伊金斯，2018）。

二、等级量表

等级量表又称为顺序量表、秩序量表、位次量表，是指调查时将可能出现的全部选项同时展现给受访者，要求他们根据某个标准或逻辑对这些选项进行排序或划分等级。例如：下面是人快乐感来源的主要因素，请按重要性，从“1-10”对其排序（1最重要，每个选项都要进行排序）。

健康（ ） 亲情（ ） 工作（ ） 环境（ ）
宗教信仰（ ） 收入（ ） 人际关系（ ）
地位（ ） 自由（ ） 其他（ ）

等级量表的问项设计相对容易些，也易于调查操作。这种方式的测量结果适用于频数、中位数、百分位数、等级相关系数、肯德尔（Kendall's）和谐系数、秩次变差分析等统计分析方法。应当注意的是，选项应具有穷尽性，但用于排序的选项个数不宜太多（通常选项个数为1~10个），否则易出现遗漏或错乱。

三、语义差异量表

语义差异量表又称为语义分化量表，是一种态度量表，可用于探索受访者对某个事物、观念或人的评价状况。在社会科学调查研究中，语义差异量表主要用于文化、个体及群体差异的比较研究，以及受访者对某一客体（组织、产品、想法或事件）的态度研究，等等。该量表将两极形容词作为两端，中间的答案连续排列。要构建一个语义差异量表，就必须选择意义相反的双向形容词或属性，如热情与冷漠、强与弱、大与小、昂贵与便宜等，这些词一定要与问卷调查研究的客体特征相关，主要用于评估受访者对特定概念或事物的理解和感受。

作为一种测量工具，语义差异量表的编制和使用都相对容易，应用比较广泛，常见于市场调查、社会学、心理学等研究领域。在市场调研中，可以用于探索某新兴品牌在细分群体中的形象，通过获得品牌画像的详细信息，为品牌推广、网络广告等提供决策支持。

四、图形量表

以上讨论的问项、尺度和量表都是以文字和数值来表示的，但在某些研究情境下，使用易于理解的图形来表示的量表更合适。例如，当受访者的阅读能力和理解能力有限时，像低龄儿童、文盲等作为问卷的填答者时就可以使用图形量表（尤克塞尔·伊金斯，2018）。图形量表也称为图解式评分量表（graphic rating scales，GRS）、图表尺度评价法等，研究者通常使用的图形量表包括各种形状、大小不同的阶梯、温度计、笑脸和几何图形等。图形量表为受访者提供可视化的答案类型以顺利完成某项调查，常用于个体特质、行为表现、工作绩效等方面的测评。

相较于文字量表，图形量表具有四大比较优势：一是以图像为载体表达情绪意义，避免了量表翻译中语义理解的复杂性，可以保障跨文化语境的适用性；二是以更为直观、更易理解的方式进行情绪测量；三是对被调查者（被试）的认知能力要求较低，脑力负荷相对较低，测量准确率相对较高；四是易于填答，能够在一定程度上提高被调查者的参与动机和热情。与其他领域相比，情绪（emotion）研究特别适合使用图片型量表，但由于图形量表开发时间相对较晚，目前尚未形成标准的量表开发流程，可能会存在图片材料的选择和设计不够严谨、可测量情绪范围有限、开发验证尚不规范等不足，未来需要深入开展跨文化研究、多模态情绪评估、实际应用的拓展以长期追踪与数据分析（刘苹等，2024）。

第五节　评分加总量表的设计

一、评分加总量表的问题形式

评分加总量表是社会科学研究中最常用的测量工具之一，李克特量表属于评分加总量表中最常用的一套工具，同一概念（或称构念）（construct）的所属项目是用加总的方式来计分，而其中的某一个独立项目是无意义的。李克特量表被广泛应用于测量特定群体的态度、观点、个性（性格/人格，personality），以及对生活与环境的描述。评分加总量表具备四个特征。第一，量表中要有多个题项（items），且这些题项能够被合并或综合计算。第二，每个题项必须可以测量那些潜在的可被定量测量的连续统一体（continuum），比如，态度这个概念在测量上具有连续变化性，可以从非常同意到极度反对（非常不同意）。第三，每个题项都没有所谓的“正确”答案，被调查者需要选择与其看法或感受最符合的那个答案。第四，量表的每一项都是一个陈述，要求被调查者（或称受访者）对每项陈述打分。绝大多数评分加总量表会给出 4~7 个等级的答案选项（斯佩克特，2017）。

这里有些中文名称或英文译法需要特别说明一下。在评分加总量表中，加总的英文名称为 summated；等级或评分的英文对应 rating。Likert，通常译为李克特，也译作里克特、利克特等。问卷调查研究中提及的 construct，国内学者常译作构念，意为创造出来的抽象概念，即为了解释某一现象而定义的概念。

在问卷设计中，评分量表（rating scales）是实现定序测量的最重要的一种形式，这种形式通常是针对某种属性，设计一组由最负面感觉排到最正面感觉的答案序列，然后让被调查者根据答案类别与自己的感觉、意见之间的关联性，将自己的选择归入某个合适的答案类别中（郝大海，2019）。例如，总加量表就是一种常见的评分量表形式。总加量表是两极式排序的例子，一般而言是从“极度肯定”端，过渡到中间区分点——“无意见”阶段，再到“极度否定”端；而单极式排序则从“极高程度”逐渐过渡到“完全没有”。

单极式排序的一个例子：

A1601 对图书馆的专利信息服务质量，您的总体评价是：

① 优秀　② 良好　③ 一般　④ 较差　⑤ 很差

需要注意的是，无论是单极式排序还是两极式排序，都要注意均衡设置答案选项，要让被调查者感到选项之间是等距的，避免出现等级间隔过大或间隔过于接近。

二、评分加总量表的设计策略

在问卷调查研究中，“同意—不同意”的问题形式及其变型是最常用的测量策略之一。就测量受访者对某些想法、观点或政策的看法而言，使用这种问题形式是适当的。不过，虽然这些问题看似容易设置，但是为了获得良好的测量，需要格外小心。大量例证显示，一些看似很小、保持原意的措辞变化会产生非常不同的结果。此外，问卷中向受访者所呈现的选项顺序也会对他们如何回答问题产生某种影响（弗洛德·J. 福勒，2010）。当回答选项在某个较低水平的选项和较高水平的选项之间呈现出一种序列时，通常较好的做法是将这些答案选项以从低到高和由左到右的方式排序。就那些与态度相关的认知行为而言，心理测量学的研究表明，大多数个体不能在超过 6 或 7 个等级的回答选项中做出可信的区分。就量表而言，级数的多少应当取决于数据的使用目的，因为偶数级的量表（4 级或 6 级）没有中间的选项，所以他们能够对受访者的态度或行为做出更有效的区分（诺曼·布拉德伯恩等，2011）。

李克特量表中的项目形式是最常用的项目形式之一，该项目的题干是一个陈述句，伴随的备择选项是对陈述内容的赞同或认可程度。量表设计研究实践中的常用做法之一是配备 6 个选项，当然，还可以再加上一个表示中立态度的中间点选项（罗伯特·F. 德威利斯，2016）。例如，斯佩克特（Spector）研究设计出来的“工作控制点”（WLCS）量表就是一个很好的例子，WLCS 是一个包含 16 个题项、每个题项包括 6 个选项的同意型量表。具体来说，表格顶端列出了 6 种回答选项的数字，从“非常不同意”到“非常同意”，依次排序，最小值 1 表示“非常不同意”，最大值 6 表示“非常同意”；这些选项答案的下方是陈述的问题，要求受访者给出相应的回答，受访者根据自己的实际情况在题项右边给出的 6 个答案选项中圈选一个答案（斯佩克特，2017）。

三、评分加总量表的测量刻度

在问卷调查研究中，研究者针对某个主题设置的问项大多是测量受访者的主观状态（背景资料或个人信息除外），而主观状态问题的答案总是相对的，从来不是绝对的。问项的恰当表述是能够区分出不同群组之间的差异性或同一群受访者感受的历时变化。主观状态测量的相对性的一个确凿证据是：答案选项的措辞会改变答案的分布，这一事实集中体现在量表等级（测量刻度）的细粒度上（弗洛德·J. 福勒，2010）。

图 6-1 列举的是量表的三种不同测量尺度。在最上边的一条线上，测量尺度被划分为“同意”和“不同意”两个等级；在第二条线上，增加了属于中间状态的“不确定”尺度；在第三条线上，测量尺度是常见的五级量表评分体例。从形式上看，第二种测量尺度仅是多了一个中间选项，而实际上，由于划分粒度的细化，受访者对选项含义的理解会发生变化，因而会产生不同的测量结果。当受访者考虑尺度之间差异的时候，会对整个量表的问项进行思考，这种针对问题及选项的心理反应还会体现在量表等级（测量尺度）的排序上。

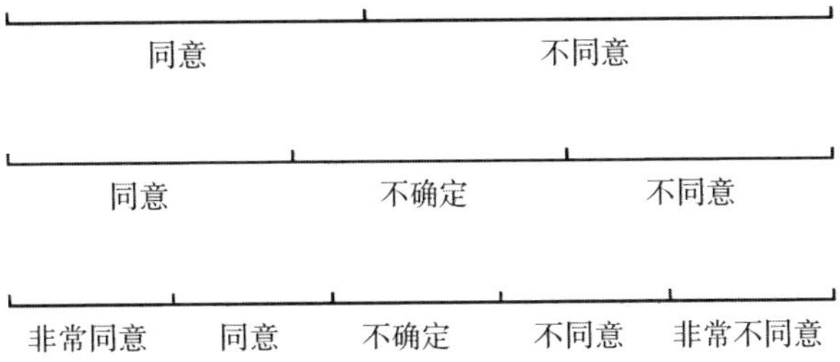

图 6-1 量表的三种不同测量尺度

问题的答案排列顺序也会影响受访者的选择结果。微妙的是，有研究显示，基本评价量表从“极好”到“极差”的选项排序会影响答案的分布：当采用从“极差”到“极好”而不是相反的方式来排列选项时，受访者更有可能倾向于选择量表的负面那一端的选项（弗洛德·J. 福勒，2010）。

第六节 借鉴既有量表的注意事项

一、借鉴既有量表的主要方式

目前，在学界的调查研究中，借鉴前人开发并验证的成熟量表已经比较普遍。借鉴的方式主要有三种（徐国兴，2020）：① 直接引用原始量表（跨文化语境时需要翻译），而不对原始量表的陈述做出任何改变，研究者可能会调整测量刻度，比如，原始量表采用的是五级李克特计分方式，借鉴时改为七级刻度；② 选取原始量表的某一部分，但不做修改，直接引用截取的那部分内容，截取的常常是分量表所属问项，也有截取某一条或多条问项的情况；③ 对整个量表或要使用的那部分量表（即整体量表中的分量表），根据研究目的或情境加以修改，然后作为量表的来源。研究者在借鉴既有量表时应当注意以下三个方面的事项：第一，确认原始量表测量的概念内涵及适用情境，这是借鉴既有量表的基础；第二，根据自己的研究目的和情境进行合理改造，特别是跨文化（中外有别）、跨职业等方面；第三，仍需对改造后的量表进行信效度检验，只有通过检测，才能在后续研究中使用此量表。

成熟的量表一般都具有良好的信效度，特别是那些引用率高的量表，其测量内容稳定且准确，在学术界具有广泛的认可度和接受度。但是，借鉴或沿用既有量表也有内在的局限性。中西方文化的差异，使得词汇的内涵界定和外延应用障碍重重。将西方文化情境下开发出来的量表引入国内使用时，研究者需要仔细辨识其跨文化的实用性和可行性，国内研究者应根据研究情景和概念界定来选择最合适的量表（于晓宇等，2019）。

二、引用量表的翻译—回译方法

在引用英文语境下开发的量表时，研究者如何保证量表的内容效度？常见的做法是采取翻译—回译（Back-Translation）法对英文量表进行汉化（即英译汉），以适应中国文化情境。翻译—回译法的一般程序是：先由研究者将量表原文（包括计分方式）译成本国文字，再由研究者独立地将译后内容翻译回原文语言表达。实际操作往往需要团队协作完成，每个人应该独自完成自己分工内的任务，而不能一人承担多个角色。

量表的英译汉工作对翻译水平、语言能力、文字凝练等技术性要求较高，目标是使得原文和译文的测量含义保持同质性。例如，印度学者 Garg 和 Dhar（2017）在测量公共部门银行员工的服务创新行为时，在引用英文成熟量表时，依据 Brislin（1970）提出的跨文化研究的回译理论，采取以下做法：在两位双语专家的协助下，量表的语言从英语翻译成了印地语（印度官方语言之一），随后又从印地语翻译成英语，同时保持了转换质量。在刘喆等（2018）探讨服务型领导力和自主动机对情绪劳动的影响研究中，涉及的四个主要量表（不包括分量表）均引自英文文献，将英文的量表翻译成中文量表的具体过程如下：首先，邀请 A 和 B 两位精通中英双语的外语学院博士生做初步翻译，其中，A 负责原始量表的英译汉工作，B 负责将 A 译后的中文回译成英文；接着，针对原始量表、中译版量表、回译版量表之间的差异，由作者（共 5 人）和四位服务业领域专家（两位副教授和两位资深管理者）一起讨论三版量表之间的差异，经过三次（每次 1~2 小时）的交流与讨论，最终达成一致看法。此后，经过问卷的预调查，量表的效果良好。

三、引用量表的题项删减做法

（1）通过因子载荷量判断适切性

马来西亚学者 Fawehinmi 等（2020）在测量大学教师的绿色行为及其影响因素时，测量题项均取自前人研究论文中的量表，直接按照因子载荷值（小于 0.4）作为删除题项的标准，而只要组合信度（CR）和平均方差抽取量（AVE）符合要求，0.4~0.7 的因子载荷值是可以被接受的。

土耳其学者 Karatepe 等（2020）以中国广州酒店一线员工为调查对象，所采用的量表均采用回译法，使用的是主管—员工匹配问卷，每份员工调查均对 5 名员工进行了试点测试，而主管问卷则采用对 5 名主管的试点样本进行评估。因此，没有必要更改量表题项。其中，工作投入采用的是 Schaufeli 等（2006）的 9 题项的工作投入简版量表。从实际数据分析发现，由于标准载荷值低于 0.5，工作投入量表中的 4 个题项被剔除。具体而言，奉献维度中的两个题项被剔除，活力和专注维度各有 1 个题项被剔除。对现有文献的系统性梳理可知，已有不少实证研究在引用工作投入量表时也这样做。

若调查对象涉及组织类型及员工较多，可能会存在作答方面的组织和时间压力，特别是要求调查对象在现场集中填答问卷时，对此要求更高。在非必要情况下，一般不宜直接对成熟量表的题项进行删减。即便删减，也应遵循规范合理的程序和实施方案，保证删减后量表的信度和效度。如范雪灵等（2018）根据 Stanton 等（2002）提出的缩减自评（自陈式）量表策略，采用前期调查对象访谈和保留高因子载荷相结合的方法，对成熟量表的题项进行删减，为检验删减后量表的信度和效度，进行了两次预测试，确定量表信度和效度良好后才进行主测试。

（2）通过 α 系数值判断适切性

在探讨真实型领导对员工知识共享行为的影响研究中，刘明霞和徐心吾（2021）采用 Lu 等（2006）的 8 题项量表测量知识共享行为，例题如“我会在工作时将持续改善的知识分享给同事”。因为量表设置了两个反向题（KSB2：我保留我的工作经验，从不轻易与他人分享；KSB5：除非公司要求，否则我从不告诉别人我的工作专长），使得受访者在填答问卷时直接受到了惯性思维的影响，因此分析结果出现了明显的偏差：在保留 KSB2 和 KSB5 的情况下，Cronbach's α 系数 = 0.6；而当删除 KSB2 和 KSB5 时，Cronbach's α 系数 = 0.851。因此，研究者决定删除 KSB2 和 KSB5。

（3）通过咨询专家后删减题项

研究者在采用成熟量表时，基于某些理论或现实情境的考虑，在实际调查中可以去掉拟采用量表中的一个或多个题目，应当给出合理的解释或理由。例如，刘丽华（2020）在调研企业员工组织公民行为（organizational citizenship behaviors，OCB）的操作中，采用 Farh 等（1990）编制的 OCB 量表时，认定其中一个题目不属于角色外行为，并认为另外两个题目属于权力寻租行为，不是 OCB 的对立面，因此在实际调查中去掉了这些题目；当然，这些题目的去除是在征询该领域有关专家的意见后做出的，并且需要满足信度和效度的基本要求。

引用成熟量表时，就应尽量沿用该量表的所有题项，不可随意删改。如需删改，必须经过论证并重测其信效度。例如，Allen 和 Meyer（1990）开发的组织承诺三维结构量表应用范围极广，是测量组织承诺的经典量表。原量表中的“情感承诺”分量表共有 8 个题项，由 4 个正向题和 4 个反向题组成，按照原量表所列顺序，第二个题项的原始英文陈述为“I enjoy discussing my organization with people outside it”，但从跨文化语境应用思考，该题很少用于中国文化情境下的情感承诺测量。例如，在戚玉觉和杨东涛（2016）探讨组织支持感、组织承诺与员工建言行为关系的研究中，组织承诺采用 Allen 和 Meyer（1990）开发的组织承诺量表中的情感承诺部分，原量表共有 8 个条目，经过 6 位相关领域学者探讨，一致认为其中“我喜欢和公司外的人讨论它”的条目不适合在中国文化情境中使用，故进行删除，保留原量表中的其他 7 个条目。7 个条目的情感承诺量表使用 6 级 Likert 计分方式，经可信度检验和因子分析，其 KMO 值为 0.91，析出单一因子，可解释变异量为 65.753%。

（4）通过其他方法进行题项的删减

组织内职业进步（organizational career advancement），又被译为组织内职业成长，是对员工职业迁移（movement）的客观评价，可以通过等级晋升（hierarchical advancement）或横向调动来实现。员工被视为有一个“持续且公平的机会，可以在组织层级中晋升，或是转到公司的其他职能部门，以获得广泛的发展经验”。以前的研究将职业迁移过程（无论是水平的还是等级的）称为外在的职业成功。以色列学者 Carmeli 等（2007）在一项研究中反思了组织内职业进步的要义，使用组织内职业进步这一术语来指代两个维度：职业流动（career mobility）和职业前景（career prospects），并从内涵、特点及测量等方面分别进行阐释。He 等（2020）从组织社会化视角理解新员工职业进步时，采用了这一量表，但是对部分题目内容做了调整，职业流动的测量题目由 3 个扩展到 4 个，在强调角色（职位）数量的同时，也反映了薪酬增长情况。

在周小曼等（2018）开展的酒店实习生留职意愿动态研究中，主要包括正面心理资本、组织社会化、职业承诺和留职意愿等四个核心变量，测量量表均引自国外成熟量表，并采用平行翻译法对英文量表进行翻译和修正。研究者通过预测试和现场访谈发现，初步翻译获得的量表题项存在一定的表述问题和理解偏差。经过讨论，修正了两个问项内容的表达方式，使其更易于中国人理解。另外，研究者认为反向题目在中国情境下较难被理解，据此将问卷中的一个反向题“选择酒店业作为职业发展是一个错误的决定”改为“选择酒店业作为职业发展是一个正确的决定”，最终形成正式问卷。

四、引用量表的计分方式如何选择

作为职业结果的一个方面，对管理者的进步前景有不同的评价方式。Greenhaus 等（1990）采用“员工在公司工作期间晋升到更高职位的可能性有多大”来评价员工职业进步前景（advancement prospects），采用四级刻度且由主管进行评分的方式，测量刻度从“高可能性”过渡到“无可能性”。以色列学者 Carmeli 等（2007）在评价员工的晋升前景（promotion prospects）时引用了该测量题项，同样是由主管对员工进行评分，但是，计分方式改为 5 点，从“1＝非常不可能”到“5＝非常可能”。

第七节　量表编制的基本步骤

在研究过程中，根据理论知识推断某些现象是否存在，但研究者想要测量这些现象，却无法直接进行，也没有其他现成的量表可用时，研究者就可以考虑编制量表，即开发新的量表。然而，编制量表远比随便将几道题拼凑在一起复杂得多。编制量表既是一门科学，也是一门艺术。德威利斯（2016）为社会科学领域的研究人员提供了一组编制量表具体的操作指南，主要包括八个步骤。

第一步：明确想要测量的内容。理论在量表编制中起着至关重要的作用，因为量表就是一组反映潜在理论变量水平的项目。从本质上讲，研究者必须明确给出一种理论模型，至少可以暂时指导量表编制工作；如果还能包括关于量表构念与已知现象关系的描述及其操作化定义，那就更好了。量表编制者应该问清楚自己想要编制的构念与其他已有相关构念有何区别，是以某个理论为基础的，还是在探索一个新的学术方向？测量的内容应该具体到什么程度？对于量表构念的覆盖面而言，编制者要特别关注应用时的具体情境。

第二步：建立一个项目池。明确测量内容之后，编制者就应开始准备编写一批项目（或称题项），形成一个项目池，以备遴选。项目是共同潜变量的具体表现，是果，而共同潜变量是因。所有项目池中的项目都应该是针对量表的具体测量总目标而选择或编造的，而且每个项目的内容主要反映的都应该是所关注的构念。对于量表开发而言，项目冗余是件好事，但不应该被编成“套件”，以免受访者对于相近或相似的项目难以作出判断。一个待定量表的项目池中是否同时使用正面措辞和负面措辞，需要审慎考虑。在某个项目表述中加上否定词“否”，不仅会改变问题的方向，也可能引起被调查者理解的偏差或产生歧义。

第三步：决定项目形式。常见的理论框架适用的情况是，构成量表的项目得分沿着某个连续统（continuum）取值，量表分等于项目分的总和。构成量表的项目形式多样，其中李克特（Likert）量表是最常用的项目形式。这种项目的题干是一个陈述句，伴随的备择选项是对所陈述内容的赞同或认可程度。备择选项个数可以是奇数，也可以是偶数，但是必须精心设计其语句表达策略，以使各选项的赞同程度大体等距。一个良好的李克特型项目应该清楚地陈述所研究的观点、态度或其他的构念。总之，项目形式（包括反应选项和指导语）应该反映所关注的潜变量的本质，也应该反映量表的预期用途。

第四步：评审最初项目。这一步的主要工作是邀请一组对所测内容熟悉的专家评审最初项目池中的项目。首先，请有关专家对入池项目进行评审可以确定或否定待测现象的定义；接着，请评审专家就项目表达的简洁性和明了性进行评价，并请他们针对蹩脚项目或含混不清项目提出具体的建议；最后，请专家们指出某些可能被编制者忽视的测定关注现象的方式方法。关于专家的评审意见，量表的编制者需要慎重处理，知情决策，有效利用。不可盲目听从专家的建议，有的时候，专家们并不了解量表编制的原理，因此他们提出的建议并不可取。

第五步：考虑加入效验性项目。在调查量表有效性的问卷之中再加入一些其他种类的项目，既有可能，也很方便。关于所添加的项目，至少有两类值得编制者考虑。第一类是用来探测新编制项目的缺陷和问题，比如，在问卷中加进社会赞许性量表，就可以研究单个项目在多大程度上受到了社会赞许性的影响。哪个项目的得分与社会称许性量表得分高度相关，就应该考虑是否排除它，除非有坚实的理论依据需要保留该项目。第二类是用来探测项目的不良反应倾向的，但是这类方法使用频率较低。

第六步：施测项目。一般而言，预试（try-out）阶段的样本量应尽可能大，但样本量究竟要多大，学界却没有形成共识。预试多半使用立意抽样或便利性抽样，建立一个小型样本，施以预试版本测验，从而决定项目的可用程度。预试样本的人数虽不用太多，但是考虑到统计分析的稳定性，有学者建议可以将预试样本的人数定为 300 人（邱皓政，2013）。从实践经验来看，用更小的被试样本也能成功地开发量表。项目池的大小和拟组合的量表个数都直接影响样本的大小。此外，研究者还要考虑样本的构成，即代表性问题。

第七步：评价项目。施测之后的工作就是对每个项目的可用程度进行评价，这个过程称为项目分析（item analysis）。从很多方面讲，这一步是量表开发过程的核心环节，就其重要性而言，仅次于前面的项目编写。项目分析可分为质的分析和量的分析，前者主要着重于量表项目的内容与形式的适切性讨论，后者主要指被试对题目理解的难度与项目鉴别度检验（邱皓政，2013）。评价指标与方法包括逆向评分、项目—量表相关系数、项目变异方差、项目平均分、因子分析、信度系数等。

第八步：优化量表长度。通常短量表比长量表更好，因为短量表对于被调查对象而言答题的负担要轻一些。少数情况下，量表长一些也是好事，因为长量表更为可靠。为了简短而牺牲信度只是在“有多余信度”可牺牲的情况下才考虑的问题，以降低微小的信度为代价换取一套更简短的量表是合适的。在实践中，调整量表长度首先应该考虑把信度系数最低的项目从量表中排除掉。项目—量表相关系数是项目取舍的另一个晴雨表。有一点不可忘记，优化量表的长度时，必须给信度系数留有一定的安全余量。如果开发所用的样本足够大，可以将其分成两个子样本，其中一个用作初始分析，另一个用来交叉核验初始分析的结果。

第八节　量表编制的两个实例

一、企业数字导向量表编制

新建量表的研究动机或者说是启发，一般从现实社会中的某些现象出发，总结理论研究现状，发现研究的局限性，特别是现有研究观点缺乏共性或存在较大纷争。例如，郑文智等（2022）通过梳理文献发现，企业数字化转型虽是理论研究的热点，但已有文献对什么是数字导向（digital orientation）仍存在分歧，数字导向的概念内涵及结构维度也存在争议。这是新编企业数字导向量表的现实需要。

第一步，研究者界定了数字导向的四个主要概念，从战略导向的角度划分数字导向的维度。这一步的研究工作主要是文献梳理和内容分析，比较专家学者们的观点，并将数字导向界定为一种战略导向。

第二步，研究者选取国外学者提出的数字导向量表作为基础，分别采集不同学者开发的创业导向、市场导向、学习导向测量题项，对其进行适应性改编，得到初始量表。改编的依据主要是专家及企业管理者的访谈意见，合并或删除语义重复的测量题项，并结合理论和实践对量表进行修改，这个量表似乎没有明确地阐明量表改编的具体方法论。而且，研究者也没有交代如何对英文量表进行汉化。

第三步，研究者对得到的初始量表实施测试，研究者主要采用线上问卷调查的方式施测，于 2022 年 3 月上旬至 4 月中旬发放问卷，发放对象是企业中高层管理者，最终获得 828 份有效问卷。这里有个问题可能需要注意，问卷发放的对象是企业中高层管理者，但从问卷调查对象的基本信息可知，基层管理者占样本的 61. 7%，基层管理者所占比例是否过高?

第四步，研究者对包含 21 个测量题项的数字导向量表进行测量学分析。首先是将样本数据随机分成数量相等的两份（$N=414$），然后分别进行探索性因子分析（EFA）和验证性因子分析（CFA）。EFA 结果表明，数字导向量表由三个因子构成。CFA 结果显示，三因子模型优于其他备择模型，实测量表的结构维度与假设构思一致。最后将第二组样本数据用于信度与效度分析，统计量包括 Cronbach's α 系数、AVE 值、标准载荷和相关系数。

至此，该研究完成了企业数字导向量表的编制工作。从数据检验结果来看，企业数字导向量表是由 21 个测量题项组成的三因子结构模型，且信度和效度良好。

在编制或开发量表过程中，实际上，部分学者还采用因果关系来检验新建量表的校标效度（也被称为效标关联效度）。该研究通过文献回顾发现，既有研究中数字导向对企业的影响主要集中在创新绩效和组织绩效方面。据此，该研究在理论分析的基础上提出两个假设：企业数字导向对创新绩效产生正向影响，企业数字导向对组织绩效产生正向影响。两个假设均得到回归分析的结果验证。

二、直播电商服务失败量表的开发过程

直播带货是电商产业的重要支柱。然而，随着“直播翻车”事件频出，部分消费者信任出现严重危机，这种直播电商服务失败（live streaming e-commerce service failure，LSESF）现象已经引起学界和业界的关注。彭宇泓等（2024）学者从社会交换理论的“体验观”视角出发，采用扎根理论方法挖掘直播电商服务失败的内涵，进一步开发出相应的测量量表并进行验证和修订，为学界后续研究提供了结构明确的测量工具。

第一步，研究者通过文献回顾，围绕LSESF的内涵及实践、产生原因、影响、治理策略等4类问题展开文献综述，并总结分析了电商服务失败的相关文献。基于以上相关文献分析，研究者结合体验观和资源观，提出LSESF的具体含义。

第二步，LSESF的概念化与维度构建，核心工作是采用扎根理论对其维度结构进行探索和归纳提炼。研究者通过访谈获取一手资料并收集网络评论文本、公开媒体报道、学术文献等相关二手资料。在归纳性数据分析中，遵循“开放式编码→主轴式编码→选择式编码”的三级程序，以此形成初步结构维度。另外，研究者还对以往文献提出的有关内涵进行场景化重构并提炼出两个新维度。至此，研究者提炼出的LSESF的结构维度包括5个：信息传递失败、交易功能失调、系统响应失败、关系交互失败、感官契合失败。

第三步，正式进入LSESF量表开发阶段，主要工作包括生成初始量表、预调研并修正量表、正式调研并检验量表。其中，初始量表的生成，需要对78个原始题项进行合并和删减，同时要保证各维度的题项数量合理。初始量表的修正，需要采用可靠性分析和校正项总计相关性分析（CITC）对预试题项进行净化，使用SPSS 23.0软件进行探索性因子分析（EFA）并确定因子结构；本次调研于2022年7~8月间完成。量表结构的稳定性检验，采用AMOS 24.0软件进行验证性因子分析（CFA）以找出最优的拟合模型；这个环节的调研于2022年9~10月通过问卷星（线上）完成。

第四步，量表的法则效度分析，目的是在法则网络中检验LSESF量表的法则效度，由此，研究者构建了法则网络验证模型，模型中将心理契约违背作为中介变量、顾客转换作为因变量并以前面开发的直播电商服务失败作为自变量。研究者以滚雪球、课堂发放等方式收集调研数据，该调研于2022年12月进行，最终获得509份有效问卷。值得一提的是，这里可以

通过分析样本特征，判断其与研究主题的吻合程度。数据分析结果表明，LSESF 对顾客转换具有显著正向影响（假设 1）、LSESF 对心理契约违背具有显著正向影响（假设 2）、心理契约违背在 LSESF 与顾客转换之间发挥中介作用（假设 3）。

至此，该研究完成了 LSESF 量表的开发工作。需要指出的是，在该项量表的开发过程中，这个法则效度分析实际上就是通过预测效用来验证该量表的外部效度。诚然，预测模型中关联变量的引入是要基于一定的理论推演或现实依据的。

第九节　引用或开发量表时出现的问题及可能的解释

一、引用国外量表时跨维度或分量表之间相关性过高

该现象说明这些题项测量的可能是同一构念，具体表现为题项之间的同质性太强。这时应注意，如果原始量表各维度之间相关性不高（相关性<0.4），而译为中文量表，并将量表投入使用时分量表之间相关性过高，甚至相关性超过 0.8 或 0.85，这可能是由于研究者翻译量表时出了问题，直译或意译都有可能存在表达偏差；或者该量表的跨文化适应性很差。

二、词句翻译的客观表达和准确输出

题目中词句的表达应客观、确切，易于一般人的准确理解而不产生偏移，特别是核心概念的表达，不应使用难以理解或内涵很深的词句。在“英译中”的情形下，尽可能不直接使用只属于外国语境的概念，应避免可能出现的内涵失真，“中译英”情形亦如此。

第七章　抽样设计

第一节　抽样的基本问题

抽样调查作为一种提供统计数据的重要方式，在众多领域得到广泛的应用，研究者运用抽样调查来发展、检验，以及提炼他们的研究假设。与此同时，政府机构同样会借助抽样调查获得社会经济方方面面的信息，营销人员也使用抽样调查来确定目标市场或细分群体，了解消费者心理和行为（格雷汉姆·加尔顿，2014）。一项完整的问卷调查设计包含了多个相互关联的事实方案，比如数据收集方式、问卷题项、样本设计，以及处理数据的方法等。抽样设计是整个问卷调查研究方案不可或缺的组成部分。

进行抽样调查主要是因为在问卷调查研究中，由于时间、精力、财力等因素的现实性制约，无法实现对所有元素的全面、系统、深入研究，仅能从总体中选出一部分作为研究对象，这部分被挑选出来的元素集合称为样本。按照既定规则，从总体中选取一组元素集合的过程，称为抽样或取样。抽样的过程涉及总体、样本、抽样单位、抽样框（抽样范围）、总体值、样本值等核心概念。

抽样的目的是科学地从总体中选取代表性元素，以期达到“管中窥豹”“一叶知秋”的认识作用。利用抽样调查来实现对总体特征和规律的认识，具有很多优点，其中最突出的特点是省时省力、节约经费，有利于集中精力和时间对变量及其关系进行统计分析与研究。此外，一项设计优秀的抽样方案有助于减少人为误差（风笑天，2019）。鉴于这些优点，抽样调查方法在各类科学研究中具有广泛的应用空间。抽样方法有多种分类体系，他们各有优缺点，常见的分类体系见表 7-1。

表 7-1　抽样方法分类体系

抽样类型	抽样方法	优点	缺点
概率抽样	简单随机抽样、系统抽样、分层抽样、整群抽样、多阶段抽样	能够比较精确地估算出抽样误差，能够判断出样本的代表性	现实中有时无法界定总体，因此无法进行概率抽样
非概率抽样	偶遇抽样、判断抽样、定额抽样、滚雪球抽样	依据研究者的主观意愿、判断或是否方便等因素来选取对象	无法估算出抽样误差，很难对总体情况做出可靠的推断

注：根据参考文献有关内容整理而得。

抽样设计包括以下几项内容（郝大海，2019）：第一，定义总体和编制抽样框，即确定抽样的范围和实施方法。第二，根据目标总体的特征或属性，选择合适的抽样方法。第三，对总体的变异性做出估计，即估计抽样误差。第四，确定样本中的个体元素数量，即确定样本规模的大小。其中，第三项、第四项的工作主要针对概率抽样过程。值得一提的是，无论抽样设计如何完美，产生抽样误差是不可避免的，这就意味着通过抽样得到的少数对象的情况很可能与全体对象的情况不符。根据中心极限定理，当样本规模很大（$n>100$）时，抽样分布可近似为正态分布。

第二节　抽样涉及的核心概念

一、总体

全及总体（也称母体），简称总体（population），是由具有共同性质的调查对象的全体单位构成的集合体。例如，我们要研究某个大学本科生网络游戏成瘾的现状，则该大学全部本科生就构成全及总体。一般用大写的英文字母 N 表示全及总体的单位数，用以反映总体的容量。根据单位数规模，总体可分为有限总体和无限总体，即使是有限总体，其规模往往很大，如涉及社会人口调查的，有限总体的规模可达百万级。由于不经济或不可能等原因，对有限总体的认识在实际操作中往往需要借助抽样的方法，而对于无限总体的认识则只能进行抽样。

抽样总体，简称样本（sample），是按照一定的原则从总体中抽取性质相同的一部分单位组成的小总体，一般用小写的英文字母 n 代表样本的单位数，即样本容量。组成样本的每个单位被称为样本单位。例如，某个大学有 2 万名本科生，我们要采用抽样的方法来调查研究该大学本科生的网络游戏成瘾状况，则该大学全部的本科生构成全及总体，$N=20000$。若是从全部本科生中随机抽取百分之五即 1000 名本科生进行问卷调查，则被抽中的 1000 名本科生构成抽样总体即样本，样本容量 $n=1000$。按照样本容量的大小，样本可分为大样本和小样本。一般的说法是，在社会经济现象的抽样调查中，$n\geqslant30$ 即为大样本，$n<30$ 为小样本。但在实际的调查研究中，样本容量常常远大于 30。应当注意的是，在抽样调查中，作为认识对象的全及总体是唯一确定的，但作为观察对象的样本并不具有唯一性，因为可以从全及总体中抽取多个样本，研究目的、抽样方法等因素都将在一定程度上决定着抽到哪些样本，抽到的多个样本结构可能差异很大。

二、抽样单元

抽样单元（sampling unit），又称为抽样单位，是指构成抽样总体的一个或一组元素，也是构成抽样框的基本要素。抽样单元可以分级，其中最小一级的抽样单元通常被称为基本抽样单元。例如，研究者通过抽样调查了解某县农家书屋建设状况，采用多阶段抽样（multi-stage sampling），那么该县的所有乡镇可以看作初级抽样单元（即一级抽样单元），其中设有农家书屋的那些行政村和社区为二级单元，每个行政村和社区内的农家书屋则为三级单元，图书是最小一级的抽样单元，即为基本抽样单元。抽样单元是已知的、有限的个体项目的集合。应注意的是，在多阶段抽样过程中，每个阶段所选取的元素可能有所不同，如调查当今我国大学生网购支出状况时，第一阶段的抽样单元可能是省（自治区、直辖市），第二阶段的抽样单元可能是市（地区等），第三阶段的抽样单元可能是驻地高校，最后一个阶段的抽样单元是大学生。

三、抽样框

抽样框（sampling frame），又称为抽样范围或抽样框架，是用来划定样本抽选范围和结构的框架，要求完整且不重复。设计一套准确、完备的抽样框是开展抽样调查的前提条件。设计出抽样框后，研究者可以采用一定的方式（如按照随机数表）来抽取必要的单位数。为避免遗漏或重复抽取，应该对那些作为备择对象的总体单位排序编号或列出名册，常见的抽样框有花名册、电话黄页列表、工商企业名录（如某行业的 500 强企业），等等。抽样框要保持一定的更新周期，特别是利用现有名单作为抽样框时，要先核查其准确性和时效性，还要尽可能地减少抽样框误差。抽样框误差是一种非抽样误差，主要是因不准确或不完整的抽样框而引起的误差。

第三节　抽样的主要方法

概率抽样要求样本的抽取具有随机性，即总体中的每个成员被抽中的可能性（机会）是相等的。概率抽样的方式多样，各有优点和缺点。选择何种抽样方法，涉及调查研究的预算（经费投入）、目的、样本可获得性等现实因素。下面介绍几种基本的抽样方法。

一、简单随机抽样

概率抽样中最简单易行且最符合具体情况的两种方法分别是简单随机抽样和系统抽样。简单随机抽样是采取随机程序从抽样框中选取总体成员的方法，这一过程可以通过客观选择程序或更普遍的随机数字来完成（爱德华·布莱尔和约翰尼·布莱尔，2022）。作为最基本的概率抽样形式，简单随机抽样常用的操作方法是抽签。一个示例是将总体中的每个成员进行编号后写在纸条上，把纸条放入纸盒等容器中并打乱纸条，然后从中任意抽取，或通过旋转带有这些编号的转子来选取样本，直到抽够预期数量为止。以上操作对于总体单位较少的情况来说，是比较可行的，也具有一定的趣味性。但试想一下，要对某个大城市的大学生进行抽样，这个程序可能就会变得很麻烦。

若总体中的成员较多，采用随机数来抽取样本是更为理想的方法。随机数的来源多种多样，传统的随机数方法是为总体成员分配数字并抽取随机数字以确定选择成员。研究者可以借助计算器、Excel 软件等具有随机数功能的设备和软件。抽样简单随机样本的一种更高效的方法是直接将永久随机数字分配给总体中的元素，对其进行排序并获取所需的样本规模。关于随机数的抽样方法，感兴趣的读者可以阅读布莱尔所著《如何抽样》一书的第 62 至 65 页，这里不再赘述。

二、系统抽样

系统抽样又称等距抽样或间隔抽样，是将总体中的成员进行编号排序，再计算出特定间隔并按此间隔抽取成员的方法。可见系统抽样需要完整的抽样框。前提条件是总体中成员的排列结果应是随机产生的，即不存在某种与研究变量相关的规则分布，否则其抽样结果可能产生极大偏差，因为研究者在使用系统抽样方法时，编制科学的抽样框是值得注意的关键操作（风笑天，2021）。

系统抽样可以视作实际上的近似随机抽样，易操作、实用性强、工作量相对较小。相比随机抽样，系统抽样更依赖抽样框的适当性，因为系统抽样不是随意选取总体中的某个样本，规范的操作过程是：假定总体中的成员被随机地排列在抽样范围中，然后选择它们之中的 $1/k$，以 k 为任何常数。研究者可以根据样本所需的抽样范围的比率设定 k 的数值，比如，当 $k=2$ 时，抽取的样本量应为总体的一半（董焱等，2019）。系统抽样获得的样本被称为系统样本。例如，要从 20000 名大学生总体中抽取 500 个样本，执行过程如下：

① 求得抽样间隔 k，k 取邻近整数值。示例中的间隔 $k=20000\div500=40$，这就意味着研究者将抽取总体的 2.5%；

② 选择一个随机起点 i，启动随机程序以保证样本被抽中的机会均等，随机程序可以参照简单随机抽样进行；

③ 确定抽取对象的编号，即依次从总体中抽取编号为 i、$i+k$、$i+2k$、…、$i+(n-1)k$，其中，n 为样本规模。

三、分层抽样

分层抽样也称类型抽样，是将总体划分为多个子群（称为“层”），然后采用简单随机样本或系统抽样的方式，从每个子群中选取随机样本的方法，常见的分层依据为样本特征或某种属性（如性别、职业、组织类型等）。分层抽样虽然会产生一些额外的工作量和成本，但是在样本规模相同的情况下，与简单随机抽样相比，分层抽样的误差要低很多，因为分层抽样可用更少的样本量达到减少抽样误差的目标，从而降低总的研究费用支出。适合采用分层抽样的情形主要有：层次直接关联、层际方差不同、层际成本不同，以及层际先验信息不同（爱德华·布莱尔和约翰尼·布莱尔，2022）。在特殊情况下，研究者在实施分层抽样时，会根据不同的层级分配样本量。这样做的目的是使研究具有更高的效率，也可以使抽样误差降至最低，同时又能够获得最多的信息。

假定图书馆行业的员工规模分为小型（50 人及以下）、中型（51~100 人）和大型（100 人以上）。如果要在某个维度上比较不同规模的图书馆之间存在的显著差异，例如，研究者要了解我国高校馆和公共馆员工的职业成长状况，那么这时候的调查抽样就可以采用分层抽样方法。首先，将图书馆分为小型馆、中型馆和大型馆。然后，从各类图书馆中抽取一个随机样本，此时不需要保证大、中、小三类图书馆中被抽取的成员数相等。

运用分层抽样方法时应注意分层划分标准、层内和层间的差异等问题。群组划分的基本原则是“组内差异大、组间差异小”，即增强组间的同质性和组内的异质性，即要求各个群组要有较好的代表性。分层的基本原则是“层内差异小、层间差异大”，即增强层内的同质性和层间的异质性。常见的分层变量大多是人口统计学变量，如性别、学历（受教育水平）、年龄（或出生年代）、职业等。

四、整群抽样

整群抽样又称聚类抽样或集团抽样，是将总体单位划分为若干子群（称为集群或群组），然后以集群为单位，从中随机抽取一部分集群，对选中集群内的所有单元实施全面调查的一种抽样方法。整群抽样是多阶段抽样的前提和基础。整群抽样与分层抽样的不同之处有两点（爱德华·布莱尔和约翰尼·布莱尔，2022）：其一，整群抽样使用的是集群样本，而分层抽样须在每个层级抽取样本；其二，整群抽样旨在降低调查成本，而分层抽样专注于减少抽样误差。

整群抽样的优势在于其能降低抽样成本，不需要编制大量的抽样框，实施过程的便利性较强。缺点是如果抽取的样本单位在总体中分布不均匀，会导致较大的抽样误差。这里也有几个问题需要注意：如何定义并合理地划分群组、如何确定群组规模及群组的代表性。另外，整群抽样和分层抽样虽存在差异，但两者并不相互排斥，分层整体抽样是有可能的，即先从抽样框中分离出需要的层级，然后从该层级内抽取整群样本。

例如，在张峰和耿晓伟（2018）开展的乡村教师离职意向的问卷调查研究中，采取整群抽样的方法，从参加教师集中培训的乡村中小学教师中抽取 353 名乡村中小学教师，将这些教师作为调查对象。同样是研究乡村教师离职意向的问卷调查研究，李志辉和王纬虹（2018）则以重庆市为取样范围，分层抽取 12 个区县，每个区县分乡镇中学、乡镇小学、村小和教学点四个层面，从四个层面分别随机抽取300名乡村教师进行问卷调查，共获得有效问卷2505份。

又如，张哲等（2021）在职前教师生涯适应力研究中，采用整群抽样方法，分别从吉林省师范类大学和综合类大学中抽取一所典型学校，选取该学校教育技术学专业的全体职前教师作为调查对象。同时，考虑到大一年级学生尚未开展系统的专业课程学习，无法测量专业课程学习情况与生涯适应力的关系，该项研究仅选取了大二、大三和大四的职前教师进行问卷调查，回收有效问卷265份。

五、多阶段抽样

多阶段抽样中的“多阶段”是指将抽样过程分为几个阶段进行，每个阶段抽取的样本来自不同的层级，这些层级之间存在某种隶属关系。在问卷调查中，遇到总体成员规模特别大或分布范围特别广的情况时，研究者可考虑采取多阶段抽样方法获取样本。具体的操作方法是：先从总体中随机抽取若干规模大的群组，然后再从这几个群组中抽取几个规模相对较小的群组，以此类推，直至抽到最基本的单元（风笑天，2021）。例如，为了解当前某一线城市在校大学生的信息素养状况，需要从该市在校大学生这一总体中抽取样本。首先，以学校为单位抽样，即以该市所有高校为抽样框，从中随机抽取一部分高校；然后在抽中的高校里，以年级为单位进行分层抽样；接着再以班级为单位进行随机抽样；最后，从抽中的班级抽取在校大学生。在上述每个阶段中，采用了简单随机抽样、系统抽样或分层抽样等抽取样本的方法。

在多阶段抽样中，“多”一般指三个及以上。各个阶段可以采取不同的抽样方法。比如在三阶抽样中，开始阶段采用简单随机抽样，第二阶段采用分层抽样，最后阶段采用系统抽样。多阶段抽样的核心优势是适用范围广，不需要总体的全部名单，因此对包含所有总体的抽样框不作要求。当然，多阶段抽样的缺点明显，过程烦琐，而且样本对总体的估计比较复杂。因为每个阶段的抽样都会产生误差，经过多个阶段的抽样，这种“累积”起来的误差就会比较大。从这个角度来看，在实际调查中不宜过多划分调查阶段，但至少要经过三步抽样。研究者在合理控制调查成本和精力投入的条件下，尽可能地抽取更多类别的样本，能够提高样本的代表性。

六、偶遇抽样

偶遇抽样，又称方便抽样，顾名思义，是指研究者根据自己的便利条件，将偶然遇到的人作为调查对象，或将离自己最近的人作为受访者。偶遇抽样的主要特点是节约研究者的时间和调查成本，但在准确度上有所不足。最常见的例子就是研究者将自己的授课学生作为问卷填答者。例如，北京大学信息管理系王子舟教授在其讲授的“图书馆学概论”专业课程的期末考试中设置这样一道论述题：请叙述一下你今后去（或不去）图书馆就职的理由，填答者为选修这门课的本科生（王子舟，2018）。该项研究采用了跟踪式调查，分别在 2010 年 6 月底、2014 年 6 月底、2018 年 6 月底各进行了一次偶遇抽样。

七、定额抽样

定额抽样，又称配额抽样（quota sampling），是将总体样本按一定规则进行分层或分类，确定各层（类）单位的样本数额，在配额内任意选取样本的抽样方式，是一种比偶遇抽样更为复杂的非概率抽样方法。这里的“配额”即配置一定数额的意思。主要操作方法是：根据受访者的某些属性特征（如所在组织的层次、规模等），预先设置各类或各层上所要抽取的数量。因此，研究者抽到的样本在上述属性上的比例更接近总体，或可更好地满足调查需求。相比概率抽样，配额抽样的核心优势是简便易行，既不需要界定抽样框，又不需要访问特定样本，能够在一定程度上提高应答率；同时，其成本较低、速度较快，所得样本分布较为均衡，也更符合总体特征。配额抽样的缺点是其抽取的结果用于推断总体特征时经常会出现偏差，因为无论是抽样比例更接近总体或更符合总体特征，仅仅是形式上实现了总体的代表性。

配额抽样与分层抽样的最主要区别在于：分层抽样在层内样本抽选时是按随机原则进行抽样，而配额抽样则依据调查人员的主观判断，从配额内选取样本，所得的抽样结果属于方便样本，依然会存在研究者的选择性偏差，特别是对于那些未设定抽取数额的分层或分类变量，极有可能出现比例失衡现象。可见，配额抽样的操作难点在于需要知道在多少个层次或类别上进行配额的控制才算科学合理。固有缺点，但考虑到成本、速度、可行性等现实因素，配额抽样依然是许多调查研究采用的方式之一。例如，在农村中小学校教师工作现状调查中，李维等（2018）将云南省某县 8 所农村中小学作为调查范围，以25%的固定比例为抽样依据，分别从8所农村初中、24所农村小学中各抽取了2所初中和6所小学作为调查学校，将8所调查学校的305名教师作为调查对象，获得有效问卷278份。

八、滚雪球抽样

滚雪球抽样，又称链式抽样（chain-referral sampling）或受访者驱动抽样（respondent-driven sampling）。这种类型的抽样应特别注意对最初的受访者是否具有目标群体成员的资格进行筛查，当受访者是这个群体的成员时，才要求他/她推荐其他的群体成员参与填答问卷，然后又要求这些群体成员推荐其他的群体成员，以此类推，直到识别不出新的成员。理论上要求这些群体成员形成的关系网络中的每个人都有100%的入选概率，现实中却很难达到，因为研究者难以绝对地控制链条上信息传递的完整性和穷尽性，可能会产生选择偏差。例如，受访者没有时间列出所有的目标成员，或者忽略了某个人，抑或研究者提前结束了这一过程（爱德华·布莱尔和约翰尼·布莱尔，2022）。

滚雪球抽样并不要求被推荐者了解推荐者所属群体的成员规模，对于某些特定领域的人群（如财经类高校图书馆馆长），或者专业技术群体（如区域性的图书馆编目馆员），更有可能满足滚雪球式的抽样条件。如果想使滚雪球抽取的样本是随机的，应该在每一阶段随机地抽样，如果想使滚雪球样本是特定的，则可以在第一阶段采用定额抽样等方法（董焱等，2019）。应当注意到，在滚雪球抽样的操作过程中，研究者必须掌握问卷发放的渠道和去向，并且要做好环节上的标记，因为这种方式回收的问卷数量主要取决于人际关系网络强度，无法事先确定具体的问卷规模，这应当是滚雪球抽样的缺点。

九、判断抽样

还有一种非概率抽样，又称判断抽样（judgmental sampling）或立意抽样（purposive sampling），抑或专家选择（expert choice），是研究者根据主观判断和研究目的选择调查对象的抽样方法。在此情况下，某一样本是专家选取的，从而使得受访者更有“代表性”（格雷汉姆·加尔顿，2014）。显然，这种界定标准具有较大的主观性，因此抽样结果在很大程度上依赖于专家的理论素养、实际经验及其对调查对象的熟悉程度。判断抽样的优点在于能够调动研究者的主观能动性，特别是当研究团队中的专家对调查研究的总体情况比较熟悉、问卷调查设计与方法运用熟练、判断能力较强且经验比较丰富时，往往选择使用判断抽样的方法（风笑天，2021）。

十、特定情境下的抽样方法

除了前面介绍的抽样形式外，在任何特定的研究情境下都可能会遇到特定的抽样问题。爱德华·布莱尔和约翰尼·布莱尔（2022）为我们考虑了以下可能遇到的现实因素：在线、拦访、稀有人群、追踪调查、基于大数据的抽样调查等，这里的不同情境都有其特色流程并呈现出特殊问题。一些在线调查是通过网络社区、社交平台或所谓的“朋友圈”发布参与邀请来完成，这种方式获得的样本必然是非概率样本。还有一种方式是在某个地方拦访而获取样本。获得访客样本，常见的是在购物中心、CBD（中央商务区）、公共文化设施（图书馆等）或街头集市等地方进行拦访抽样。

在拦访调查研究中，首要目标是选择目标地点。例如，研究者想要分析某城市图书馆阅读节活动的访客特征，那么研究的位置是根据特定目标而圈定的。在特定地点抽取概率样本的最简单方法是在目标群体进入或离开该位置时对其进行系统抽样。举例来说，如果想要在某图书馆的入馆大厅获取 300 位调查对象，并且根据以往的图书馆访客大数据统计结果得知，在此调查时段内将有 6000 位访客进入该馆，那么可以在简单随机抽样开始后，在每 20 位访客中抽取 1 人为调查对象，具体抽样方式参照系统抽样方法。

当涉及的组织较多且分布范围较广时，为保证样本来源的完整性和数据可靠性，在一项问卷调查研究中，可能需要同时借助多种方式发放问卷。例如，在正式调研阶段，王鹏等（2019）的调研范围包含了 8 个省市的 267 家企业，可采取 3 种问卷发放方式：研究者现场发放、在校友会的协助下向校友企业发放在线问卷、与当地政府合作发放问卷。

总结起来，抽样的途径主要有以下几种：① 随机抽样，根据本单位校友通讯录、企业黄页等信息，与对方取得联系并征得对方的同意后，发放问卷；② 以培训班或课程班（如 MBA）学员为调查对象，进行抽样；③ 利用到企业调研、讲学的机会，开展问卷调查；④ 利用熟人关系，问卷发放的方式包括但不限于邮寄、E-mail、现场发放等。应当注意的是，问卷发放的方式可能会对数据产生影响，这时候需要检验其差异显著性。研究者多数情况下容易忽视这个问题。

第四节 抽样的规模界定（调查问卷的合适数量）

一、抽样中的样本数

样本容量（sample size），又称样本数或样本规模，是指所抽取样本中的个案数。开展抽样设计首先要面对的一个问题是需要多少样本量，样本量常常基于对调查成本与精度水平的粗略评估（格雷汉姆·加尔顿，2014）。例如，某项面对面访问的问卷调查研究目标是估计一个拥有150万人口的城市在新建图书馆落成后将会有多少人使用及其比例结构，这个时候所选的样本量取决于一些预估指标值，包括既有图书馆的注册用户数、该市不同城区的人口分布结构等等。

抽样调查需要研究者确定样本规模，但是，多少样本才是适当的？学界并未达成一致，而且也很难确定统一的标准。风笑天（2021）指出，确定样本规模主要可从以下因素考虑：总体的规模、估计的精确度要求、总体的异质性程度以及调查经费、人力和时间。一般来说，适当的样本数应在100至总体数量的1%之间，如果总体数量的1%数据量仍然过大，可以适当减少；在概率抽样中，样本量通常在200以上，100是最低限度；对于研究对象数量小的、限于小圈子的总体，可能需要抽取全体成员作为样本（董焱等，2019）。

二、调查中的样本数

样本数对参数估计结果的稳定性有一定的影响，取样数越多，统计分析的稳定性与各种指标的适用性也越好。在问卷数据分析中，到底多少个样本是最优选择？对于这一问题，还可以直接从问卷调查的属性来界定正式样本抽样人数，既可以直接设定样本人数，也可以按照正式样本人数占总体的比例来确定。在正式的问卷调查中，抽样样本人数越多，其数据推论的效度越可靠，但抽样的样本性质必须能够反映总体的属性，因而研究者最好采取（分层）随机抽样的方式来保证抽样的代表性。特别地，在比较组别均值差异方面，各组（各个水平数值）的样本数至少要在20人以上，即使要求不高也要15人以上，比较理想的数目为30人以上（吴明隆，2010）。在问卷调查中，有时候会遇到个体特征的某些变量的组别人数会少于20人，研究者这时候可以考虑将部分组别合并处理，即对人口学变量的水平数值重新编码。

第八章　数据编码与整理

第一节　数据编码

与访谈等方法中编码工作不同的是，问卷调查研究中的编码指的是将每个题项（问题+答案）赋予一个特定的数字代码，或者说是将问卷中题目的不同答案转换成预先拟定的数字的过程，在绝大多数情况下，问题答案采用阿拉伯数字代码。

在样本量较大的问卷调查研究中，调查数据的处理与结果分析往往需要借助于计算机完成，编码的目的就是将回收问卷中的每一个答案分配一个计算机易于识别的代码，这些数字型代码主要用于后续的统计分析。

根据编码实施的先后顺序，编码分为预编码与后编码，前者是编码与问卷的设计同时进行，后者是等调查数据获取后再进行编码的设计方案。在实际调查中，封闭式问题大多数采用预编码，此时的预编码也成了问卷的组成部分（张晓琼，2011）。根据题目的类型不同，编码方法也有差异。

一、单项选择题的编码

单项选择题的编码往往属于预编码，即在调查问卷的设计过程中已经确定了答案的代码。下面就是单项选择题预编码的例子，这些例子其实也是调查问卷中常见的人口学变量设计方案。

C01 性别：① 男　② 女

C03 受教育程度：① 大专及以下　② 学士　③ 硕士　④ 博士

C04 婚姻状况：① 未婚　② 已婚　③ 离婚　④ 其他

对于单项选择题，一道题目即设定为一个用于测量的变量，该题目的每个答案都被赋予一个数字代码，例如，在性别变量中，“男”被赋予数字

1，而“女”则被赋予数字2，如此类推，问题的答案就被转换成了用于统计分析的数字（注意：这些数字不一定具有数值加减意义）。值得一提的是，关于学历（受教育程度）等变量的代码设置，需要根据调查研究情境或目的进行调整，例如，测量高校教师离职倾向的学历差异，此时学历可参照上述例子C03，而当调查对象是制造业企业员工时，此时的学历层次可将较高的学历选项合并处理，或增设“高中/中专”等选项。

二、多项选择题的编码

在问卷调查研究中，多项选择题的变量转换是由答案的数量决定的，答案数等于变量数。与单项选择题不同的是，多项选择题的每个答案均需要进行“1”“0”编码，即被选择的答案编码为“1”，而未被选择的答案编码为“0”。

A09 您在什么阶段接受了图书情报类专业教育（无图书情报类专业背景者不填，可多选）：① 本科 ② ✓硕士 ③ ✓博士 ④ 其他

根据上述题例，这道题目应设置4个变量（即4个备选答案），备选答案的代码可分别设置为A0901、A0902、A0903、A0904。注意，这里的A09是问卷中问题的代码，在我们的调查问卷设计方案中，A09对应的是问卷第一部分的第9道题目，而A09后面的数字是备选答案的依次序号，也属于预编码。在本例中，由于问卷填答者选择了②③两个答案，所以相应的A0903和A0904这两个变量均应编码为1，其余变量则编码为0，录入Excel或SPSS时，A0903和A0904写入1，其余的则写入0。

三、排序题的编码

虽然问卷中的排序题在统计分析前也需要转换成多个变量，但是变量的数量不是由答案数量决定，而是由需要排序的答案的数量来确定的。因此，排序题的编码与多选题不同，排序题的代码不再是答案的预编码，而是答案的重要性程度；具体的编码值也不是“1”或“0”，而是所选答案的预编码（风笑天，2019）。例如：

A29 下面是人快乐感来源的主要因素，请您按重要性，从“1~10”对其排序（1最重要，每个选项都要进行排序）：

① 健康（4） ② 亲情（3） ③ 工作（5） ④ 环境（6）
⑤ 宗教信仰（9） ⑥ 收入（1） ⑦ 人际关系（7）
⑧ 地位（2） ⑨ 自由（8） ⑩ 其他（10）

根据上述题例，由于每个选项都要进行排序，因此这道题目需要设置 10 个变量，其代码可分别设置为 A2901～A2910。与多选题代码设计规则一致的是，A29 是题目代码，A2901 指代的是最重要的快乐感来源，A2902 指代第二重要的快乐感来源，以此类推。此时，A2901～A2910 的编码值分别是所选答案的序号（预编码值），即 4、3、5、6、9、1、7、2、8、10。

四、矩阵式问题的编码

问卷矩阵中的子问题数量决定了需要设置的变量数量，子问题数等于变量数。变量名称可以参照单/双选择题的表示方法，见表 8-1。

表 8-1 矩阵式问题的编码示例

请您选择与自身情况最相符的选项，在相应的序号后画“✓”或者将序号标红。
（说明：① 非常不同意；② 不同意；③ 有点不同意；④ 不确定；⑤ 有点同意；⑥ 同意；⑦ 非常同意）

1. 我乐意在目前工作的图书馆度过余下的职业生涯	①	②	③	④	⑤	⑥	⑦
2. 我真的感觉到图书馆的事情就是我自己的事情	①	②	③	④	⑤	⑥	⑦
3. 我对目前工作的图书馆有着很强的归属感	①	②	③	④	⑤	⑥	⑦
4. 我觉得自己在情感上依附于目前工作的图书馆	①	②	③	④	⑤	⑥	⑦
5. 在图书馆中我有那种“大家庭中一员”的感觉	①	②	③	④	⑤	⑥	⑦
6. 在目前的图书馆工作对我来说非常有意义	①	②	③	④	⑤	⑥	⑦

表 8-1 列出的是某一调查问卷中的图书馆员情感承诺量表，属于典型的矩阵式问题设计方案。该量表包含 6 个题项，因此录入 SPSS 或 Excel 软件时需要设置 6 个变量，其代码可设置为 B0401～B0406。在问卷设计时，可以对矩阵式问题进行预编码，也可以直接列出态度选项。对于未预先编码

的矩阵式问题，在后编码时需要特别注意态度的方向性。

对每一位图书馆员在此量表上的所有得分（对应选项的预编码值）进行加总，即可获得其对组织情感承诺的态度得分。按照上述赋值方式，每一位图书馆员在该量表上的得分越高，表明其对组织的情感承诺越高；反之，则表明其对组织的情感承诺越低。

注：上述所述内容中，问题代码 C01、A09 和 B04 分属调查问卷的第三、一、二部分，即人口统计学变量放在问卷的第三部分，问卷第二部分是中间变量和结果变量（量表），问卷第一部分是人口统计学变量之外的单/双选择题。

五、编码手册

较大规模的问卷调查研究工作量大、任务繁重，往往需要团队协作。在对问卷进行编码时，必须在事前制定详尽的规则和实施计划，同时为了减少编码工作的误差，保证编码数据的质量，研究人员通常需要编制一份编码手册（也称编码表或编码簿）。制作编码手册的直接作用是促进编码作业程序的标准化，将编码的项目和问题逐一列出，规定其代码、宽度、赋值方式、备注信息等，便于每位编码员按照编码手册的要求统一进行编码（张晓琼，2011；风笑天，2019）。在上例中，编码手册示例见表 8-2。

表 8-2 编码手册（节选）

项目名称	变量名	含义	宽度	赋值方式	备注
问题 C01	C01	性别	1	1＝男，2＝女，000＝漏填	
问题 C08	C08	子女数量	1	根据填答者实际情况，填写数值编订	
问题 C14	C14	平均每年参加业务培训的次数	2	考虑到问题的半开放性，需要根据实际填写情况进行编订	此项单独进行数据整理
问题 C02	C02	出生年月	4	同上	年和月数值分别提取
问题 C12	C12	进馆方式	1	根据实际填写情况进行整理后重新定义和编码	填写内容单独提取

第二节 数据录入的 SPSS 操作

一、人工+计算机辅助录入

在问卷资料编码完成后，就可以开展数据的录入工作，数据录入就是通过人工+计算机辅助或其他方式将问卷资料输入存储设备并建立数据文件的过程。人工+计算机辅助录入可以将事先设定好的录入模板分享到录入成员，先将编码好的数据输入模板，然后再将模板中的数据录入计算机。模板需要设置问卷编号、变量名等信息。其优点是对设备及其运行环境没有特殊要求，只需通过普通电脑即可实现问卷资料的录入和数据文件构建，而它的缺点同样明确的：问卷资料录入效率较低，容易输入错误。一旦出错，就要查验原始问卷，数据质量查验的难度较高。

人工+计算机辅助录入方式需要相应的软件支持，直接输入 SPSS 软件或通过电子表格（如 Excel）录入。无论采用何种方式，都必须为录入工作设立一套规则和标准化操作程序。从目前的使用惯性看，人工+计算机辅助是最常用的方法，这种方法往往由于问卷数量大且录入人员较多，因此需要了解一些基本的注意事项。第一，在正式录入开始前，规定标准化录入格式；第二，要对录入人员进行操作方法的专题培训；第三，设计一份工作进度表，记录工作时间、工作量、录入人员等信息，同时对已完成的数据文件及时备份，最好能进行双录（郝大海，2019）。

当研究者需要对原始数据进行格式调整时，应当尽可能保留原始数据格式，不仅起到对照的作用，也能够在发生误操作时，及时查找和溯源，还有助于识别和评估问卷数据的质量。

例如，统计图 8-1 所示的“出生年代”数据值，可利用 Excel 工作表内嵌的“快速填充选项”功能，自动完成选项的替换，极大地减少手工统计的工作量，见图 8-2。需要注意的是，单元格的格式应设置为数值，以便于将电子数据导入 SPSS 软件时，数据能够被有效识别。在这里，“80 后”应调整为“80”，“70 后”应调整为“70”，以此类推。调整操作可通过 Excel 的替换或分列功能实现。

	G	H	I	J	K
1	备注	1、您的性别	2、(1)您的出生年月：_	2、(1)您的出生年月：_	出生年代
2		1	1989	1989	
3		1	1978	1978	
4		2	1975	1975	
5		2	1979	1979	
6		2	1981	1981	
7		2	85	1985	
8		1	1969	1969	
9		1	1981	1981	
10		1	80	1980	

图 8-1　单元格格式设置的转换界面

	G	H	I	J	K
1	备注	1、您的性别	2、(1)您的出生年月：_	2、(1)您的出生年月：_	出生年代
2		1	1989	1989	80后
3		1	1978	1978	70后
4		2	1975	1975	70后
5		2	1979	1979	70后
6		2	1981	1981	80后
7		2	85	1985	80后
8		1	1969	1969	60后
9		1	1981	1981	80后
10		1	80	1980	80后

图 8-2　单元格格式设置的识别界面

二、人工录入问卷数据的误差控制

对于人工录入的问卷数据，特别要注意录入误差的控制。手工录入问卷数据容易出错，可以通过“双录检验”的控制方式来降低出错概率。采用双录检验，是基于两个录入人员在同一份问卷中的同一个变量上录入出错的概率极小的假设。双录检验的方式是将同一份问卷交由两个不同的录入人员分别录入，然后通过对两个录入数据集中的同一样本的相同变量对应地比较，以期查验两者录入不一致的情况，然后根据不一致样本和变量查对问卷记录进行判定修正（边燕杰等，2006）。当然，也可以通过 SPSS、SAS 等统计软件中编程来实现这一功能。

三、非法值和奇异值的判别与处理

对非法值、奇异值的判别是数据清理工作的重要环节。非法值（illegal value）也叫野值，是指那些既不在题项规定的取值范围之内的值，也非研究人员约定或了解的取值，比如：性别变量中的“男”取值为“1”，“女”取值为“2”，缺失值取值为“999”，若在 1、2、999 这三个取值之外，变量出现了陌生值，如 3，这个陌生值就是非法值。非法值主要是针对类别变量或定序变量的取值范围而言的。

奇异值（outliers），又称极值（extrema），是针对某个连续变量而言的，极个别样本的取值极大地超过（或低于）总体平均水平，或者在正态分布曲线中极远地偏离中心值的值。例如，在高校图书馆员年均收入的测量中，年均收入 20 万元以下的样本占全体样本的 99. 99%，但是有两个样本的取值在 30 万元至 35 万元之间，甚至还有一个样本的取值为 40 万元以上，这三个取值就是奇异值。怎样判别样本的奇异值？参考标准主要依据研究者的经验或对现实的感知。最有效、最简单的查验方法是查阅频数表，从频数统计结果中发现值得怀疑的数值，然后对照问卷中的相应记录（原始数据）并加以分析和处理（边燕杰等，2006）。值得注意的是，对于奇异值的处理，应在原始的纸质问卷中做好单独标记，电子版问卷数据则应重新编码。非录入错误的奇异值所属样本可作特殊个案记录下来，为后续统计分析或制定策略时提供决策依据。

四、缺失值的处理及其 SPSS 应用

在问卷调查研究中，每个环节都有可能出现数据缺失的情况，如何有效处理缺失值，是问卷数据处理的一个难题。关于缺失值的形成，主要包括随机性和非随机性缺失值两种来源。郝大海（2019）指出，随机性行为，如被调查对象拒答导致的缺失值，可由研究者根据实际情况补填或估计，对研究结论偏差的影响不大。非随机性行为，如对于那些被调查者一致性的拒答或漏答形成的系统性缺失，不能简单地对缺失值进行补填或估计，而需要进行相应的统计学显著性差异分析。

从问卷设计开始就应将缺失预防作为研究工作的重要内容。例如，在

答案选项的设计上，合理设置“其他”选项，并考虑设定为填空题，以便于被调查者在找不到符合自己选项的情况下填写其他答案。另外，数据编码过程，特别是进行数据的新增、删减等操作要谨慎，及时通报全体成员并形成一致的数据处理意见。对于那些无法从原始问卷中寻获答案的缺失值，研究者需要采取补救措施，郝大海（2019）指出，常用的缺失值估计方法主要包括平均值估计法、回归估计法、删除缺失值、排除缺失值等四种方法，研究者在选择处理方法前，应充分估量和预判方法的适用条件及可能产生的后果。值得一提的是，缺失值的处理结果应在问卷调查报告中作出相应的说明。

在 SPSS 软件中，缺失值的处理可以通过三个不同的模块来实现（易丹辉和李静萍，2019）：① 选择【数据】菜单下的【选择个案】可以对缺失数据进行表列删除；② 选择【数据转换】菜单下的【缺失值替代】可以进行简单的缺失值填补；③ 选择【分析】菜单下的【缺失值分析】可以填补更为复杂的缺失值。

第三节　数据清理的 SPSS 操作

调查问卷的资料整理、数据编码，以及录入计算机等工作，对细致度和准确性有一定的要求。但是，在实际操作过程中，难免出现一些小的差错。为了保证统计分析的数据质量，降低操作引致的数据差错，非常有必要在统计分析之前进行数据清理。数据清理工作需要借助于计算机及软件实现，风笑天（2019）列举了三种清理方法：有效范围清理、逻辑一致性清理、随机抽样校对。

一、有效范围清理

有效范围指的是问卷中的有效编码值不允许超出预设范围，如果编码后的某个数字超出这一范围，那么可以判定这个数字一定是错误的。例如，数据文件的“性别”变量栏中出现了 3，则可判定这个编码值是错误的，这时候必须回到原始问卷进行检查、核对，并适时做出纠正，这一判定规则已由数据编码手册界定。

要想一次性检查出所有“超纲数值”，只需要使用 SPSS 软件的【分析】→【描述统计】→【频率】功能，例如，图书馆员职业成长调查问卷中的“受教育程度”频率分布见表 8-3。

表 8-3 变量“受教育程度”的频率分布

有效编码	频率/次	百分比/%	有效百分比/%	累积百分比/%
1	56	6. 25	6. 25	6. 25
2	371	41. 41	41. 41	47. 66
3	406	45. 31	45. 31	92. 97
4	63	7. 03	7. 03	100. 00
合计	896	100. 00	100. 00	

表 8-3 是一份正常的频率分布表，变量取值均处于预定的有效范围之内。当频率统计结果显示变量的取值“超纲”时，就需要查找出这些个案，并将其与原始问卷进行核对。在本例中，“受教育程度”问题代码为 C03，因此在 SPSS 软件操作中，需要先选中 C03 所在列，执行路径：【编辑】→【查找】，见图 8-3。逐个找出个案，再根据个案的编号去核查原始问卷，若某个变量存在多个错误编码值，则需重复上述步骤。

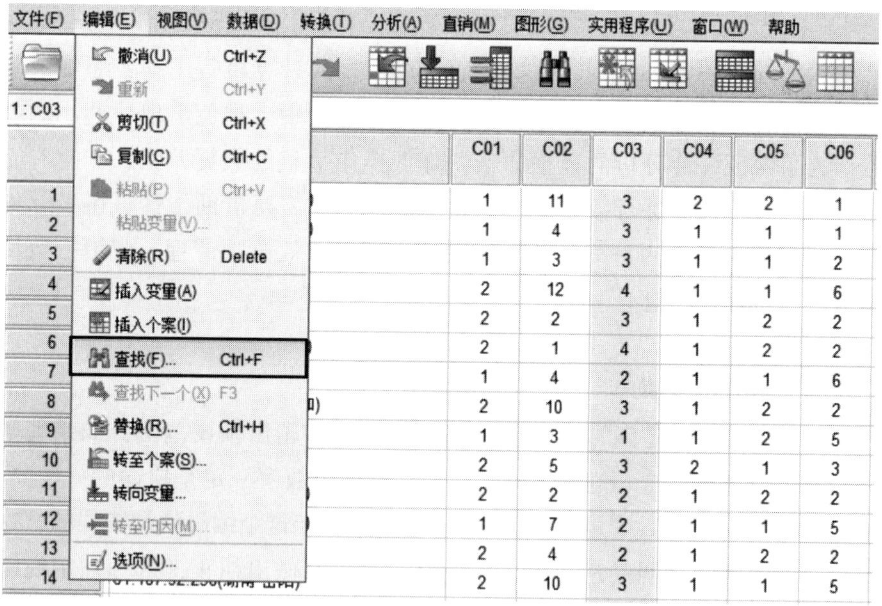

图 8-3 SPSS 中变量数据的频率统计路径

二、逻辑一致性清理

逻辑一致性清理的基本思路是根据不同问题之间的内在逻辑关系，核查前后问题的答案一致性。具体可分为两种方法：一是设置反向题，二是设置相倚题。有问题的变量数据往往在内在逻辑上存在矛盾。例如，在一项对当代图书馆员主观幸福感进行的问卷调查中，设置了这样一对相倚问题，其中前一个问题是“您的子女数量”（C08），选项为“无”（编码为1）、“1 人”（编码为 2）、“2 人”（编码为 3）、“3 人及以上”（编码为 4），而后一个问题是“您的子女状况”（C09）。那么，对于那些在前一个问题中回答“无”的填答者，在后一个问题中的回答应该是空白（为缺省值，用“000”表示），如果有的填答者在此问题上有了选项，那么这些个案的数据存在问题，相应的问卷可能是无效的。

在 SPSS 软件中，可以先执行路径：【数据】→【选择个案】，选定【如果条件满足】并点击【如果】按钮，在出现的对话框中，将前一个问题（C08）设置为“1”，相继点击【继续】和【确定】按钮，然后对遴选出来的个案做频率分析，再按照前述的有效范围清理方法，逐个查找那些在“您的子女状况”变量上编码值不为 000 的个案。当然，逻辑一致性清理还可以通过设置新变量的方式来实现，执行路径为【转换】→【计算变量】，接着再对新变量进行频数分析。

还有一些更为复杂的隐藏性问题数据也值得研究人员关注，这时候的问题数据可能需要结合多项问题进行联合甄别。比如，馆内职务选择“馆领导”且出生于 20 世纪 80 年代的被调查对象，在“职业成长”变量的子问题“在目前的工作单位，我的职务提升速度比较快”却选择“非常不同意”，这时候研究者就需要认真核对这些数据。

三、随机抽样校对

有些数据差错无法通过前述的有效范围和逻辑一致性两种方法查找出来，例如，某个样本的“受教育程度”变量数据在填答、编码过程中均为 2（本科），但被错误地录成了 3（硕士），而 3 这个数值在有效的编码值范围之内，此时就难以通过 SPSS 软件检查出来。这一类错误的检查办法只有逐一校对原始问卷，工作量极大。作为一种妥协，实际操作中往往采用随机抽样的办法，从全部样本中抽取少数个案进行校对。

第九章　不同变量转换设置的 SPSS 操作

第一节　连续变量与定性变量之间的转换

有时候，研究者在收集调查数据时，只能获得分类信息，或者信息本来就是定类信息，例如性别或政治面貌；有时候，研究者在验证某项理论时，只需要在逻辑上对几组分类数据进行比较，例如探究某种影响关系是否存在代际差异（“60 后”“70 后”“80 后”“90 后”之间的差异）；有时候，连续型信息会被归类处理，例如，将收入转化为三个或四个等级以反映社会经济地位，或者根据测量量表得分的中位值将样本一分为二。对于连续型形式的变量，将其转换为定类变量，通常要根据中位值划分法将其转化为一个二元取值变量（亚科布齐，2012）。

连续变量转换为定类变量的问题实质是：将潜在的连续变量转换成定类变量会导致“信息损失”，其结果是，涉及该定类变量的经验关系的强度被减弱了，作为预测变量来解释某一因变量变异的潜力就变小了。这样阐述的目的不是否定将连续变量转化为定类变量来使用的做法，而是要提醒研究者不要将相关性数据过于急切地解释为一种因果关系链上的证据，研究者必须使用他们已有的变量既有形式，或者是适合于他们的总体理论目标的变量形式（亚科布齐，2012）。

为了便于分析，孔晨等（2021）对基层医务人员离职意愿进行分级处理，在该研究中，离职意愿量表共有四个题项并采用 Likert 六点评分方式，将得分≤8 分的视为低度离职意愿，赋值为“0”；得分为 9~16 分的视为中度离职意愿，赋值为“1”；得分为 17~24 分的视为高度离职意愿，赋值为“2”。同样地，将“工作带来的成长认知”也按得分进行了分级：低成长认知（8 分及以下）赋值为“0”，中成长认知（9~16 分）赋值为“1”，高成长认知（17~24 分）赋值为“2”。因此，随着赋值方式的变化，变量的性质也随之改变，离职意愿、工作带来的成长认知两个测量变量的性质从原先的连续变量转换为有序多分类变量；在个人基本信息中，年龄在问卷中设置为连续数值变量，在描述性分析中转化为等级变量：≤35 岁、36~45 岁、46~55 岁、≥56 岁。

第二节　计算变量的 SPSS 操作示例

执行【转换】→【计算变量】操作路径后，在目标变量中输入拟设置的名称，通过数学表达式实现变量值的计算。例如，求取若干变量值的和，可在函数组中选择统计量，在其后显示的“函数和特殊变量（F）”中选择 Sum 求和函数，在此情境下，如果想要计算这些变量的均值，在求和之后还应除以该变量所含题目的个数，见图 9-1。

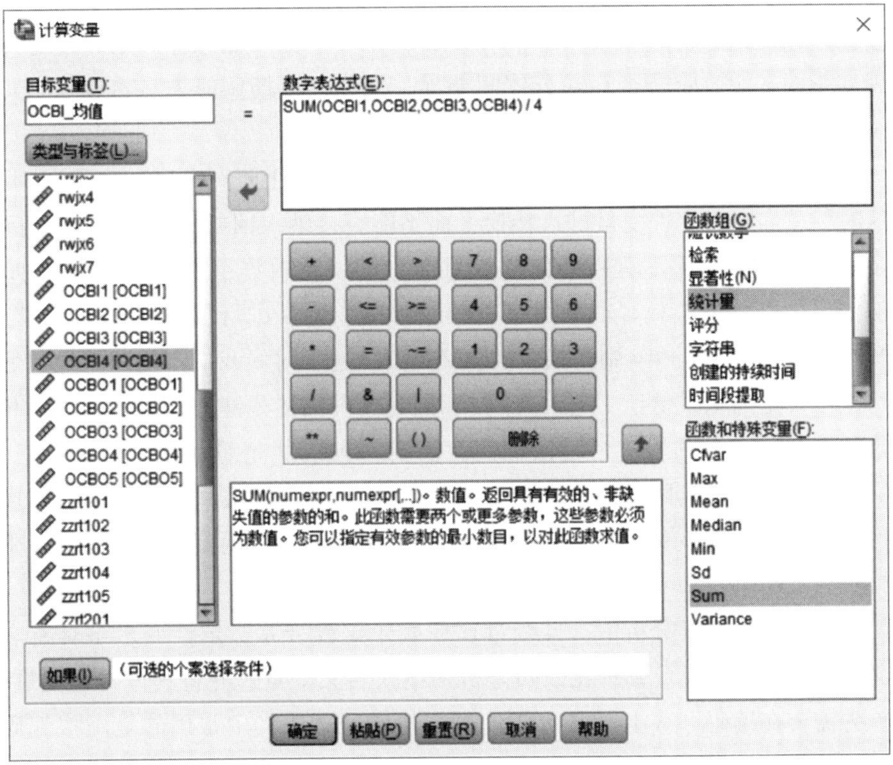

图 9-1　计算变量的 SPSS 操作示例

当求取若干变量值的平均数时，可直接通过相应的函数实现，即在

“函数和特殊变量（F）”中选择 Mean 均值函数，本例中的数学表达式为 MEAN（OCBI1，OCBI2，OCBI3，OCBI4），执行操作后，相应的目标变量会出现在数据编辑器中，可在变量视图中自定义目标变量的属性。应当注意的是，数学表达式中需要输入的是半角字符。

第三节　虚拟变量及参照组的应用设置

一、虚拟变量设置方法

回归分析是定量分析中使用最广泛且最灵活的方法。在一个典型的回归模型中，可以利用最小二乘法估计特定自变量组合下的 Y（因变量）的期望值，从而得到因变量的条件均值。当用于预测的自变量用间隔尺度来衡量，那么回归模型的有效性将会受到严重制约（海蒂，2016）。我们研究的问题经常涉及组差异（或称群体间差异），比如，研究者想了解被试的态度或行为在性别、学历、收入水平等方面的差异，也可能想探究某自变量对因变量的影响效应是否存在群体间差异；又如，市场调研人员希望从人口统计数据中了解消费者偏好。

当我们研究中的自变量为定性变量（只在名义上进行测度的变量）时，这时候就需要将定性变量进行转换，而不能直接纳入回归模型。原因在于，定性变量的数值并不具有任何数量意义，仅仅是用数字来代表不同类别。例如，可以将高校教师或图书馆员的职称按 1 到 5 进行编码（1=未定级，2=初级，3=中级，4=副高级，5=正高级），这个时候我们不能简单地将职称范围设定为从最低值 1 到最高值 5，因为这种描述是建立在假定的间隔相等的测度标准上的。这个时候我们就需要一种既能定量地代表这种信息，又能防止将不切实际的测量假设强加于分类变量的方法。定义一系列的虚拟变量（也称哑变量）可以使收集到的分类/分级信息用到标准回归估计中（海蒂，2016）。

在群体间差异分析中，自变量往往属于定性变量，定性变量是具有名义测度的名义变量。要想在回归分析中纳入名义变量，并将其作为自变量，首先需要在编码方式上对名义变量进行特殊处理，其中常用的是虚拟编码方式，虚拟编码是一种对名义变量各分类进行重新编码，以使得这些名义变量能够在回归方程中作为自变量的编码方式，是将某一初始的定性变量重新建构得到一个或多个二分变量的过程。通常，当某个样本观测值属于定性变量的某个类别时，能够表征这个类别的虚拟变量就被赋值为 1，否则，赋值为 0（谢宇，2013）。

下面是虚拟变量的一些常见实例。

性别：
1 = 男性
0 = 女性（非男性，注意：这时候的性别选项只有男和女两个）
编制：
1 = 编内
0 = 编外
是否海归博士：
1 = 是
0 = 否

以上举例中的虚拟变量都是基于只包含两个类别的定性变量，这个时候我们只需要设定一个单一的虚拟变量就可以表征全部信息了。在实际的调查研究中，我们还会经常用到包含多个类别的定性变量，这个时候常用 j-1 个虚拟变量来描述一个包含 j 个类别的定性变量，这样做的原因在于其直接符合古典线性回归模型的假设要求，即自变量没有完全共线性。换言之，在纳入回归模型时，必须将这 j 个虚拟变量中的某一个保留在模型之外，这样做主要是为了避免完全多重共线性问题。

例如，在用虚拟变量来表示高校职工的工作岗位时，其中，被编码为 1 的虚拟变量（专任教师）代表从事教学科研岗位的教师，若再加入第二个虚拟变量（非专任教师）使其代表那些不是专门从事教学科研岗位的教职员工，那么，在这个模型中，就潜在地建构了两个自变量之间的完全线性关系，因为专任教师占比 = 1-非专任教师占比，因此，非专任教师这一虚拟变量对回归估计是多余且不必要的。

以“受教育程度”为例，在高校教师相关研究中，其通常包含大专及以下、学士、硕士、博士等类别。在对包含四个类别的受教育程度进行编码时，可以用以下三个虚拟变量表示全部的分类信息：

受教育程度：	原变量的编码值	虚拟变量的设置
	1 = 大专及以下	EDU_1 = 1，其他 EDU_i = 0
	2 = 学士	EDU_2 = 1，其他 EDU_i = 0

3＝硕士　　　　EDU_3＝1，其他 EDU_i＝0

4＝博士　　　　所有 EDU_i＝0

以某项问卷调查研究中的数据为例，某 10 个样本观测值中的“性别”（SEX）和“受教育程度”（EDU）虚拟编码后的结果见表 9-2，其中的虚拟变量为：SEX_M、EDU_1、EDU_2、EDU_3。

表 9-2　性别及受教育程度的虚拟变量的编码

编号	原变量值		虚拟变量值			
ID	SEX	EDU	SEX_M	EDU_1	EDU_2	EDU_3
1	1	3	1	0	0	1
2	2	4	0	0	0	0
3	1	2	1	0	1	0
4	2	1	0	1	0	0
5	2	3	0	0	0	1
6	1	3	1	0	0	1
7	1	4	1	0	0	0
8	1	4	1	0	0	0
9	2	3	0	0	0	1
10	2	4	0	0	0	0

根据前述的规则可知，这组含有四个详尽且互斥的类别，需要设置三个虚拟变量来表达原先定性变量的全部信息（注：严格地讲，此处举例的“受教育程度”属于定序变量），其中，EDU_1、EDU_2、EDU_3 三个虚拟变量分别表示大专及以下、学士、硕士，还剩下第四类（博士）未用虚拟变量命名。通常情况下，我们将被排除回归模型的那个虚拟变量对应的类别（即所有虚拟变量取值均为零的类别）称为参照组，如上例中的“女性”和“博士”。

二、参照组

选择参照组是定性变量编码前的必要工作，所谓参照组，就是我们想要将哪个或哪些组作为对照比较的类别。例如，在图书馆员职业成长研究中，如果将“编外”作为参照组，那么虚拟变量“编内”在二元回归中的系数就代表拥有编制的图书馆员相对于编外人员的职业成长快慢程度，换言之，回归系数表达了编内外图书馆员的职业成长差异状况。不论选择哪一类作为参照组，职业成长的差异绝对值是不变的。

尽管我们可以选择任意一个类别作为参照组进行回归估计，从而形成不同群组之间的差异比较，但是如何选择一个合适的参照组，也是需要斟酌的。海蒂（2016）提供以下准则供参考：第一，应该明确界定参照组。最好不要用“其他”那一类作为参照组，因为我们无法确切地揭示“其他”类别的具体构成。第二，当定性类别中存在隐含的次序关系时（如职称、职务），有些研究者喜欢选择最低或最高级别作为参照组，而其他人更倾向于选择中间的类别，都可以。第三，所指定的参照组应当包含充足的事件（event）及信息，以便于更加合理、准确地估计群组的均值。值得注意的是，在统计层面上，参照组是可以任意选取的，在实际操作中，“最佳”的选择是最大限度地减少额外计算的数量，因为这些额外计算会产生最具实质性利益的信息。

第四节　“重新编码为不同变量”的 SPSS 操作：以“性别”变量为例

利用 SPSS“重新编码为不同变量”功能来设置虚拟变量的过程，同样是执行“旧值”向“新值”的转换路径。例如，“性别”变量进行虚拟化的过程如下：首先，选中性别变量，在【输出变量】下的【名称（N）:】中填入“SEX_M”，【标签（L）:】中填入“男性”，即虚拟变量 SEX_M 代表的是男性类别，如图 9-3 所示；接着，点击【旧值和新值】按钮，出现如图 9-4 所示界面，【旧值】的【值（V）:】框内填入“1”，【新值】下的【值（L）:】框内也填入“1”，点击【添加】按钮，右面【旧→新（D）:】框内会出现“1-->1”，此时需要选中【旧值】下方的【所有其他值（O）】，然后在对应的【新值】下方的【值（L）:】中填入“0”，右边【旧→新（D）:】框内会增加“ELSE-->0”，点击【继续】按钮，回到刚才的界面。最后，再点击【确定】按钮，软件生成新变量“SEX_M”，出现在数据视图中的最右列，由于新增的虚拟变量是“0-1”二进制编码，可以将在变量视图中将其小数点调为 0 个，出现如图 9-5 所示界面。上述操作的含义是将原变量“XINGBIE”中的第一个类别（男），在虚拟变量中赋值为

1，将所有其他类别在虚拟变量“SEX_M”中赋值为 0。按照同样的操作方式，可以将“受教育程度”“职称”“职务”“编制”等定性变量进行虚拟化编码，这样的虚拟化操作对于回归分析来说非常重要。

二分类别变量的虚拟化过程最简单，只需要设置一个虚拟变量即可。当类别为 j（j>2）时虚拟化也不复杂，只需要执行 j-1 次操作过程即可。

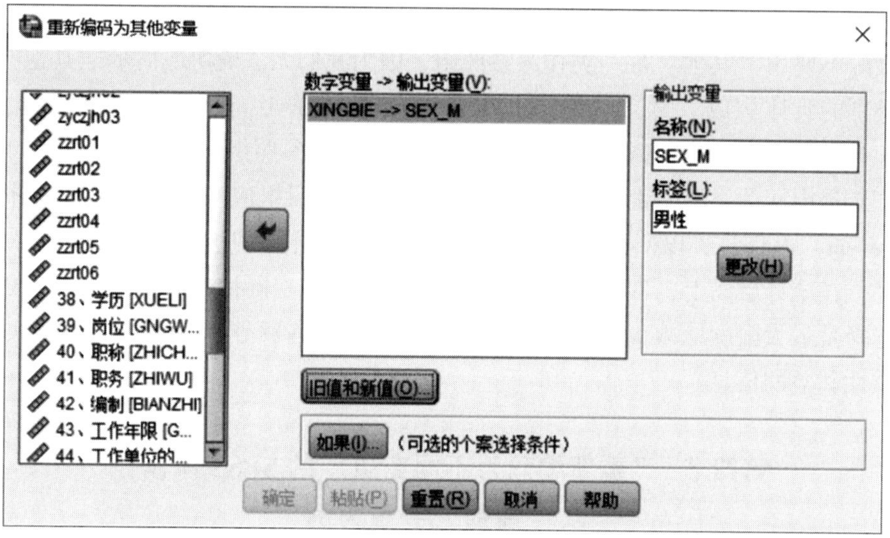

图 9-3　重新编码为其他变量的 SPSS 操作过程（一）

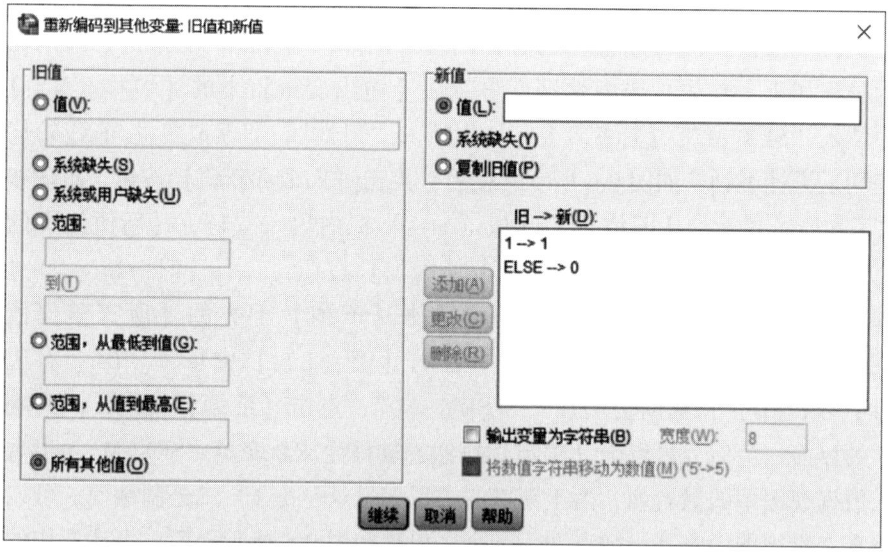

图 9-4　重新编码为其他变量的 SPSS 操作过程（二）

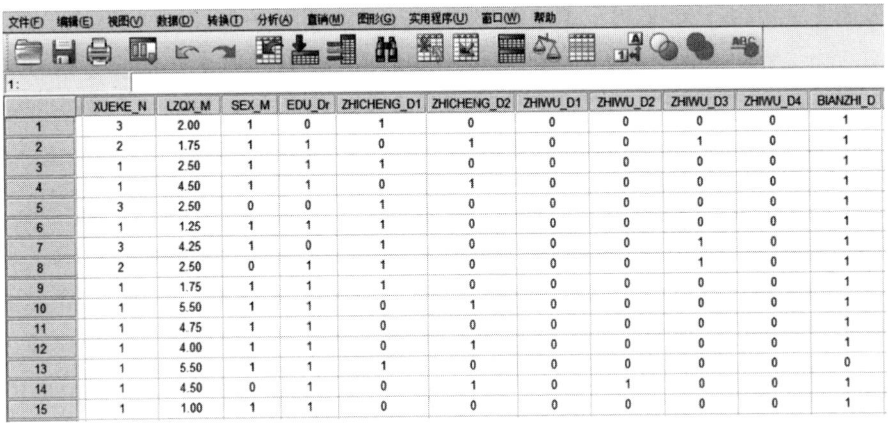

	XUEKE_N	LZQX_M	SEX_M	EDU_Dr	ZHICHENG_D1	ZHICHENG_D2	ZHIWU_D1	ZHIWU_D2	ZHIWU_D3	ZHIWU_D4	BIANZHI_D
1	3	2.00	1	0	1	0	0	0	0	0	1
2	2	1.75	1	1	0	1	0	0	1	0	1
3	1	2.50	1	1	1	0	0	0	0	0	1
4	1	4.50	1	1	0	1	0	0	0	0	1
5	3	2.50	0	0	1	0	0	0	0	0	1
6	1	1.25	1	1	1	0	0	0	0	0	1
7	3	4.25	1	0	1	0	0	0	1	0	1
8	2	2.50	0	1	1	0	0	0	1	0	1
9	1	1.75	1	1	1	0	0	0	0	0	1
10	1	5.50	1	1	0	1	0	0	0	0	1
11	1	4.75	1	1	0	0	0	0	0	0	1
12	1	4.00	1	1	0	1	0	0	0	0	1
13	1	5.50	1	1	1	0	0	0	0	0	0
14	1	4.50	0	1	0	1	0	1	0	0	1
15	1	1.00	1	1	0	0	0	0	0	0	1

图 9-5　重新编码为其他变量的 SPSS 操作过程（三）

第五节　“重新编码为不同变量”的 SPSS 操作：以“学历”变量为例

在对定性变量进行分组时，不同类别的群组内都应该具有一定的样本量，如果某一组（特别是参照组）的样本量太少，将会导致群组差异比较时参数估计出现较大的标准误差，影响统计检验的可信度和精准度，加剧了估计参数出现两极分化现象。

例如，在我国图书馆员离职倾向测度中，职称分为“初级及以下”“中级”“副高级”“正高级”四个分组，在检验不同职称图书馆员离职倾向的差异时发现，整体检验 F 统计量的值未达显著水平（$F=2.485$，$p=0.060$），方差检验齐性（$p=0.224$），而事后比较（LSD）显示存在显著的组间差异，考虑到“正高级”组别样本量太少，重新分组，将“副高级”“正高级”合并为“高级”，各组对应的样本量分别为 61、183、125。单因素方差分析结果显示，F 值达到显著水平（$F=3.698$，$p=0.026$），方差亦齐（$p=0.230$），可通过事后比较（LSD）的方法查验不同组别之间的差异情况，结果显示：初级及以下与中级、初级及以下与高级的均值差异均达到 $p<0.05$ 的显著水平（王晴，2021）。可见，组内样本量太少容易产生统计检验偏误，甚至掩盖原本存在显著差异的影响关系。

为了解样本结构，可以通过 SPSS 的频率统计功能输出目标变量的频率统计量，执行路径为：【分析】→【描述统计】→【频率】。在频率统计量界面中，可以了解离散、集中趋势，图表可以选择条形图、饼状图、直方图或勾选在直方图上显示正态曲线。在这里，我们需要关注的是定性变量不同类别的比例情况，例如，在高校教师离职倾向样本数据中，在“受教育程度”结构中，“大专及以下”包含的样本量为 0，“学士”仅有 3 人，属于样本量占比极低的情况，为保证参数估计标准误的合理性，需要进行类别合并处理，将原变量所属类别中的“大专及以下”“学士”以及“硕士”合并为一类，命名为“硕士及以下”，当然，这样做主要是由于被试的职业属性所致。又如，在直播电商消费者的购买意向测量中，受教育程度的类别需要细粒度，“大专及以下”需要在问卷设置中分解为高中及以下、大专两类或其他划分方式。可见，类别的合并处理不仅需要关注频率，也与研究对象的涉及面或研究需要有关。

在本例中，受教育程度共有四个类别：1=大专及以下，2=学士，3=硕士，4=博士，“大专及以下”“学士”“硕士”需要合并，变成新的类别“硕士及以下”，而“博士”这一类别不变，只不过需要变换代表其类别的数值。在 SPSS 软件中执行如下操作：【转换】→【重新编码为不同变量】(图 9-6)。值得一提的是，若要保留原变量，一定要选择重新编码为不同变量，不然的话，新生成的变量值将会覆盖原变量值。

图 9-6　重新编码为不同变量的 SPSS 操作过程（一）

首先，在弹出的“重新编码为其他变量”界面中，在【输出变量】的【名称（N）:】中填入“EDU_N”，【标签（L）:】中可以填入“合并后的学历”或者不填（图 9-7），点击【更改】按钮。然后，点击【旧值和新值】

按钮，出现如图 9-8 所示的界面，【旧值】下方的【值（V）:】填入“1”，【新值】下方的【值（L）:】也填入“1”，点击【添加】按钮，右面【旧→新（D）:】框内会出现“1-->1”，重复流程：左边旧值填入“2”，右边新值填入“1”；左边旧值填入“3”，右边新值填入“1”；左边旧值填入“4”，右边新值填入“2”。（注：本例不含缺失值）。点击【继续】按钮，回到刚才的界面。最后，再点击【确定】按钮，软件生成新变量“EDU_N”，出现在数据视图中的最右侧。

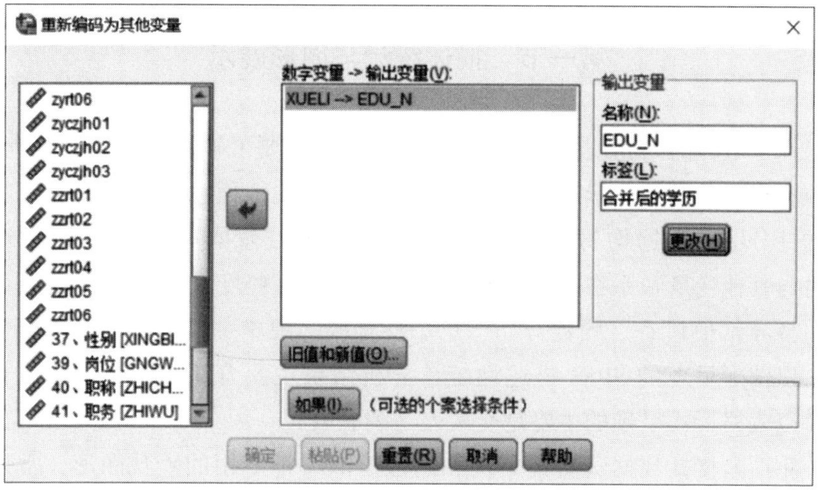

图 9-7　重新编码为不同变量的 SPSS 操作过程（二）

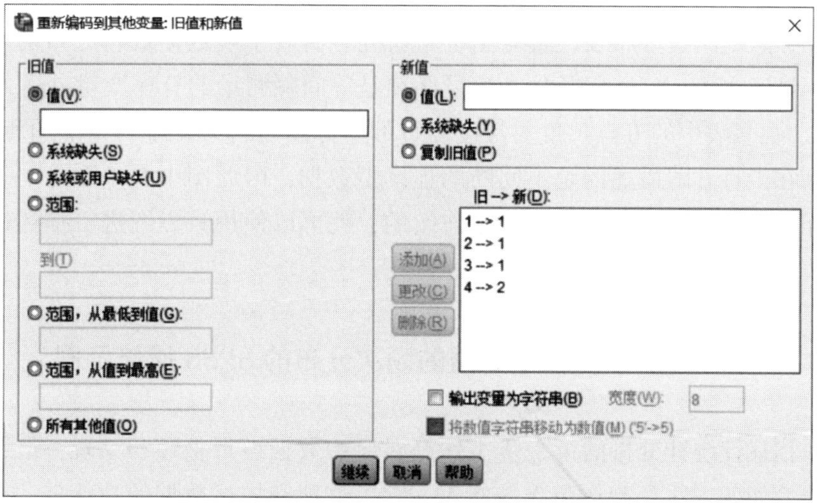

图 9-8　重新编码为不同变量的 SPSS 操作过程（三）

第十章 常规的描述性统计分析

第一节 描述统计与图形展示

在一般性的问卷调查研究中，研究者有时需要了解受访者（被调查者）的收入水平或是某个量表具体题项上的得分等关键信息。这些情况下收集到的计分题的数据均属于尺度测量数据，这些变量既可以单独进行分析，亦可与其他变量联系在一起进行综合分析。对这些变量数据的常规统计分析包括异常值检查、频数分布、正态性检验、集中—离散趋势，等等。其中，以图形呈现的 SPSS 描述性统计分析结果主要有箱图、茎叶图、直方图，以表格形式呈现的主要是交叉表（列联表）。

箱图是概括数据资料集中性和离散性的一种专用的直观图形，常用于检查数据资料中是否存在异常值，如特别高的或特别低的得分；茎叶图常用来描述数据资料的分布情况，具有比传统的频数分布更强的功能，是一种加强版的频数分布表；直方图也是研究者直观了解数据资料分布情况的常用描述方法，其适用条件为变量必须是等间隔测量的有序变量（等距变量），如量表中的五点尺度。尺度变量的直方图与名义变量的条形图相似，区别在于直方图描述的是不间断的连续型数据，因此图中各条形之间是紧密相连的。只要概念上该变量是连续的，就可以使用直方图进行描述性分析（朱红兵，2019）。

第二节 计分题项数据的频次分布的 SPSS 操作示例

描述性统计分析的第一步工作是对原始数据进行整理和呈现，最常用且最简便的方法是制作频次分布表。除了整理和描述数据的功能外，频次分布表还可以用来检测与描述数据的集中与离散态势、偏态与峰度，以及极端值。在所有类型的变量中，由定性测量得到的类别变量数据最适合使用频次分布表来呈现其形态，当然，如果要对连续变量的数据进行频次分布描述，应当事先进行归类以简化数值的种类（邱皓政，2013）。例如，在高校图书馆员服务创新行为问卷调查研究中，问卷中的年龄数据是由受访者自填的，问卷的发放与回收恰好是在2020年，此时对出生年代进行归类的话，“60后”“70后”“80后”“90后”四个年代对应的年龄段分别为[51，60]、[41，50]、[31，40]、[21，30]。诚然，此例仅是一种时间上的巧合，研究者对原始数据进行整理和归类时需要根据研究目的、分组可行性等具体情况而定。

使用SPSS软件来绘制频次分布表，只需依次点选【分析】→【描述统计】→【频率】，即可开启相应的对话框。打开对话框后，可以根据研究目的点选所需的变量，并打开【统计】【图表】【格式】等设置方式进行按需操作，其中的【频率：统计】界面见图10-1。

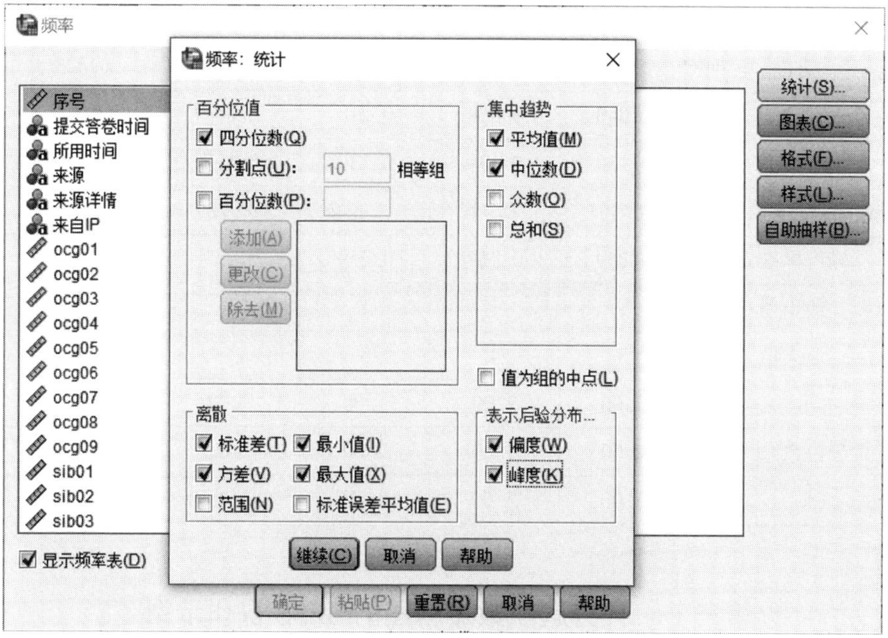

图10-1　描述统计呈现的频率统计图界面

以高校图书馆员服务创新行为问卷数据为例（$N=352$），将受教育程度（学历）、职称、收入、出生年代，以及组织规模等变量选入【变量】框内，点选百分位值、集中与离散趋势中的相应指标，【图表类型】点选直方图且在直方图中显示正态曲线，然后继续并确定输出结果。右键 SPSS 软件查看器中的频次统计表，选择复制为 Excel 工作表，整理格式后的频次分布情况如表 10-1 所示。研究者可以根据描述性统计量来判断题项数据的总体质量，或据此检核数据整理（如重新分组）后的新变量数据分布情况。比如，根据经验来看，当统计结果显示，变量均值小于标准差的二分之一时，就应该考虑数据很有可能不服从正态分布。

表 10-1 频次分布表呈现的描述性统计量

统计量		学历	职称	收入	出生年代	组织规模
个案数	有效	352	352	352	352	352
	缺失	0	0	0	0	0
平均值		1. 90	2. 40	1. 88	2. 39	2. 11
中位数		2. 00	2. 00	2. 00	2. 00	2. 00
标准差		0. 601	0. 797	0. 784	0. 896	0. 723
方差		0. 361	0. 635	0. 615	0. 803	0. 523
偏度		0. 040	0. 064	0. 218	0. 005	-0. 175
偏度标准误		0. 130	0. 130	0. 130	0. 130	0. 130
峰度		-0. 267	-0. 442	-1. 342	-0. 789	-1. 072
峰度标准误		0. 259	0. 259	0. 259	0. 259	0. 259
最小值		1	1	1	1	1
最大值		3	4	3	4	3
百分位数	25%	2. 00	2. 00	1. 00	2. 00	2. 00
	50%	2. 00	2. 00	2. 00	2. 00	2. 00
	75%	2. 00	3. 00	3. 00	3. 00	3. 00

第三节 计分题项数据箱图的 SPSS 操作示例

在 SPSS 软件菜单中，常见的描述性统计功能集中出现在【描述统计】模块中，最常用的是该模块下的【探索】分析方法，相应的操作界面如图 10-2 所示。下面以图书馆员知识共享调查问卷数据为例（$N=478$）。在

SPSS 数据视图中，进入【探索】分析界面，将“平均每年参加业务培训的次数”选入因变量列表框内，点击右侧的【图】选项，进入【探索：图】对话框，【箱图】中点选【因变量并置】，然后点击【继续】按钮，最后点击【确定】按钮输出结果。

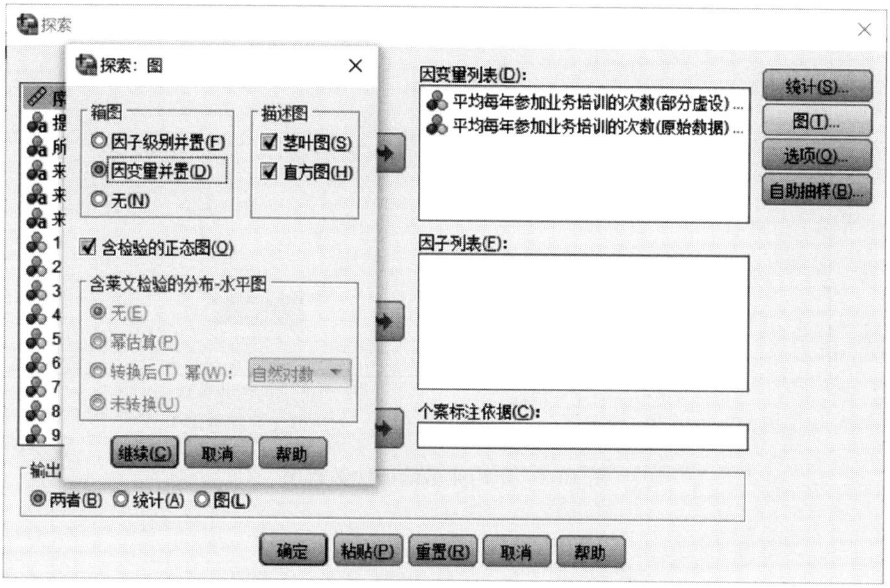

图 10-2 描述性统计呈现的“探索：图”界面

本研究实例的 SPSS 软件输出箱图如图 10-3 所示。箱图的中间部分（箱体）代表了下四分位数（百分位数的 25%）至上四分位数（百分位数的 75%）之间的观察值分布状况，箱体中间的横线对应于中位数。从箱体向上下两侧延伸出的线称为须，这些线延伸至上端线（合理的最大值）和下端线（合理的最小值），超出合理取值范畴的观察（测）值在统计学上称为异常值，箱图中的异常值用 o、*，或在问卷数据文件中用记录号来标记（朱红兵，2019）。

从图 10-3 可知，在对图书馆员年均参加业务培训次数的问卷调查中，存在 10 个异常值。最大的异常值为 30，标记的是问卷数据文件中记录号分别为 238、394 的被调查者得分；最小的异常值为 10，标记的是问卷数据文件中记录号分别为 7、57、322 的被调查者得分。据此，研究者需要检核这些异常值是否由录入人员的录入失误造成，若不是，就要从调查情境和专业角度审视这些异常值存在的合理性。需要指出的是，箱图示例中的异常值是为了展示需要而人为设置的，原始数据检验的箱图见右侧结果，可知，原始数据在该变量上不存在异常值。

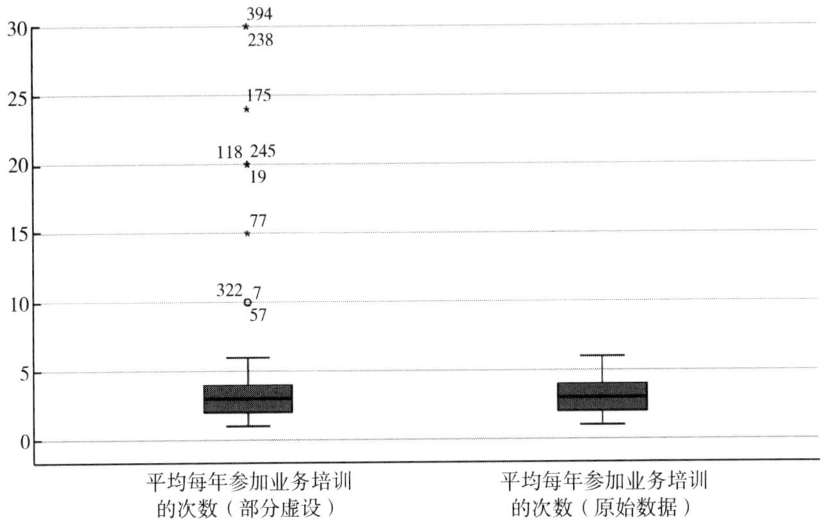

图 10-3　年均业务培训次数箱图

第四节　集中与离散趋势分析

集中趋势和离散趋势是描述数据分布的两大特征。其中，常用来描述数据集中趋势的统计指标主要有均值（平均数）、中位数、众数，常用来描述数据与中心偏离程度的统计指标有极差（也称全距）、方差、标准差、四分位数。在描述性统计分析中，集中趋势必须搭配离散趋势，才能反映出一组数据或一组变量值的分布特征（邱皓政，2013）。例如，某高校学生年均网购支出多集中在 500~1000 元，平均数为 750 元，说明该校学生的年均网购支出态势以 750 为数据上的集中点；如果 A、B 两所高校学生的年均网购支出金额均为 750 元，此时无法说明两校学生网购支出的比较特点。但是，如果知道这两所高校的标准差分别为 30 元、55 元，这个时候就可以揭示出两所高校学生年均网购支出的差异特征了，此时离散指标弥补了集中指标对于数据分布描述的不足。

集中与离散趋势描述指标的适用条件各不相同。对于名义变量（如性别），既没有单位也没有大小顺序，因此无法计算其均值，中位数也无实质意义，只能用众数来反映样本数据的分布情况。严格地讲，无法用任何离散指标来反映名义变量数据的离散情况。研究者通过定序测量得到的顺序尺度虽无固定的单位，但因其存在次序关系，因此中位数、众数可做分布形态的参考指标。对于定距或定比测量获得的尺度数据，以上指标大都可以适用。一般来说，均值是最常用且最主要的集中趋势评价指标，同时也是最易受到样本数据极端值影响的指标，特别是在极端值较多、偏态较为严重的情形下，研究者往往需要对均值进行特别的校正处理后才可使用。利用均值、中位数和众数的相对关系，可以判断一个分布是否对称或存在偏态。

第五节　正态性检验

正态分布的形态特点是曲线呈钟形，中间高、两端低、左右对称。在问卷数据分析时，大多数的统计检验方法都要求数据服从正态分布，例如，独立样本 t 检验、方差分析、回归分析等均将数据满足正态性作为统计检验的前提条件，若样本数据不服从正态分布，应该使用非参数检验（如卡方检验）。正态性检验方法主要包括图示法、概率统计方法等。常见的正态性检验方法都能够借助 SPSS 软件实现。

图示法主要是通过绘制直方图、P-P 图、Q-Q 图等来判断数据是否符合正态分布。研究者可以将数据分布的真实形态与标准形态进行比较，若拟合较好，则可认为数据服从或近似服从正态分布，反之，则不服从正态分布。需要指出的是，图示法存在某种程度上的主观性。概率统计方法是最常用的正态性检验方法之一，具体的操作方法种类较多，其中，基于经验分布函数（EDF）的柯尔莫戈洛夫-斯米诺夫（Kolmogorov-Smirnov，K-S）检验最为常用，适用于大样本情况。还有一种基于回归和相关的夏皮洛-威尔克（Shapiro-Wilk，S-W）检验也是有效方法之一，但该方法只适用于小样本情况。采用 K-S 检验、S-W 检验时，判断依据是：当 p 值小于 0.05 时，认为数据不服从正态分布；反之，则认为数据服从正态分布。

当样本量足够大时，是否不再需要检验其正态性？关于这个问题，学界主要有两种看法：一类观点认为，根据大数定律和中心极限定理，只要样本量足够大，就可以默认其满足正态性要求；另一类观点则认为前者是对中心极限定理的误解，因为该定理强调的是抽样次数足够多，而不是抽样总体足够大。可以考虑的是，当样本量足够大时，所有分布都近似于正态分布，此时严格通过正态性检验就属于非必要条件了。

例如，Hansmann 等（2020）在调研大学教师和学生的亲环境行为（PEB）时，五级李克特 PEB 量表 Cronbach's α 系数 = 0. 824，其他指标值为：$M=3.52$（SD = 0. 50，Min = 1. 09，Max = 4. 87，$N=1856$）。PEB 量表值的分布明显偏离正态分布（Kolmogorov-Smirnov 检验，Lilliefors 校正，$p=0.005$）；但是，分布几乎是对称的，只有轻微偏斜（$s=-0.26$），超值峰度（$k=0.47$），相对接近正态分布。因此，在随后的 ANOVAs 中，显著性检验的稳健性与观测到的适度违反正态性假设的情况相悖时，可根据这些分析所依赖的大样本来假设。

第六节　交叉表（列联表）分析

交叉表（crosstabs），也叫列联表（contingency table），或被合起来称作交叉列联表，是一种以类似于 Excel 电子表格的形式同时呈现两个或更多变量交叉分布结果的方法。在问卷调查中，有时需要根据样本的不同属性或特征对其进行分类和汇总，这个时候就会得到各式各样的列联表。在研究两个变量是否相互独立或是否存在其他某种关系及其关系强弱时，一般将自变量设为列（即显示在表的最左边），同时将因变量设为行（即显示在表的最上边）。通过 SPSS 软件制作列联表的执行路径为：【分析】→【描述统计】→【交叉表】。

以王晴等（2017）的问卷调查研究为例，从调查对象中抽取图书馆普通员工作为样本（另外两类分别为馆领导和中层管理者），考察学历和专业背景对图书馆普通员工职业胜任力的影响效果。针对普通员工组的数据进行统计检验与分析，普通员工研究样本（去掉缺失值后，$N=2799$）中的学历和专业背景特征信息见表 10-2。其中，学历因素的水平分为大专及以下、本科及在读、硕士及在读和博士及在读等四个不同等级，专业背景因素则有两个类型，分别是图书、情报、档案专业（简称“图情档”）与非图书、情报、档案专业（简称“非图情档”）。经检验，学历和专业背景之间不存在自相关（$r=-0.017$）。

表 10-2 不同专业背景的图书馆普通员工的学历分布表

专业背景		学历				合计
		大专及以下	本科及在读	硕士及在读	博士及在读	
图情档	计数/人	215	507	202	17	941
	比例/%	22.85	53.88	21.47	1.80	100.00
非图情档	计数/人	406	946	345	28	1725
	比例/%	23.54	54.84	20.00	1.62	100.00
合计	计数/人	621	1453	547	45	2666
	比例/%	23.29	54.50	20.52	1.69	100.00

由于变量类别的不同，两个（或多个）变量之间关系的组合形式可能有很多种，交叉列联表最适合分析定性（定序）两类变量之间的关系。另外，通过变量转换，也可以用于分析类别变量和转换后的连续变量（此时该连续变量已转换为类别变量）之间的关系。例如，在高校教师离职倾向的群体差异分析中，杜嫱和刘鑫桥（2019）通过职称与院校类型的交叉分析发现，副高级教师的转校倾向强烈，原“985 工程”院校的副高级教师转行意愿较高，表中数据反映出与初、中级教师相比，副高级教师已经积累较为深厚的学术能力，若不能顺利晋升或遭遇发展瓶颈，他们考虑转换院校或行业的意愿更为强烈。

表 10-3 不同类型院校中不同职称教师的离职倾向得分

职称	普通公办院校			原“211 工程”院校			原“985 工程”院校		
	转岗	转校	转行	转岗	转校	转行	转岗	转校	转行
正高级	1.89	2.20	1.74	2.06	2.22	1.90	1.83	2.08	1.65
副高级	2.03	2.40	2.14	2.09	2.31	1.98	1.86	2.24	2.06
中级	1.89	2.41	2.35	2.22	2.32	2.24	1.99	1.88	1.96
初级	1.98	2.22	2.31	2.31	2.27	2.23	2.36	1.74	1.89

注：在该项研究中，离职倾向量表采用 6 点 Likert 计分方式。

第十一章　项目分析与信效度检验

第一节　项目分析

预调研问卷施测完成后，需要对初始问卷进行项目分析和信效度检验，以作为筛选问卷中题项并确定正式问卷的依据。项目分析的主要目的是检验自行编制量表或单个题项的可行性与适切性。项目分析的主要操作流程可分为以下步骤：对量表中反向题的作答数据进行反向计分；对所有题项的作答数据进行加总，以便于观察值的高低分组；根据量表总分进行排序，以求出临界点的观察值；确定高低分组上下 27%处的题项加总得分；根据临界值将量表进行高低分组；采用独立样本 t 检验方法探究高低分组观察值在均值差异的显著性，根据 t 检验结果删除未达到显著性水平的题项。

临界比值（又称极端值）是项目分析最常用的判别指标，临界比值法的主要作用是计算出问卷每个题项的决断值（也称临界比），即求出高分组和低分组在每个题项的均值差异的显著性，与独立样本 t 检验的原理相同。一般性的判断标准是决断值（CR 值）必须≥3，CR 值<3 或检验未达显著（概率 $p<0.05$）的题项鉴别度较差，可以考虑将其删除。

除了采用极端组法之外，项目分析也可以采用同质性检验作为每个题项筛选的判别依据。如果某一量表的所有题项是在测量同一潜在特质，则每个题项与潜在特质之间都应具有高度相关性，此时可采用积差相关法求出每个题项与量表总分的相关系数。若相关系数值<0.4，表示该题项与量表低度相关，可以考虑删除该题项。另外，还可以根据标准差来判定题项的鉴别能力。标准差的大小反映了题项作答得分的分布形态，题项的标准差愈大，说明被试者在该题项上的作答分数分布范围更广，则该题项愈加能够鉴别出个体差异；反之，则说明该题项的鉴别能力较差。在此判别指标基础上，删除标准差<0.5 的题项（翁清雄，2009）。

第二节　信度分析的主要指标

信度（reliability）是指测量工具所得到结果的可靠性或稳定性，信度越高，表明其测量标准误越小。信度是效度的必要条件，即信度低的测量结果效度一定低。一般而言，被调查对象会因时间或环境等外部因素的影响而对量表产生不同的心理感知。吴明隆（2010）指出，测量结果或测验分数的特性，会因被试者的不同而有所不同，因此在研究过程中，即使是直接引用别人编制或修订的量表，最好还要通过预调研来重新检验其信度。罗胜强和姜嬿（2014）认为，采用外国人开发的量表并存在文化差异的情况时，可以适当删除原始量表的部分测量题项，但是必须在研究论文中清楚地说明。

信度可分为外部一致性信度和内部一致性信度两大类。外部一致性信度最常用的检验方法是再测信度（又称重测信度）；在李克特量表中，内部一致性信度至关重要，最常用的方法是克隆巴赫 α（Cronbach's α）系数，除此之外，还有折半信度、库李（Kuder-Richardson）信度等检验方法。Cronbach's α 系数的计算逻辑表明，当量表的题项数越多时，Cronbach's α 系数也会越大，这一规律为量表题项的修订提供了参考依据，当编制的量表不够理想时，提升信度的一个最简便操作方法是增加题项（罗胜强和姜嬿，2014）。在检验量表所得结果的稳定性或一致性时，若删除某题项后，量表 Cronbach's α 系数明显变大，则表明此题项与量表中其他题项所要测量的心理特质或行为属性同质性不高，可以通过删除该题项来增加量表信度。

"修正的题项总相关（CITC）"系数指的是每个题项与其他题项作答分数加总后的相关系数，CITC 也是反映量表题项内部一致性的重要技术指标。若是 CITC 数值小于 0.4，则表示该题项与量表中其他题项所测量的心理特质或行为表现的同质性较低。在社会科学领域的信度检验中，学者们比较认同的做法是，CITC 值应达到 0.3 以上，低于 0.3 则应当考虑删除该题项（李从欣，2015）。

第三节　克隆巴赫（Cronbach's）α 系数

信度代表量表在实际测量时所得结果的稳定性和一致性，信度越高，说明量表所得结果的内部一致性越好。信度分析的目的是精简问卷题项，剔除那些对测量变量贡献极小或没有贡献的题项，从而提升量表的整体信度。由于某些研究设计的初始量表是经过文献研究、访谈和开放式问卷调查而编制的不成熟量表，可能存在“垃圾题项”，若不及时剔除，将会影响探索性因子分析（EFA）结果。因此，题项的净化工作是十分必要的。

在社会科学领域中，关于类似于李克特量表的信度检验，常用的方法是将克隆巴赫（Cronbach's α）系数和修正的题项总相关（CITC）系数结合起来进行判断。克隆巴赫 α 系数是管理学研究中常用的信度系数，也是常用的“内部一致性”信度系数，主要用来评估量表所包含题项之间的同质性。在汇报研究结果时，一般都需要汇报所用量表在某次研究中的克隆巴赫 α 系数。“题项删除时的 Cronbach's α 值”反映的是该题项删除后，整体量表的信度系数变化情况。

Cronbach's α 系数的计算公式为：

$$\text{Cronbach's } \alpha = \frac{n}{n-1}\left(1 - \frac{\sum_{i=1}^{n} \sigma_i^2}{\sigma_t^2}\right)$$

式中，n 为测量所包含的题项数，σ_i^2 为每个被试者的总分之间的方差，σ_t^2 为第 t 个题项上所有被试者作答分数的方差（罗胜强和姜嬿，2014）。

由公式可知，Cronbach's α 系数的大小与题项的数量有关，一般情况下，题项总数越多，Cronbach's α 系数越高，删除某个题项后，量表的 Cronbach's α 系数相对会变小。若删除某题后，量表的整体信度系数大幅提高，说明此题与其他题项所要测量的心理特质或行为表现并不同质，则可以考虑删除该题项。因此，当开发的初始量表不够理想时，提高量表信度的一个最简便方法是增加题项。

关于克隆巴赫 α 系数的选择标准，学界并无严格意义上的统一规则。在已出版的量表中，经常会遇到一些克隆巴赫 α 系数低于 0.70 的量表，原因在于不同的方法论学家和研究者提出了不同水平的 α 系数值。对于研究用量表，德威利斯（2016）认为合适的克隆巴赫 α 系数范围如下：低于 0.60，不能接受；0.60～0.65 不够好；0.65～0.70，最低可接受程度；0.70～0.80，较好；0.80～0.90，非常好；远大于 0.90，应该考虑缩短量表。这些关于信度系数的质量评判标准是研究者个人经验的反映，并且在很大程度上与其他研究者的评价趋近一致。德威利斯（2016）还指出，多数情况下，短量表要优于长量表，但有时长量表更为可靠。因此，为了精简量表而牺牲信度只是在“有多余信度”可牺牲的情况下才可考虑的。值得注意的是，在量表的开发阶段，获得的 Cronbach's α 系数值可能很不稳定，特别是当量表被用于新的研究情境时。

在实际应用中，一般认为 Cronbach's α 系数大于 0.7 是可接受的标准，系数大于 0.9 则说明整个量表非常理想。CITC 系数反映的是该题项与其他题项加总之后的积差相关，Cronbach's α 系数值越大，说明该题项与其他题项所欲测量的心理特质或行为表现同质性越高；若 CITC 值小于 0.4，表示该题项与其他题项的相关呈现低度关系，低于 0.3 则应考虑删除该题项（李从欣，2015）。

在社会科学研究中，若量表包含若干分量表（或称层面、构念），在汇报检验结果时，除提供总量表的信度系数外，也应报告各个分量表（维度）的信度系数。总量表的信度系数最好在 0.8 以上，若介于 0.7 至 0.8 之间，也可以接受；分量表的信度系数最好大于 0.7，若介于 0.6 至 0.7 之间，也在可接受的范围内，而当分量表的信度系数低于 0.6 时，则应考虑增加或删减题项，甚至重新修订量表（吴明隆，2010）。此外，用 Cronbach's α 系数评估量表的信度时，应注意 α 系数与量表总题项数的多少有关（卢纹岱，2012）。如果题目增加，Cronbach's α 系数会随之升高；而当题目减少时，Cronbach's α 系数会随之降低，一个仅有 4 个题项的量表，Cronbach's α 系数有时可能会低于 0.6，甚至低于 0.5。因此，判断量表信度时，应当先了解量表（及其分量表）的题项数量，然后以此为基础，判定 Cronbach's α 系数是否达到可接受水平。

第四节　探索性因子分析

一、探索性因子分析的基本功能

探索性因子分析的目的是从问卷数据中找出具有共同属性的特征因子，揭示量表潜在的结构维度。判断测量题项是否适合进行探索性因子分析，在完成题项的净化工作后，可根据巴特利特（Bartlett）球形检验结果和 KMO（Kaiser-Meycr-Olkin）取样适切性量数值的大小来判断。巴特利特球形检验的概率值达到显著性水平，表明变量之间有公因子存在，可以继续进行因子分析。检验后的 KMO 值越大，表明越适合进行因子分析。KMO 统计量值的判别准则如表 11-1 所示。

表 11-1 KMO 值的判断准则

KMO 统计量值	判别说明	因子分析适切性
大于 0.9	极适合进行因子分析	极佳
0.8 至 0.9	适合进行因子分析	良好
0.7 至 0.8	尚可进行因子分析	适中
0.6 至 0.7	勉强可进行因子分析	一般
0.5 至 0.6	不适合进行因子分析	欠佳
小于 0.5	非常不适合进行因子分析	无法接受

探索性因子分析的核心工作是因子抽取。因子抽取的方法包括主成分、极大似然估计法、未加权最小二乘法、影响因子萃取法等；在转轴方法中，最大方差法是最为常用的一种直交转轴法；在探索性因子分析中，常用的因子筛选原则包括特征值大于 1 的方法、陡坡图（碎石图）检验法、方差百分比决定法等（吴明隆，2010）。在一般的管理研究中，可以选择主成分分析法，因子旋转采用最大方差法，筛选出特征值大于 1 的因子，并结合陡坡图以及转轴后的因子结构等来综合判断，其中，一个重要的判断依据是共同因子包含题项的同质性程度，因为这样命名的因子才有实质意义。

因子分析的功能之一是简化变量维数，即以最少的共同因子（公共因子），能对总变异量作出最大的解释。在因子分析后，各个题项在共同因子上均有载荷量，要以因子载荷量的大小判定各个题项归属于哪个共同因子。因子载荷（或称为因子负荷量）指的是因子结构模型中原始题项与因子分析时抽取出的公共因子之间的相关度。共同度（又称为公因子方差或共性方差）是指变量与每个公共因子之负荷量的平方总和，根据共同度的大小也可以判断某一原始的实测变量与公共因子的关系程度。

因子分析所要建构的效度称为建构（construct）效度，用来反映量表能够测量到预设性理论上建构的程度，或测量个体行为与心理特质的程度。判别题项的效度时，可以遵循以下原则：考虑到内部一致性，当单个题项成为一个因子时，需要将其删除；每个题项在其所属共同因子上的因子载荷量必须大于 0.5，同时在其他公共因子上的因子载荷量应尽量小，越接近于 0 越好，因为这样才具有较好的收敛效度；若某题项出现跨维度情形，且在两个公共因子上的因子载荷值相差小于 0.2 时，应考虑删除该题项（李云，2012）。经过题项删除过程，若累积方差贡献率大于 50%，则说明题项符合要求，因子数目及其结构满足标准可以被接受。

在实际数据的探索性因子分析中，结果往往会出现共同因子包含题项内容差异过大，或与理论预设的不一致的情况。另外，以特征值大于 1 为判断准则时，也常会出现抽取因子过多，或某些因子所包含题项不够适切，导致因子分析结果不符合预期。因此，研究者可能需要不断尝试和探索，进行第二次的因子分析，甚至进行多次的因子分析，直到建构出一个符合研究架构且较为合理的因子效度。值得注意的是，第二次因子分析时不应一次删除多个题项，而要逐次删除最不合适的题项，最终，一个公共因子所包含的题项数至少要有 3 个才较为合适（吴明隆，2010）。

二、探索性因子分析的主要评价指标

至于测量题项是否适合进行因子分析，可根据巴特利特（Bartlett）球形检验结果和取样适切性量数（KMO）值来判定。巴特利特球形检验的概率值达到显著性水平，表明变量之间有公因子存在，可以继续进行因子分析。当 KMO 值（介于 0 至 1 之间）接近 1 时，说明各变量之间的净相关系数愈小，适合进行因子分析；当 KMO 值低于 0. 50 时，表示此时不合适进行因子分析，进行因子分析的普通准则是 KMO 指标值在 0. 60 以上（吴明隆，2010）。抽取因子的方法有主成分分析法、主轴因子法、极大似然法等，社会科学研究中研究者最常使用的是主成分分析法。因子旋转的目的是便于理解测量变量与因子的关系，不影响因子解释测量变量的能力。常用的转轴方法有最大方差法、直接斜交转轴法、四次方最大值法等，其中最常使用的是最大方差法。在因子数的筛选原则方面，探索性因子分析最常用的是“特征值大于 1”的方法，还可以结合陡坡图来综合判定。

载荷是变量与因子数的相关，从几何上讲，因子载荷可以看成一个变量与这个因子在多维空间的夹角的余弦，也可以看成该因子代表这个变量的能力。因子载荷的平方反映了该因子能够解释变量的方差的部分，“平均方差解释%”越大，表明该因子越能代表这个变量。“交叉载荷”指的是一个变量同时在两个及以上因子载荷大于 0. 40 的现象（罗胜强和姜嬿，2014）。将载荷量大于 0. 50 的测量题项集结为一个因子，并将其命名。从因子载荷量的角度讲，良好的收敛效度表现为某个测量题项在其所属的因子（成分）中，其因子载荷量接近于 1；而区分效度较佳的状态指的是每个测量题项在其不属于的因子中，其因子载荷量接近于 0。对于同一个因子，其对应的测量题项的因子载荷量全部大于 0.50，即可认为此变量具有良好的收敛效度。在遇到“交叉载荷”时，研究者应当审慎处理测量题项的跨维度问题，若某个测量题项的因子载荷量在两个维度上都大于 0.5 时，则应删除该题项。

需要指出的是，因子分析的可靠性除与预调研抽样方法有关外，还与所用的样本量大小有着密切关系。在预调研问卷数据的因子分析时，选择多少样本是最可靠的，学界并没有一致的结论。多数学者赞成因子分析要想取得可靠的结果，样本数要比量表题项数多，或者根据被试与题项数目比值来判断。社会科学领域中的一般性准则是在进行探索性因子分析时，要获得精确的建构效度，所用的样本量最好在 150 个以上，其中题项数指向的是问卷中包含题项数最多的那份量表，而非问卷的总题项数（吴明隆，2010）；在实践中，部分研究者会使用小样本（如 150 个被试）进行项目分析的情况，不过，普遍接受的观点是：大样本可以提高研究结论的可推广性（德威利斯，2016）。

三、利用探索性因子分析进行题项剔除

进行探索性因子分析（EFA）之前，应检查变量的正态性，了解变量的偏度和峰度值情况，一般而言，两个值均应小于 2（Chi et al.，2019）。

什么样的题项需要删除？Chi 等（2019）提出了四个规则：① 题项的因子载荷小于 0.6，② 题项的交叉载荷大于 0.4（避免多重共线性问题），③ 删除该项目不会导致任何表面效度和内容效度的损失，④ 题项的共同度小于 0.5。需要注意的是，每次只能删除一个题项并进行新的探索性因子分析，且进行新的探索性因子分析后，KMO 值、Bartlett 球形检验，以及题项的共同度均须重新检验。

例如，在 Nouri 和 Parker（2013）探究职业成长机会对离职倾向影响的问卷调查研究中，以公共会计师事务所员工为调查对象，组织承诺作为中介变量，其测量工具采用 Allen 和 Meyer（1990）开发的量表。在因子分析中，研究者使用主成分法提取因子并进行斜交旋转，检验结果显示，组织承诺量表中有两个题项在多个因子上存在交叉载荷（载荷值>0.4），因此剔除这两个题项。

在顾远东等（2019）检验消极情绪与员工创造力的关系研究中，两个

调节变量（组织认同、职业认同）的个别题项测量质量比较差，需要剔除。其中，组织认同量表的第3个题项因子载荷小于0.3，删减该题项后，将剩下的5个题项作为测量指标再次进行信效度分析，结果显示其Cronbach's α系数为0.921，因子载荷介于0.862~0.893之间，验证性因子分析结果也显示指标良好，组合信度为0.942，AVE值为0.764，可见删除第3个题项后，组织认同量表结构变得合理，信效度与收敛效度良好。在该研究中，另一个调节变量职业认同量表的题项测量质量比较差，需要删除该题项，过程同上，不再赘述。

第五节　效度分析的主要指标

在社会科学领域的测量中，效度指的是能够测到想要测量的心理或行为特质达到的程度。效度分析的目的是检验一个测量工具是否有效，即需要确认研究者选择的量表或自己开发的量表是否真的可以度量这个构念。效度检验是一个论证的过程，研究者应从各个方面选取有关原理和方法来检验量表的效度。荣泰生（2010）指出，在一般学术研究中经常使用的效度主要有内容效度、效标关联效度（或称实用效度）和建构效度，其中建构效度分为收敛效度（也称聚合效度）和区分效度两种，但是因为测量的困难，研究者只能选择其中某些方面来检验并说明某测量工具的效度。

一、内容效度

内容效度（content validity）是指测量工具（即量表）是否涵盖了它所要测量的某个构念的全部内容，也称表面效度（face validity）或逻辑效度（logical validity），反映的是测量目标与实际内容之间的相符程度，即取样的适切性或测量内容的代表性。内容效度的评估属于定性判别方式，检验内容效度可采用逻辑分析，但更多时候是依靠研究者的主观判断或采用德尔菲法（即专家评估法）评判题项内容是否符合测量要求和目的、是否涵盖所要研究问题的各个方面。但是在实际操作中，研究者想要做出全面而准确的判断比较困难。内容效度的局限性在于，它需要研究者之间对于应该如何测量某个构念形成共识，但这个构念往往又是多维层面的（即包含子构念），而且这种测量不是短期内就可完成的（荣泰生，2010）。

二、效标关联效度

效标关联效度（criterion-related validity），又称实用效度（pragmatic validity），简称效标效度，涉及对同一构念的多重测量。效标效度是指采用不同的测量方式或使用不同的指标对同一变量进行测量，并将其中的一种方式或指标作为准则（效标），用其他的方式或指标与这个准则进行比较，如果其他方式或指标也有效，那么这个测量工具（即量表）就具备了效标效度（易丹辉和李静萍，2019）。使用这种方法的关键在于作为准则的测量方式或指标必须是有效的。在实际操作中，主要用效标效度的评价方法进行相关分析或差异显著性检验，但在调查问卷的效度分析中，选择一个合适的准则并不容易，因此其应用有限。

三、建构效度（收敛效度和区分效度）

因子分析是判别建构效度的最常用方法，可以帮助研究者确认一组测量题项存在多少个潜在的因素（这些因素称为因子），并判定哪个测量题项属于哪个因素。因子分析可分为两种：探索性因子分析（EFA）和验证性因子分析（CFA），其中探索性因子分析主要用于检验量表的可用性，可通过因子分析的载荷量来判断收敛效度和区分效度。

建构效度（construct validity）是指测量工具（即量表）所能够测量理论的概念或特质的程度，旨在明确造成测量工具变异的原因是什么，并确定测量工具对于某个构念的代表性。也就是说，建构效度是针对测量工具能够测量构念间及操作性定义间的相互关系而言的。一般来说，建构效度的检验过程必须先从某一理论建构着手，然后再测量及分析，以验证其结果是否符合原理论及构念。建构效度常常包含了两个或两个以上的构念及其操作性定义，还需要讨论构念之间、定义之间的相互关系（荣泰生，2010）。建构效度又分为收敛效度和区分效度，只有当这两个效度同时满足要求时，才可认为量表具有建构效度。

第六节　验证性因子分析

探索性因子分析的目的在于确定量表的结构维度，而验证性因子分析所要探究的是量表的结构维度是否与实际收集到的样本数据相契合。当提及验证性因子分析（CFA）时，通常指一套基于结构方程模型（SEM）的分析方法，但是验证性因子分析并不能完全等同于基于结构方程模型的分析方法。基于结构方程模型的分析方法有着传统方法所不具备的长处，在 SEM 分析中可以有选择性地改变假定的一些条件（如项目误差项之间的独立性），基于 SEM 的分析还可以提供一个统计学标准，以评价实际数据在多大程度上拟合所设模型（德威利斯，2016）。验证性因子分析的作用在于检验测量模型中的观察变量（也称外显变量、指标变量）与其潜在变量（或称无法观察变量、构念）间的理论模型是否与实际数据相契合。

验证性因子分析是带有假设检验性质的分析方法，它是指误差在合理的范围内，检验观察数据与假设模型拟合程度。一般而言，整体模型与实际数据的适配度（模型外在质量的评估）可以通过以下指标来反映。卡方（χ^2）值愈小表示整体模型与实际样本数据愈适配，即拟合程度愈好。当 χ^2 达到显著（$p<0.05$）时，表示假设模型（理论模型）与观察数据之间是不匹配的，但 χ^2 值对样本量大小特别敏感，样本量越大，χ^2 值越容易达到显著，从而导致拒绝理论模型的概率越大，χ^2 值检验最适用的样本量是 100 至 200 之间。问卷调查研究的样本量通常在 200 以上，因此，假设模型与实际数据是否匹配还需参考其他适配度指标（吴明隆，2010）。

对于 χ^2 值的统计检验量，模型的自由度则提供了一个重要的参考标准。卡方自由度比（χ^2/df）值可以作为评价模型适配度水平的指标，其比值愈小，表示假设模型与实际数据的适配度愈好，反之，则愈差。侯杰泰等（2004）指出，为解决上述问题，学者们先后提出了四十多种拟合指数，用以评价和选择模型。将繁多的拟合指数按其功能分类，可分成三大类：绝对指数、相对指数（也称增值指数或比较指数）、简约指数。其中，RMR 为残差均方和平方根，RMSEA 为渐进残差均方和平方根，GFI 为适配度指数（也称拟合优度指数），AGFI 为调整后适配度指数（也称调整后拟合优度指数）；NFI 为规范适配指数，RFI 相对适配指数，IFI 为增值适配指数，TLI 为非范拟合指数（等价于 NNFI），CFI 为比较适配指数；PGFI 为简约适配度指数，PNFI 为简约调整后的规范适配指数，PCFI 为简约比较适配指数。此外，还有一些学者提出了改进指数，此处不再赘述。

温忠麟等（2004）对 TLI、IFI、CFI、Mc（中心性度量）、AGFI、SRMR、RMSEA 等七项常用适配指数进行了述评，认为 NNFI、CFI、RMSEA 和 Mc 是优质的评价指标，并指出卡方统计量的检验应突破显著性水平 0.05 或 0.01 的限制。在实际应用中，不同的研究者采用不同的拟合指数检验模型的适配度。例如，在金融、咨询等领域从业人员情感承诺前因与后果的研究中，Vandenberghe 等（2004）将 χ^2（df）、GFI、AGFI、TLI、CFI 等五项指数作为结构模型的适配判别指标；在研究公共部门员工情感承诺的前因和绩效结果时，Hodgkinson 等（2018）采用 χ^2、df、RMSEA、CFI、NFI、IFI、GFI、RMR 评价模型适配度。在国内有关研究中，李云（2012）、傅剑波（2013）均采用了 χ^2/df、RMR、RMSEA、GFI、NFI、IFI、CFI 等七项指标来判别模型的适配度，李从欣（2013）则使用 χ^2/df、RMSEA、GFI、AGFI、NFI、RFI、IFI、CFI 等八项指标来检验数据模型的适切性。翁清雄（2009）博士论文研究中对企业员工职业成长模型适配度评价时，采用了 χ^2/df、RMSEA、GFI、AGFI、TLI、NFI、CFI、PNFI、PGFI、IFI 等十项指标，而翁清雄等（2018）检验职业妥协模型时却选用了 χ^2/df、RMR、RMSEA、GFI、AGFI、NFI、IFI、CFI、TLI 等九项指标。可见，SEM 适配度的评价指标并无统一要求，温忠麟等（2004）认为，只要根据其中多个准则来判别模型拟合良好，就可以从某些角度认定模型是可被接受，当然，其他指数也要参考，不能离临界值太远。本书作者认为，在评判 SEM 适配度时可以选用 χ^2/df、RMR、RMSEA、GFI、NFI、IFI、CFI 等七项指标，以上适配度指标评价标准如表 11-2 所示。

表 11-2　SEM 整体模型适配度指标评价标准

统计检验量	指标	适配标准或临界值
绝对适配度指数	χ^2/df	<3 良好；3~5 合理
	RMR	<0.05 良好；0.05~0.08 合理
	RMSEA	<0.05 良好；0.05~0.08 合理；0.08~0.10 可以接受
	GFI	>0.9
相对适配度指数	NFI	>0.9
	IFI	>0.9
	CFI	>0.9

获得模型的估计后，首先要检视估计的参数值是否恰当，其次要检视常用的拟合优度统计量（拟合指数）。当出现不恰当的参数值或拟合程度较低时，要设法对模型进行修正（侯杰泰等，2004）。

在探索性因子分析中，将内部一致性 Cronbach's α 系数作为各分量表的信度系数；在结构方程模型（SEM）分析中，则将组合信度作为模型潜在变量的信度系数。组合信度是模型内在质量的判别标准之一，若组合信度大于0.6，表示模型具有较好的内在质量，可接受的临界值最低不能小于0.5。另一组与此类似的指标是平均方差抽取量（AVE），该指标值愈大，观察变量被潜在变量所解释的变异量百分比愈大，那么相对的测量误差就愈小。若AVE>0.5，表示观察变量可以有效地反映其潜在变量，潜在变量具有良好的操作化测量定义（吴明隆，2010）。

第七节　收敛效度评估指标

一、组合信度

信度还可以用测量变量的变异量"被潜变量解释的百分比"来表示，即通过测算潜变量的组合信度（composite reliability，CR）来评价量表的信度。组合信度的计算公式如下：

$$CR = \frac{(\sum \lambda)^2}{(\sum \lambda)^2 + \sum \varepsilon}$$

式中，λ 为因子载荷量，ε 为观察变量的残差方差。

二、平均方差抽取量

还有一个用来评估潜变量聚敛程度的指标，即平均方差抽取量（average variance extracted，AVE）。在不同的文献中，AVE的译法不同，又称平均变异萃取量、平均方差提取值等。平均方差抽取量的计算公式如下：

$$\text{AVE} = \frac{\sum \lambda^2}{N}$$

目前来看，SPSS、AMOS等软件尚未提供直接输出组合信度或平均方差抽取量的功能模块。研究者需要人工计算或借助Excel电子表格计算这两个收敛效度评估指标值，也可以通过少数学者编写的软件自动生成结果。关于评价标准，学界没有统一要求。对于社会科学领域的大多数量表来说，当组合信度大于0.5时，测量工具即可获得基本的稳定性；当组合信度人于0.6时，属于比较稳定的测量；要求组合信度大于0.7则属于相对严苛的条件。当平均方差提取值大于0.5时，表示潜变量的聚敛能力十分理想，具有良好的操作性定义（邱皓政，2013）。

当量表的 AVE 小于 0.5 时，调查研究还能用这个量表吗？马来西亚学者 Fawehinmi 等（2020）的问卷调查结果中就出现了这样的情况：其中一个量表（员工绿色行为，EGB）的 AVE 仅为 0.410，而此时的 CR 值为 0.730；若 AVE 大于 0.4 且 CR 值大于 0.6，则表明该构念（construct）的聚合效度（或称收敛效度）是令人满意的（Fornell 和 Larcker，1981）。

第八节　区分效度

验证性因子分析（CFA）估计结果所得到的潜变量必须具有区分效度（discriminant validity），即不同的构念之间必须能够有效分离。在具体的 CFA 操作技术上，用来检验潜变量区分度的方法主要有三种（邱皓政，2013）：其一是相关系数的区间估计法，如果两个潜变量的相关系数的 95% 置信区间涵盖了 1，表示构念缺乏区分度；其二是竞争模型比较法，如果效度模型没有显著地优于完全相关模型，表示两个构念之间缺乏区分度；其三是平均变异萃取量（也称平均方差抽取量）比较法，即 ρ 的平方根必须大于相关系数。

一、验证性因子分析的竞争模型比较

为检验研究中所涉及变量的区分效度，可以采用验证性因子分析方法进行竞争模型的拟合优度比较。实施过程如下：首先，根据主要变量的个数设定用于比较的因子模型。一般而言，N 个潜变量就应当设置 N 个竞争模型，其中，包含 N 个因子的模型为基准模型（或称基本模型）。然后，利用 AMOS 软件对备选模型（又称备择模型）进行 CFA。最后，根据备选模型的拟合优度指标值判断基准模型是否为拟合优度最佳的模型。如果是拟合优度最佳的模型，则表明这些潜变量（概念）之间具有良好的区分效度；反之，则需要修订模型或测量题项，甚至重测。

例如，在周文斌和马学忠（2015）的问卷调查研究中，自变量为职业成长（四个维度），因变量为组织公平，组织支持感为中介变量，在利用 CFA 进行区分效度检验时，将职业成长的四个分量表合并对待，共设置一个基本模型和四个备选模型，检验结果见表 11-3。需要说明的是，尽管三因子模型（即基本模型）的拟合指标值均优于三个两因子模型和一个单因

子模型，但是基本模型的拟合优度也不是很好，如 TLI<0. 8、RMSEA>0. 1。研究者给出的解释是数据收集的局限性导致部分指标并未严格达标，但是，GFI 和 CFI 值接近 0. 9，也可以视为该研究数据拟合情况良好。

表 11-3　概念区分性的验证性因子分析结果（N=328）

模型	所含因子	χ^2		GFI	RMSEA	CFI	TLI
基本模型	3 个因子：OJ；POS；CG	429. 169	32	0. 804	0. 195	0. 834	0. 767
模型 1	2 个因子：OJ；POS+CG	528. 419	34	0. 775	0. 211	0. 794	0. 727
模型 2	2 个因子：OJ+POS；CG	505. 161	34	0. 774	0. 206	0. 774	0. 740
模型 3	2 个因子：OJ+CG；POS	512. 648	34	0. 782	0. 207	0. 800	0. 736
模型 4	1 个因子：OJ+POS+CG	578. 824	35	0. 764	0. 218	0. 773	0. 708

注：OJ 表示组织公平；POS 表示组织支持感；CG 表示职业成长。“+”表示这两个合并成一个。

在职业成长对高校教师知识共享的影响研究中，职业成长为解释变量，由职业能力发展和组织回报增长两个维度构成，知识共享为被解释变量，组织认同为中介变量。本书作者使用竞争模型对变量的区分效度进行验证性分析，在设置模型时，使用职业成长的两个分量表参与建模，结果如表 11-4 所示，随着模型组成因子数的增加，拟合效果明显提升，其中四因子模型与观测数据的拟合优度最佳，且明显优于其他备选模型，说明变量间的区分效度良好。

表 11-4　竞争模型拟合指标比较（N=292）

模型	χ^2/df	RMSEA	CFI	TLI	SRMR
单因子模型：PAD+ORG+OI+KS	9. 644	0. 172	0. 499	0. 449	0. 167
二因子模型：PAD+ORG；OI+KS	6. 844	0. 142	0. 663	0. 627	0. 125
三因子模型：PAD+ORG；OI；KS	4. 057	0. 102	0. 825	0. 805	0. 074
四因子模型：PAD；ORG；OI；KS	2. 914	0. 081	0. 892	0. 878	0. 052

注：PAD 表示职业能力发展，ORG 表示组织回报增长，OI 表示组织认同，KS 表示知识共享；SRMR 为标准化 RMR；“+”表示将两个因子合并成一个因子。

值得一提的是，验证性因子分析需要检验并列出全部的因子组合模型吗？例如，在人力资源管理强度对知识共享的影响研究中，为检验研究变量（概念）的区分性，贾建锋等（2021）将研究所涉及的四个主要变量进行验证性因子分析，结果显示，四因子模型对实际数据的拟合效果最理想（χ^2/df= 1.996，CFI = 0.935，TLI = 0.910，SRMR = 0.065，RMSEA = 0.067），明显优于其他三个模型，见表 11-5。容易发现，表中二因子模型、三因子模型仅列出对应的拟合效果最佳的那个组合，理由是“由于研究篇幅的限度”。即使不给出这样的理由，我们也可以推知且应当知道，其他备择模型对实际数据的拟合效果比表中列出的组合更差，因为二因子和三因子模型中已经拿出最佳组合进行“竞争”，再列出全部组合的分析结果的话，就显得多余了。

表 11-5 验证性因子分析结果（N=221）

模型	χ^2/df	CFI	TLI	SRMR	RMSEA
单因子模型 HRMS+SE+EIL+KS	8.179	0.397	0.356	0.142	0.180
二因子模型 HRMS+SE+EIL；KS	6.821	0.512	0.478	0.125	0.162
三因子模型 HRMS+EIL；SE；KS	5.855	0.594	0.565	0.116	0.148
四因子模型 HRMS；SE；EIL；KS	1.996	0.935	0.910	0.065	0.067

注：HRMS 表示人力资源管理强度；SE 表示自我效能感；EIL 表示员工信息素养；KS 表示知识共享；“+”表示将两个因子合并为一个因子。由于研究篇幅的限度，二因子和三因子模型仅展示拟合效果最优的模型。

二、多层次模型的区分效度检验

例如，刘喆等（2018）探讨服务型领导力和自主动机对情绪劳动的影响研究中，采用两阶段的“管理者-员工”配对方式收集问卷数据，构建并检验的是多层次作用模型，涉及四个主要量表（不计分量表），其中，个体层次的变量包括自主动机、工作投入和情绪劳动，以及性别等个体层次控制变量，组织层次量表包括服务型领导力和组织层次控制变量。在区别效度检验中，对自主动机、工作投入、情绪劳动（三个维度）构建 1 个基准模型和其他 4 个测量模型进行比较，结果显示，基准模型与实际数据的匹配度最佳，反映出区分度良好的五因子结构。由于管理者仅回答服务型领导力一个变量且该变量代表组织层次变量，无需进行区别效度检验。另外，在上述测量模型比较中，研究者并未列出全部的因子组合模型，二因子、三因子、四因子只列出 1 个组合模型，仅说明组合模型的因子构成，并未阐明这样做的理由。比较结果见表 11-6。

表 11-6　测量模型比较

模型	χ^2/df	GFI	CFI	NFI	IFI	TLI	RMSEA
基准模型	3.753	0.912	0.945	0.907	0.946	0.930	0.069
模型 1	22.298	0.548	0.517	0.507	0.518	0.460	0.191
模型 2	13.216	0.704	0.733	0.718	0.734	0.690	0.145
模型 3	10.198	0.774	0.804	0.788	0.804	0.767	0.125
模型 4	4.333	0.894	0.931	0.913	0.931	0.915	0.075

基准模型：自主动机、工作投入、表层表演、深层表演、真实表达；模型 1：自主动机+工作投入+表层表演+深层表演+真实表达；模型 2：自主动机、工作投入+表层表演+深层表演+真实表达；模型 3：自主动机、工作投入、表层表演+深层表演+真实表达；模型 4：自主动机、工作投入、表层表演、深层表演+真实表达。

康勇军等（2018）探讨组织结构影响管家行为的作用路径中，研究涉及的主要变量分为两个层次（个体层次的变量嵌套在组织层次中），其中，个体层次变量包括观点采择、情感承诺和管家行为，组织层次变量只有组织结构一个潜变量（分为机械组织结构和有机组织结构两种形式），问卷数据采用上下级配对和两个时间点的方式收集。为评价研究中涉及的主要变量的测量是否具有结构效度和区分效度，采用结构方程模型进行验证性因子分析，分别构建单因素、二因素、三因素、四因素及五因素模型，检验结果显示，五因素模型的拟合数据最理想（$\chi^2/df=2.94$，$p<0.001$；CFI=0.95；TLI=0.89；RMSEA=0.09），并且五因素模型明显优于其他 4 个备择模型的拟合数据，表明研究中的各个变量测量具有区分度，见表 11-7。

表 11-7　验证性因素分析结果（$N=566$）

模型	χ^2	df	CFI	TLI	RMSEA
五因素模型：OS；MS；PT；AC；SB	418.17	142	0.95	0.89	0.09
四因素模型：OS+MS；PT；AC；SB	533.35	143	0.83	0.73	0.12
三因素模型：OS+MS+SB；PT；AC	760.00	145	0.74	0.66	0.15
两因素模型：OS+MS+SB+AC；PT	1018.91	147	0.69	0.62	0.19
单因素模型：OS+MS+SB+AC+PT	1963.71	151	0.64	0.58	0.24

注：OS=有机组织结构；MS=机械组织结构；PT=观点采择；AC=情感承诺；SB=管家行为。“+”表示两个因素合并为一个因素。

与前例类似的是，在测量模型比较中，研究者并未列出全部的因素组合模型，四因素、三因素、二因素只列出 1 种组合方式。此外，在五因子模型的验证性因子分析结果中，$TLI<0.9$，$RMSEA=0.09$，这表明五因子模型仍有优化的空间。

第十二章 共同方法偏差

第一节 什么是共同方法偏差

这里有三个概念需要厘清：共同方法偏差（common method biases，CMB）、同源误差（common variance）、共同方法变异（common method variance，CMV）。从字面意思来看，三者的区别在于“来源”和“方法”。这里的“方法”内涵丰富且表现形式多样，既包括问卷中的题项内容、量表类型、作答方式、问题形式（开放的或封闭的）等，也涵盖社会称许性、作答时的情绪等应答者反应偏差。

同源误差指的是变量测量所得数据均由同一人填答，即使变量间不存在理论关系也会相关，这在绝大多数的学术文献中都有类似表述。根据周浩和龙立荣（2004）的定义，共同方法偏差（CMB）指的是因为相同的数据源或评分者、相同的实测环境，以及项目语境和项目本身特征所造成的变量间人为的共变，这种人为的共变对研究结果造成严重混淆并对结论产生潜在误导，是一种系统误差。共同方法变异（CMV）指的是由于采用了同样的方法测量不同的结构而导致的变量变异，即用相同的方法（通常为自陈式）测量不同的变量时，变量间的相关性会受到共同方法变异的影响，如果数据来源单一（同一评分者或被试），且采用自陈式作答，那么这样收集到的问卷数据更容易受到 CMV 的影响（熊红星等，2013）。

共同方法偏差问题在基于问卷调查数据的实证研究中广泛存在，已经引起研究者的普遍关注。而实际上，关于共同方法偏差的学术论辩，Podsakoff 等（2003）进行了较为系统的总结，包括共同方法偏差的四类潜在来源、共同方法偏差影响受访者（被调查对象）行为的过程、控制共同方差偏差的技术等，是认识和理解共同方法偏差的经典文献之一，此处不再赘述具体内容。

《国际商业研究》（JIBS）杂志的主编们在 2010 年以“EDITORIAL”的专文形式指出，JIBS 收到的很多稿件都报告了基于同一受访者回复的调查数据分析结果，这可能是有问题的，因为相同的受试者研究可能会受到共同方法变异（CMV）的影响。因此，那些向 JIBS 投稿的作者被要求进行有效性检查并重新提交他们的稿件。这篇学术社论旨在概述国际商业研究中处理 CMV 的最佳实践的现状。此外，主编们建议仔细设计调查问卷，采取补救办法和控制机制，过程如图 12-1 所示。

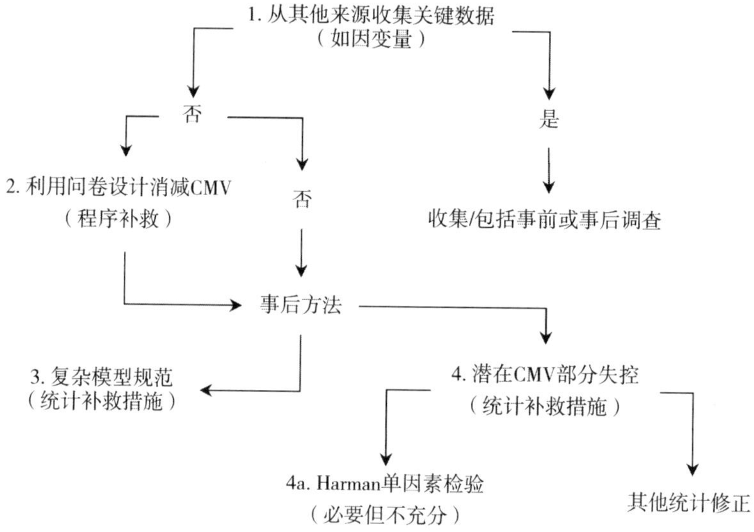

图 12-1　共同方法变异（CMV）处理路径（Chang et al.，2010）

共同方法偏差是方法论中的主要议题，其一直被学界关注。虽然共同方法偏差的后果可能会损害研究的有效性，但正如 Kock 等（2021）的实证研究所示，它们在旅游研究中常常被忽视：通过对旅游管理领域三大顶级期刊（*Annals of Tourism Research*、*Journal of Travel Research*、*Tourism Management*）的文献梳理发现，只有 86 篇文献陈述了 CMB，而应用的控制仅限于少数技术且这些技术还不是最先进的，只有 20 篇论文使用事前和事后的方法来预防和统计控制 CMB，这种状况表明 CMB 不仅是一种被低估的威胁，而且控制措施也没有得到充分利用或完全被忽视。鉴于此，Kock 等（2021）对 CMB 的来源及其识别与控制方法进行了全面的讨论，开发了一个决策树，其中包含选择适当的程序和统计控制的建议，该建议不是教条式的，而是评价性的、辩证性的。共同方法偏差的来源可以分为两个方面，一方面是同一数据来源或评分者，包括一致性动机、社会赞许性、人格特征、经验（太少或太多）以及默认偏差等；另一方面是来自测量相关的偏差，主要包括项目（item）本身的特征，如项目复杂性、模糊性、歧义，以及测量背景特征，如问卷调查中的项目顺序、量表格式及用语。CMB 识别与控制的决策树如图 12-2 所示。

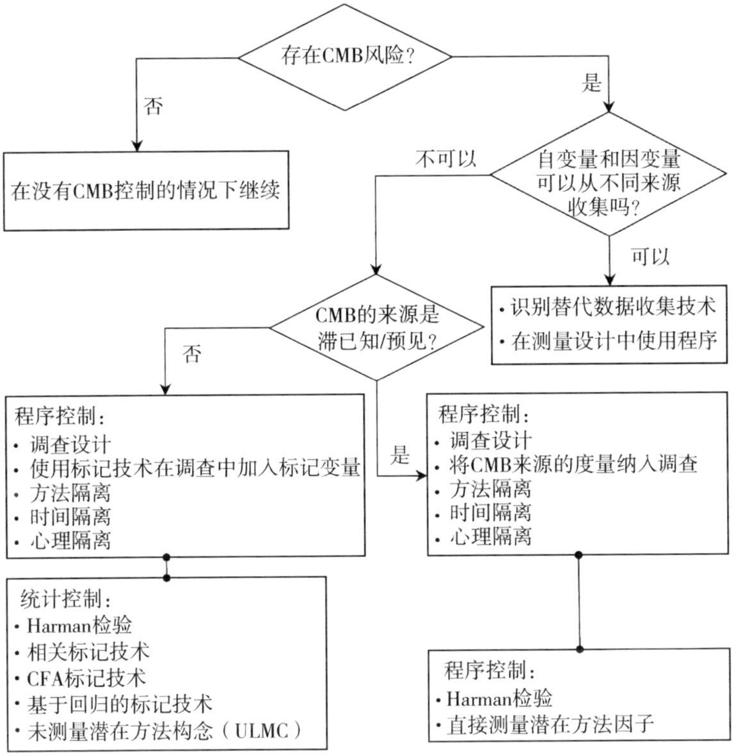

图 12-2 共同方法偏差识别与控制的决策树（Kock et al.，2021）

此决策树通过对每个控制的可行性和有效性进行批判性讨论来评估现有控制。在可能的情况下，还提供旅游文献中的最佳实践示例，以帮助研究者在未来的旅游研究中使用某些程序和统计控制。

第二节 共同方法偏差的检验方法——哈曼（Harman）单因子法

常见的共同方法偏差检验方法是哈曼（Harman）单因子法，操作过程如下：将所有的测量题项集中在一起进行主成分法的探索性因子分析，获得未旋转的最大特征根因子的方差解释率，与累积方差解释率进行对比，若低于建议值或临界标准，说明单一因子不能解释绝大部分的变异，此时的同源方差问题不严重。采用 Harman 单因子检验来验证共同方法偏差对假设模型的影响时，关于建议值或临界标准的界定，从既有研究文献考察，学者们主要持有两种观点：40%或 50%。例如，刘西真和赵慧军（2019）检验结果显示，在特征根大于 1 的 12 个因子中，未旋转的最大因子解释的变异量只有 27.53%，没有超过 40%，表明共同方法偏差问题并不严重；苏伟琳和林新奇（2019）检验结果显示，析出的四个因子中，最大因子仅解释总变异量的 32.696%，远小于建议值 50%，并结合竞争模型的验证性因子分析结果，认为观测数据的共同方法偏差在可接受范围内。

一般情形下，Harman 单因子检验法可以采取相对宽松的评估标准，即析出的最大因子的方差解释率不超过总方差解释率的 50%。例如，在职场负面八卦对员工知识隐藏的影响研究中，杜恒波和朱千林（2020）采用 Harman 单因子检验法评价可能存在的共同方法偏差问题，在析出的四个因子中，主因子的方差解释率为 23.95%，未达到总方差解释率 68.04%的一半，说明研究中的共同方法偏差问题并不严重。

另一种方法是对所有变量进行验证性因子分析，对比不同因子模型的拟合优度情况。此方法实际上验证的是变量间的区分效度。以含有四个变量的影响关系检验为例，主要的操作流程如下：首先，分别建构单因子模型、双因子模型、三因子模型、四因子模型；其次，借助结构方程模型分析软件（如 AMOS），从参数估计值中获得相应的模型拟合指标值，常见的拟合指标如 χ^2/df、RMSEA、CFI、TLI、标准化的 RMR（SRMR）；最后，根据指标值比较以上四个模型的拟合优度，一般而言，此时的四因子模型拟合效果最佳。需要注意两点：① 区分效度分析时使用嵌套模型；② 模型的因子组成方式不同，效果可能有所不同。例如，在双因子模型中，可以将自变量（1 个因子）和调节变量（1 个因子）合并成一个因子，同时将中介变量（1 个因子）和因变量（1 个因子）合并为另一个因子，此例文献可参阅刘明霞和徐心吾（2021）的做法；也可以将自变量（1 个因子）单独列为一个因子，同时将调节变量（1 个因子）、中介变量（1 个因子）和因变量（1 个因子）合并为另一个因子，此例文献可参考苏伟琳和林新奇

(2019) 的做法。

大部分的问卷数据采集是通过被试的自我报告实现的，在这种条件下，共同方法偏差可能会对研究结果产生影响。为此，在中小学教师职业成长机会与知识共享的关系研究中，郑建君和付晓洁（2018）除了在研究程序（统一指导语和施测程序）上予以控制外，在数据分析阶段运用 Harman 单因素法对共同方法偏差进行检验。首先，在因子未旋转的情况下运用主成分分析对所有题目进行探索性因素分析，结果显示：11 个因子的特征根值大于 1，第一个因子的方差解释率为 28.61%（低于临界标准 40%）；其次，将四个因素整合为单因素模型，并运用验证性因素分析对其进行检验，结果发现：单因素模型的拟合效果较差（指标值略），由此可知，该研究并不存在严重的共同方法偏差。

第三节　共同方法偏差的削减方法

田虹和王宇菲（2019）采用无关题项和分时段调查两种方式，消减问卷收集过程中产生的共同方法偏差，降低这种误差对统计检验结果的影响。其中，无关题项方式的做法是将问卷中各个变量的题项打乱顺序，并加入该项研究不涉及的变量题项；分时段调查方式是指在不同时段对同一调查对象进行两次调查，保留两次调查结果相差无几的问卷，剔除在两次调查中结果差异较大的问卷。

在工匠精神对员工工作幸福感的影响研究中，为了尽可能地降低共同方法偏差对研究结果的影响，李群等（2021）在数据搜集过程中采用以下方法对共同方法偏差进行控制：① 在问卷设计上，隐匿题项意义，采用匿名作答方式；② 分两个时段对本研究所涉及的变量进行调查；③ 经过预调研，修改表述有歧义和难以理解的测量题项。两时段的问卷调研过程如下：在第一时段，委托相关负责人将问卷中个人资料、工匠精神和职业成长机会的部分发给受访者，间隔两周后，在第二时段，再发放问卷中关于组织容错氛围和工作幸福感的部分。在问卷调查前，课题组与企业负责人提前联系，确定可以参与调研的员工的姓名首字母并对其进行一一编码，以确保两次填答者为同一人。

目前大多数的问卷调查研究均通过一份问卷来收集数据，同一份问卷的所有题项均由同一名被调查者填答，可能会导致共同方法偏差（CMB）

的问题。解决方案一般是在问卷编排设计上对同源方差进行控制。如谢俊等（2012）的研究采用了题项意义隐匿法，即不将研究目的和变量名称显示在问卷上；又如，苏屹等（2018）在问卷发放的过程中隐藏研究目的并未提及研究相关的变量，同时保护调研对象的隐私情况。

第十三章　均值差异检验

在问卷调查研究中，研究者常常需要对样本中的若干子总体（群组）在某些变量不同水平上的均值差异情况进行比较分析。比如，想了解某高校男生和女生两个子群体在年均网购支出上的差异状况，就需要对此差异进行统计检验，这种检验称为均值差异检验。均值差异检验是用来分析自变量不同水平是否对因变量产生显著影响的方法，其中，独立样本 t 检验适用于自变量为二分类别变量（两个群体类别）的均值差异检验；而当分组变量有三个以上水平时，则采用单因子方差分析（ANOVA）进行均值差异检验。

第一节　独立样本 t 检验

独立样本 t 检验的功能在于比较不同样本的均值差异，每一个符合（或近似）正态分布的样本均值要能够相互比较，须满足两个基本假设条件：正态性（normality）和方差同质性（homogeneity of variance）。方差同质性，常简称为方差齐性。如果样本的方差不同质（方差不齐），说明这两组群体在均值差异之外，还存在其他的变异来源，或是由于抽样误差所致。两个独立样本的方差是否满足同质性要求，可以利用莱文齐性检验（Levene's test of homogeneity），以方差分析（F 检验）的方法计算出两个样本方差的比值。若 F 检验达到显著水平，表明两个样本的方差不齐，此时需要使用校正公式来计算 t 值（邱皓政，2013）。

SPSS 软件提供的独立样本 t 检验提供两种检验值，分别对应样本的方差齐性与不齐。以高校教师离职倾向问卷调查数据为例（$N=292$），考察高校教师离职倾向在性别（男、女）上是否存在显著差异。独立样本 t 检验在 SPSS 数据视图中的操作路径为：【分析】→【比较平均值】→【独立样本 T 检验】。在打开的对话框中，将离职倾向放进右侧的【检验变量】框内，将性别放进【分组变量】框内，点击【定义组】后输入相应的分组数值。在本实例的问卷设计中，性别的选项有两个，选项①为男，选项②为女，因此，【定义组】中的【组 1】填入“1”，【组 2】填入“2”，分别代表男和女两个子群体，完成上述操作后的界面如图 12-1 所示。点击【继续】→【确定】按钮，输出结果。

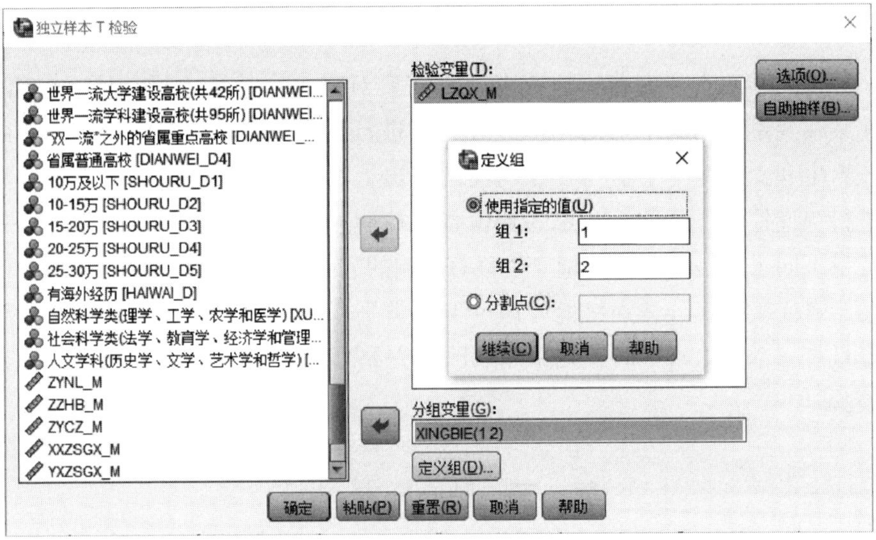

图 12-1　独立样本 t 检验中的变量设置图示

右键 SPSS 软件查看器中的独立样本检验结果，选择复制为 Excel 工作表，整理格式后的独立样本 t 检验结果如表 12-1 所示。从表中统计量来看，Levene 方差齐性检验（即 F 检验）的结果显示其显著性大于 0.05，可知样本数据的方差具有同质性（方差齐性）。均值相等的 t 检验结果应看“假定等方差”那一行的统计量，双尾显著性概率 Sig. 小于 0.05，因此，两组数据的均值差异显著。另外，如果 F 检验的显著性小于 0.05，则应看“不假定等方差”那一行的 t 检验结果。在本实例中，高校男性教师的离职倾向（M = 3.281，SD = 1.416）明显高于高校女性教师（M = 2.764，SD = 1.399），男性的均值大于女性，且上述差异达到统计学意义上的显著水平（t=2.696，p=0.007），表明高校教师的离职倾向存在显著的性别差异，男性教师的离职倾向更强。

表 12-1 独立样本 t 检验输出结果

		莱文方差等同性检验		平均值等同性 t 检验						
		F	显著性	t	自由度	Sig.（双尾）	均值差值	标准误差值	差值的 95% 置信区间	
									上限	下限
LZQX_M	假定等方差	1.133	0.288	2.696	290	0.007	0.51679	0.19172	0.13946	0.89413
	不假定等方差			2.712	122.144	0.008	0.51679	0.19054	0.13961	0.89398

第二节 方差分析

一、单因子方差分析

方差分析是最常用的统计检验方法之一，当研究者使用的自变量只有一个时，称为单因子方差分析；当研究者同时考虑多个自变量对因变量均值的影响时，需使用多因子方差分析。而当因变量数目为两个时，这时候的方差分析应用称为多变量方差分析。这里先介绍更为常用的单因子方差分析。方差分析在原理上主要有两种差异（周俊，2020）：其一是各个组别（样本的子群体）之间的差异，此类差异为研究者想要开展的差异分析；其二是各个组别内部的差异，此类差异为干扰性差异。例如，在比较不同学历（本科及以下、硕士、博士）高校教师幸福感的差异时，这三组样本的幸福感打分均值可能都一样（如均值为 5），本科及以下群体的态度得分都非常均匀（大多数都打 6 分或 7 分）；硕士、博士两个群体的态度差异非常大（有的打 3 分、有的打 7 分），但最终的均值也是 5 分，这种组内样本数据分布情况明显不一致的现象被称为方差不齐。

与 t 检验的假设条件相似，单因子方差分析需要因变量数据具有正态性，同时也要求抽样总体的方差具有同质性。在方差分析结果中，若发现整体检验的 F 值达到显著时，表示至少存在两个水平数值在因变量的均值间差异达到显著水平，此时需要进行事后比较，以判定哪些配对组在因变量均值间有显著差异。事后比较方法需要根据方差检验的不同结果来选择。未违反方差齐性假设的多重比较方法主要有最小显著差异（least significant difference，LSD）法、雪费（Scheffe）法、Newman-Keuls 法等，违反方差齐性假设的多重比较方法有 Games-Howell 法、Tamhane's T2、Dunnett's T3 法等。值得注意的是，单因子方差分析在各组方差不齐时，并不会对 F 检验进行校正，此时应采用校正程序来进行各均值的事后比较，才能处理方差不齐所造成的对均值比较的影响，此时建议使用 Dunnett 的 T3 法（邱皓政，2013）。

以高校教师离职倾向问卷调查数据为例（$N=292$），考察高校教师离职倾向在不同收入水平上是否存在显著差异，重编后的年均收入分为六个定序组别。单因子方差分析在 SPSS 数据视图中的操作路径为：【分析】→【比较平均值】→【单因素 ANOVA 检验】。进入相应的对话框，点选左侧的因变量（本例为 LZQX_M）与因子（即自变量，本例为 SHOURU_N），然后选择所需的附加功能，【选项】中至少需要勾选的【统计】类功能包括描述、齐性方差检验，“单因素 ANOVA 检验：事后多重比较”窗口中勾选假定等方差或不假定等方差两种条件下的具体检验方法，本例中的设置如图 12-2 所示。点击【继续】→【确定】按钮，输出结果。

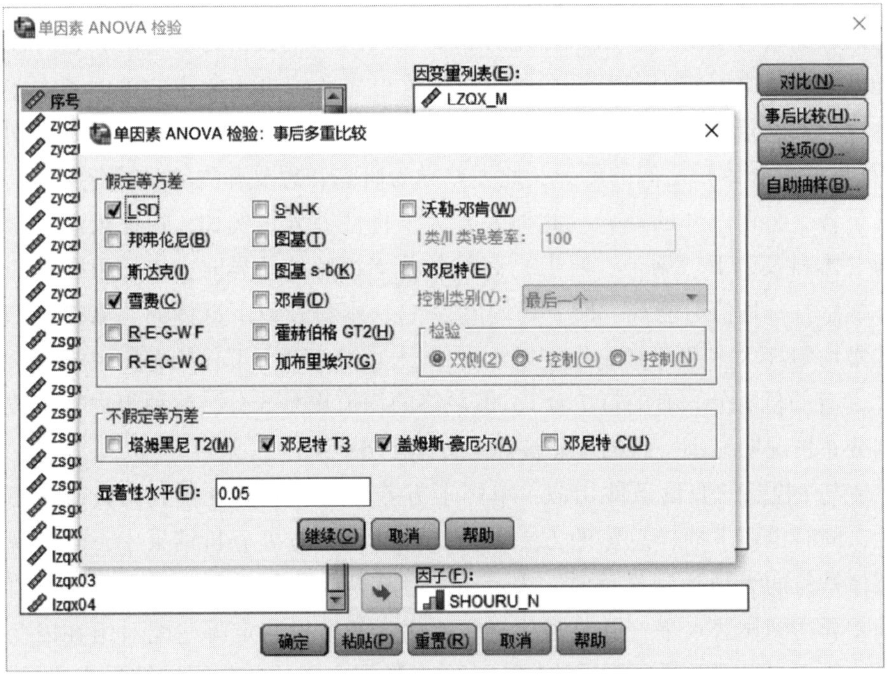

图 12-2　单因子方差分析中的功能设置图示

在输出的结果中，【描述】表包含个案数、均值、标准差、标准误、极值以及均值95%置信区间的上下限等统计量数值，【方差齐性检验】表包含莱文统计、自由度以及显著性数值，【ANOVA】表包含组间和组内的平方和、自由度、均方、F检验及显著性的数值，【多重比较】表的数据量比较大，包含两两比较的均值差、标准误、显著性以及95%置信区间的上下限等统计量数值。在本例中，单因子ANOVA检验结果显示，整体检验统计量值达到显著水平（$F=4.459$，$p=0.001$），说明高校教师离职倾向在年均收入上至少存在两个分组差异，Levene统计量的值不显著（$p=0.253$），表明方差齐，采用LSD法的事后检验结果如表12-2所示。

表12-2　高校教师离职倾向在年均收入上的差异

检验变量	年均收入(I)	年均收入(J)	均值差(I-J)	标准误	P(双尾)	事后比较
离职倾向	10万元以下	10万~15万元	0.656	0.249	0.009	①>②，①>⑤，①>⑥，②>⑥，③>⑥，④>⑥
	10万元以下	25万~30万元	0.950	0.397	0.017	
	10万元以下	30万元以上	1.538	0.353	0.000	
	10万~15万元	30万元以上	0.882	0.312	0.005	
	15万~20万元	30万元以上	1.169	0.328	0.000	
	20万~25万元	30万元以上	1.073	0.386	0.006	

从检验结果来看，年均收入“10万元以下”（M=3.715，SD=1.570）的高校教师离职倾向最强，而年均收入“30万以上”（M=2.177，SD=1.212）的高校教师离职倾向最弱，但是离职倾向强度并未随着年均收入的递增而递减，而具有波动特点。年均收入位于［10，30］万元区间内的四组均值之间并无显著差异：10万~15万元（M=3.059，SD=1.385）、15万~20万元（M=3.346，SD=1.354）、20万~25万元（M=3.250，SD=1.258）、25万~30万元（M=2.765，SD=1.464）。可见，年均收入对高校教师离职倾向产生显著影响，男性高校教师的离职倾向显著高于女性，形成鲜明的两极化现象。

二、多因子方差分析

在考察某个连续型因变量的影响因素时，研究者有时候同时选取两个及以上的定性自变量来验证其影响结果，这类析因设计（factorial design）所涉及的均值差异检验称为析因设计方差分析，其中，包含两个自变量和一个因变量的检验称为二因子方差分析，包含三个自变量和一个因变量的检验称为三因子方差分析。因子越多，均值差异来源越复杂，分析越困难。一般研究中所说的多因子方差分析包含的是两个自变量，涉及三个及以上自变量对一个因变量影响的检验更适合采用回归分析。

与单因子方差分析不同的是，多因子方差分析中的均值差异变动效应更为复杂。最主要的效应有两种：主效应（main effects）和交互效应（interaction effects）。主效应是指自变量对因变量产生的影响，反映在自变量的各水平均值差异上；交互效应则是指多个自变量共同对因变量造成的影响，即各个因子之间具有彼此修正调整的调节作用（moderation effects），也就是说两个自变量对因变量的影响相互调节。如果这种交互作用存在，则需进一步进行简单主效应（simple main effect）检验，探讨调节作用的产生机制。之所以称为“简单”，是指在“特定条件下”进行的主效应显著性检验，特定条件下的效应就是一种调节效应。多因子方差分析的整体检验与单因子方差分析概念相同，但事后检验略有不同。二因子方差分析的各主效应如果达到显著，当各因子仅包含两个水平时，此时无需进行事后多重比较；而当有三个及以上水平时，必须进行多重比较（邱皓政，2013）。

以高校教师离职倾向问卷调查数据为例（$N=292$），考察性别、年均收入对离职倾向的影响关系。多因子方差分析在 SPSS 软件中的操作路径为：【分析】→【一般线性模型】→【单变量】。在打开的“单变量”对话框中，将两个分类变量（性别、年均收入）放进右侧的【固定因子】列表框内，同时将因变量（离职倾向）放进【因变量】文本框内，接下来需要选择所需的附加功能。点击【图】选项，在打开的“单变量：轮廓图”对话框（图 12-3）中，选择其中一个放入【水平轴】，另一个放入【单独的线条】，单击【添加】按钮；然后重复上述操作程序，使得【水平轴】和【单独的线条】两个框内的因子互换，目的是输出交互效果图。在【事后比较】中选择具有三个及以上水平的自变量（本例为年均收入）进入清单，并选择合适的事后比较方法（如 LSD）。如果要获得方差齐性检验结果，需要在【单变量：选项】框中勾选【齐性检验】。点击【继续】→【确定】按钮，输出结果。

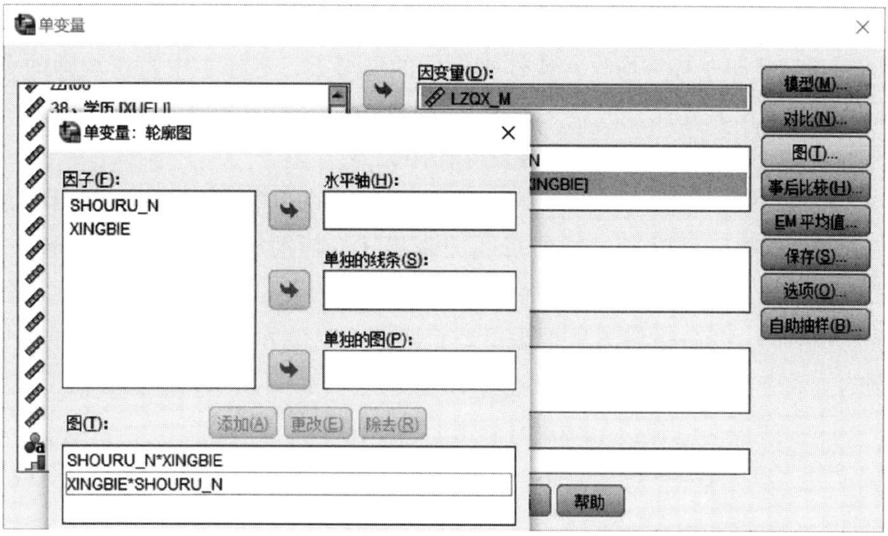

图 12-3　多因子方差分析中的功能设置图示

在输出的结果中，【主体间因子】表列出了两个分类自变量各个水平上的个案数，【描述统计】表列出了前述两个自变量交叉水平上的均值、标准误和个案数，【误差方差的莱文等同性检验】表包含基于不同描述性统计量（如基于均值）的莱文统计、自由度以及显著性数值。【主体间效应检验】表为最终差异对比的核心表格，包含两个分类变量及其交互项的 F 检验结果。本例的主体间效应检验结果如表 12-3 所示。

表 12-3　主体间效应检验结果示例

因变量：LZQX_M					
源	Ⅲ类平方和	自由度	均方	F	显著性
修正模型	76. 198[a]	11	6. 927	3. 755	0. 000
截距	1130. 723	1	1130. 723	612. 970	0. 000
SHOURU_N	26. 255	5	5. 251	2. 847	0. 016
XINGBIE	22. 073	1	22. 073	11. 966	0. 001
SHOURU_N * XINGBIE	15. 823	5	3. 165	1. 716	0. 131
误差	516. 506	280	1. 845		
总计	3496. 063	292			
修正后总计	592. 704	291			

注：R^2 = 0. 129（调整后 R^2 = 0. 094）。

根据表 12-3 提供的核心信息可知，年均收入和性别均呈现出显著性（$p<0.05$），即在有年均收入或性别不同的情形下，本样本中高校教师的离职倾向呈现出差异性，但是交互项（年均收入×性别）并未呈现出显著性，说明年均收入和性别之间不存在交互作用关系。

输出结果中还有【分布—水平图】、主效应的【轮廓图】等。多因子方差分析的结果，可以通过均值折线图来描述，辅助解释效应。一般来说，影响关系中若存在交互效应的话，输出的折线图会以非平行折线的形式呈现。相对的，当各折线图呈现平行或接近平行，表示交互作用不显著。本例的主效应检验折线图如图 12-4 所示。

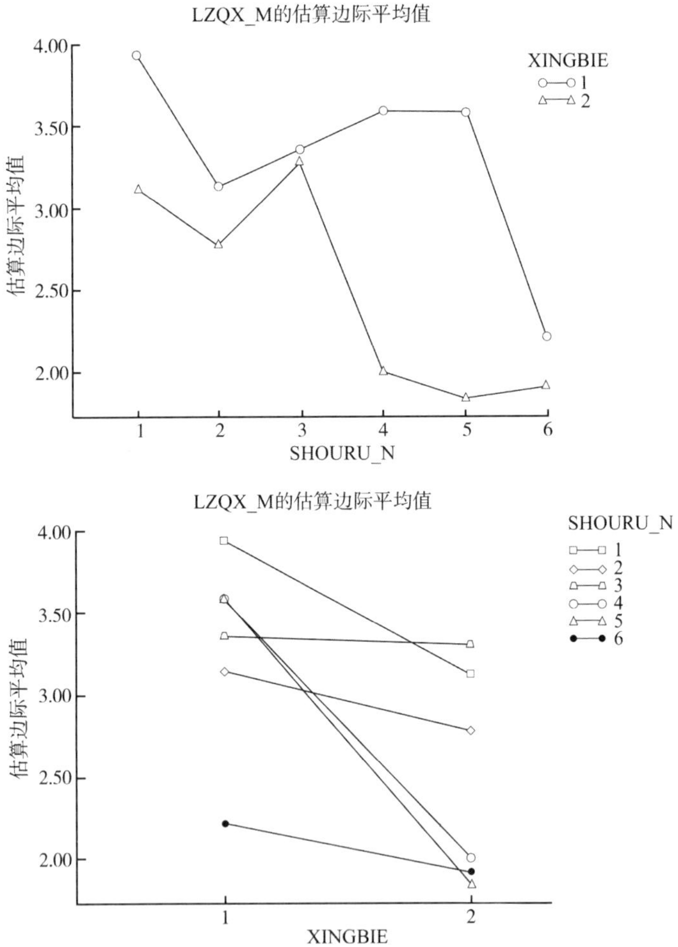

图 12-4　交互作用不显著的主效应图示

第三节　卡方检验

卡方检验是一种检验分类变量之间关系的方法，属于非参数检验方法的范畴。卡方检验具体可分为两类：一类是用于单选题的卡方分析，另一类则是用于多选题的数据关系检验（周俊，2020）。从统计学上讲，卡方检验分析的是样本数据的实际观察（测）值与理论期望值之间的偏离程度，两者的偏离程度越大，其卡方值越大，反之，值越小；而当实际值与期望值完全重合时，其卡方值等于零。比如，有两个分类变量 X 和 Y，它们的分组类别均为两个（即变量各有两个水平），其样本频次可做成 2×2 的列联表。若要推断变量 X 和 Y 之间存在显著的影响关系，就可以用独立性检验的统计量 χ^2 值来判断，χ^2 的值越大，表示两者关系显著的可能性越大。

卡方检验统计量的计算公式如下：

$$\chi^2 = \sum \frac{(O_i - E_i)^2}{E_i}$$

上式中，O_i 为第 i 类的实际观察值，E_i 为第 i 类的理论期望值，χ^2 值的意义是衡量理论与实际的差异程度。需要注意的是，卡方检验的理论基础是皮尔逊（Pearson）定理，对样本量有一定的要求：建议问卷数据统计检验使用的样本量应大于 30 且每个类别中的期望频数不能太小。

例如，以高校图书馆员服务创新行为的样本数据为例（$N=352$），探究其性别分布与具有或不具有图情类专业背景这两个变量之间是否存在特殊关联。在 SPSS 软件中，2×2 阵列的分类变量关系检验操作路径为：【分析】→【描述统计】→【交叉表】，在打开的对话框中，将相应的分类变量放进【行】和【列】列表框内，然后单击【统计】按钮后勾选【卡方】和【名义】中的系数，此时的操作选项如图 12-5 所示；再打开“交叉表：单元格显示”对话框，勾选想要输出的其他统计量。点击【继续】→【确定】按钮，输出结果。

在本例中，皮尔逊（Pearson）卡方值未达显著水平（$\chi^2=0.052$，$p=0.819$）。还可以从软件输出结果中的交叉表提供的统计量进行辅助判别，其中的标准化残差性质类似于 Z 分数，得以计算卡方值。调整后的标准化残差适合单元格间差异情形比较。当数值的绝对值大于 1.96 时，可以判定实际的观察值显著不同于期望值（邱皓政，2013）。在本例中，标准化残差、调整后残差的数值分别为-0.1 和-0.2。另外，软件提供的“对称测量”能够为2×2 列联表分析提供 Phi 系数来表示两个变量的关系强度，本例中的 Phi 值为 0.012（p=0.819）。因此，是否具有图书情报类专业背景与性别这两个变量之间相互独立，不存在显著的关联。

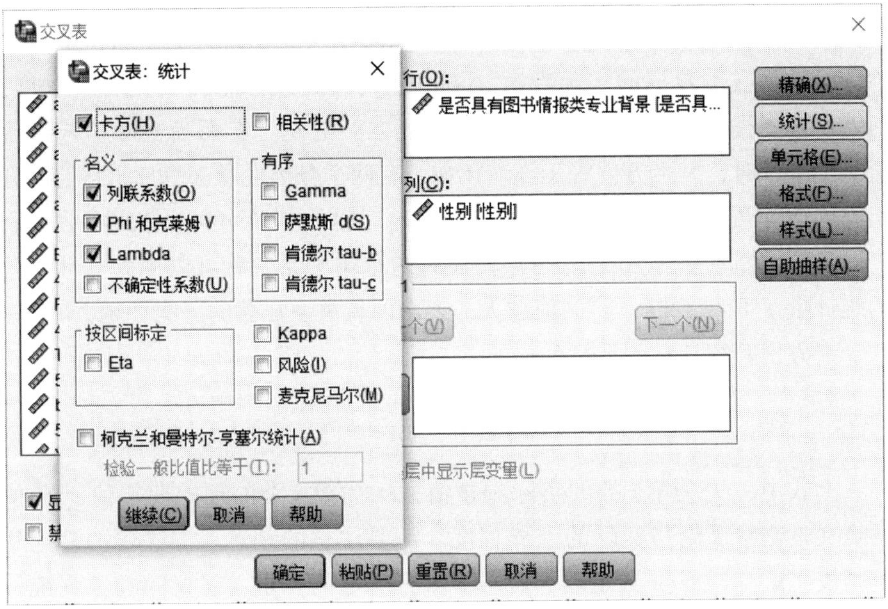

图 12-5　卡方检验中的统计量设置图示

再以何筠和张嘉佳（2021）的问卷调查研究为例，影响新生代农民工就业稳定性的因素中包含个体因素这一类，以低于或高于职业流动率均值 0.5258 为划分依据，将职业流动率指标转换为二分类别变量，建立个体因素和就业稳定性的交互关系表。表 12-4 显示了不同个体因素分类下就业稳定性的差异特征及卡方检验结果。结果显示，新生代农民工的性别与就业稳定性的关系显著（p<0.01），说明性别会直接或间接地影响其就业稳定性，这主要因为性别在“工作—家庭”的平衡中承担相对差异的角色分工，女性劳动者更倾向于弹性化的工作时间安排。此外，女性农民工在就业中更容易遭遇职业“天花板”等歧视，升职、加薪受限。结果还表明，文化程度、是否参加职业培训对新生代农民工就业稳定性没有显著影响。

表 12-4 个体因素与就业稳定性交互关系表

变量名称	变量分类	就业稳定性		合计/%	Pearson 卡方	显著性
		稳定	不稳定			
性别	女	20.0	42.5	62.5	7.502	$p=0.006$ 1%水平
	男	16.7	20.8	37.5		
文化程度	初中及以下	5.8	11.7	17.5	0.487	$p=0.485$ 不显著
	高中及以上	30.8	51.7	82.5		
是否参加职业培训	否	17.5	35.0	52.5	2.538	$p=0.111$ 不显著
	是	19.2	28.3	47.5		

第十四章　线性关系分析——相关与回归

第一节　相关分析——两个连续变量的线性关系

连续变量是问卷调查研究中最常见的数据类型之一，单个连续变量的分析（如频次分布）只能表现出数据最基本的内容或特性，或以均值、标准差来描绘其集中—离散形态。然而，在现实社会中，许多现象之间往往是相互影响、相互依存的，针对这类问题的探讨就涉及两个及以上的连续变量关系。两个连续变量之间的关系有多种形式，其中最常使用的分析形态是线性关系，即当其中一个连续变量发生变化时，另一个连续变量也随之发生直线方向的改变，它们之间共同变化的情形，称为共变（covariance），在统计方法中叫作协方差。

两个连续变量之间的相关（correlation）关系涉及三个属性：方向、强度和类型（风笑天，2021）。所谓相关关系的方向，对于两个连续变量来说，可以分为正向关系和负向关系两种。正向的相关关系指的是当一个连续变量取值增加时，另一个连续变量的取值也随之增加；负向的相关关系指的是当一个连续变量取值增加时，另一个连续变量的取值随之减少。相关关系的强度指的是两个连续变量关系的强弱程度，这种强弱程度可以通过统计方法进行测度和比较，即相关系数（coefficient of correlation），以样本数据求得的相关系数以小写字母 r 表示。相关系数 r 的取值范围为 -1~1，或者为 0~1。这里的正负号表示的就是相关关系的方向，实际求得的 r 值反映的是相关关系的强弱。相关关系的类型一般分为直线相关和曲线相关两种，这里所讲的相关分析以及后面所讲的回归分析一般用于直线关系。

一、简单相关分析

1. Pearson 相关系数

Pearson 相关系数是将样本数据中的两个连续变量 X 与 Y，计算出协方差并加以标准化而得。协方差（covariance）即为总体的两个变量的共同变化无偏估计值，计算公式如下：

$$\operatorname{cov}(X,\ Y)=\frac{\sum(X-\bar{X})(Y-\bar{Y})}{N-1}$$

上式中的无偏估计的正、负值分别反映的是两个连续变量的相关呈现正向、负向关系。从上式中还可以看出，方差是协方差的一个特殊情况，即连续变量与自己的共变结果。与方差一样，协方差是带有单位的量值，其值会随着单位的变化而变化。因此，若要协方差具有可比较性，就需要将单位去除，即对协方差进行标准化处理。标准化的操作如下：以两个变量的标准差作为分母，将协方差除以两个变量的标准差，得到标准化相关系数，此种方法是由 Pearson 提出的，因此称为 Pearson 相关系数（或皮氏积差相关系数）（邱皓政，2013），计算公式如下：

$$r=\frac{\operatorname{cov}(x,\ y)}{s_x s_y}=\frac{\sum(X-\bar{X})(Y-\bar{Y})}{\sqrt{\sum(X-\bar{X})^2(Y-\bar{Y})^2}}$$

需要注意的是，相关系数为标准化系数（用于比较相对重要性），系数值的加减乘除没有实际意义。

2. Spearman 等级相关系数

Pearson 相关系数适用于两个连续变量的线性相关分析，而斯皮尔曼（Spearman）等级相关则可应用于描述定序变量之间的线性关系。当两个变量中有一个为定序变量时，必须使用下列公式求得 Spearman 相关系数 r_s，在计算时，r_s系数取每一个观察值在两个定序变量的配对差异分数来分析关联性，若 N 为样本人数，D 为两个变量排名上的差距，且当所有 N 个等级都取不同的整数时，计算公式如下：

$$r_s=1-\frac{6\sum D_i^2}{N(N^2-1)}$$

斯皮尔曼相关系数反映的是自变量 X 和因变量 Y 之间的关联方向，若当 X 增加时，Y 趋向于增加，则斯皮尔曼相关系数值为正；若当 X 增加时，Y 趋向于减小，则斯皮尔曼相关系数值为负；若当 X 增加时，Y 没有任何趋向性，则斯皮尔曼相关系数值为零。

二、偏相关分析

偏相关（partial correlation）又称净相关，是指在计算两个连续变量 X_1 和 X_2的相关时，将第三个变量 X_3与这两个相关变量的相关 r_{13}与 r_{23}予以排除之后的纯净相关，以 $r_{12.3}$表示，计算公式如下：

$$r_{12.3}=\frac{r_{12}-r_{13}r_{23}}{\sqrt{1-r_{13}^2}\sqrt{1-r_{23}^2}}$$

三、相关分析的 SPSS 操作

在导入有效数据的前提下，简单相关分析在 SPSS 软件中的操作主要分为两个步骤：第一步是执行路径【分析】→【相关】→【双变量】，第二步是在弹出的“双变量相关”对话框内选择想要分析的具体变量，勾选所需的相关系数（如选定 Pearson 或 Spearman），点击【确定】后输出结果。在输入数据后，偏相关分析的操作需要执行路径【分析】→【相关】→【偏相关】，然后选择想要分析的两个变量和控制变量并勾选统计量，点击【确定】后输出结果。

第二节　什么是回归分析

在问卷调查研究中，经常需要探讨一个变量与另一个变量（或多个变量）之间的关系。例如，在图书馆员服务创新行为研究中，有一组变量关系值得我们关注：职业成长与服务创新行为的关系。在文献调研的基础上，我们可以提出一个“理论假设”，即职业成长与服务创新行为有关，倾向于假定职业成长越快的图书馆员，其服务创新行为越明显，只要有了问卷数据，就可以尝试检验前面提出的理论假设。

这样的关系研究看起来很简单，但在实际环境下，这里的服务创新行为同时还受到其他许多因素的影响，诸如性别、学历、职业认同、情感承诺等。而且在事实上，除了已有研究或理论推演出的，还有研究者没想到的影响因素（包括随机因素），都可能会对服务创新行为产生影响。在前述的理论假设中，我们将服务创新行为记为变量 Y，职业成长记为变量 X，因此要检验这一理论假设，即 X 对 Y 的影响，就意味着必须控制其他因素对 Y 的影响，在此前提下的实证检验才有实际意义。

要控制所有其他影响变量 Y 的影响因素，在社会科学研究中通常都非常困难，甚至是不可能的。但从统计分析的角度来看，在一定程度或某种意义上，回归分析是解决这一问题的基础且经典的方法。在上述例子中，变量 Y 通常被称为因变量、被解释变量或被预测变量，变量 X 称为自变量、解释变量或预测变量。因变量与自变量的称呼沿用函数关系，由于影响变量 Y 的“其他因素”的存在，X 只在一定程度上决定 Y，Y 与 X 之间的关系并非严格的函数关系，给定 X 的值，Y 的取值并不是确定的，因而 Y 是一个随机变量。在回归分析中，因变量 Y 总是作为随机变量来看待，但自变量 X 是否被视为随机变量，其情形较为复杂；在回归分析中，将自变量看成是非随机的，可以使回归分析理论大大简化（陈健，2018）。

第三节　多元回归分析的基本应用

作为一种解释和预测变量间关系的统计技术，回归分析（也称线性回归）是量化研究中运用最广泛、最灵活的方法。当解释变量只有一个时，称为简单回归，但在通常情况下，一项研究往往涉及两个或多个解释变量，同时纳入多个自变量进行解释和预测因变量的回归分析称为多元回归。基于不同的目的，多元回归可分为预测型和解释型两类。在实际应用中，预测型回归最常使用逐步回归法，包括向前法、向后法以及逐步法三种变量选择程序，而解释型回归则是采用同时回归技术进行的回归分析。解释型回归分析在操作上的第一项工作是检视各变量的特性与估计关联强度，第二项工作计算各变量的解释力与显著性检验，另外，解释型回归分析时应特别关注共线性问题，可通过容忍度和方差膨胀因子（VIF）来诊断共线性问题的严重性。

值得注意的是，不论是基于解释目的还是预测目的，只要解释变量在理论上具有层次关系或具有特定的先后关系，则必须“逐步依序”来进行回归分析，逐一检验各区组（block）解释变量对因变量的影响，也就是层次回归分析。邱皓政（2013）指出，层次回归是灵活性最大、最具理论与实践意义的回归分析程序，在本质上属于一种验证性的统计技术，而非探索性方法。层次回归分析的首要任务是决定变量的层次关系和进入回归模型的模式，这一安排必须从理论合理性或研究需要来考量。由于人口变量发生最早，一般而言，先将人口变量视为第一个区组，那些可能由人口变量的影响而产生个性化差异的变量视为第二个区组，使人口变量的差异最先得到控制，各区组内以同时回归分析法为变量进入模式。此外，当自变量为类别变量时，欲进行虚拟回归、交互作用检验时，都必须采用这样一种整合性的多层次回归分析策略。

为使类别变量单独进行回归分析或与其他连续变量同时进入回归模型，类别变量必须进行虚拟化处理。分类数据的编码需要构建出穷尽的且相互独立的类别，虚拟变量的构建同样可采用此原则。分类变量既可以是一个二分类别变量，也可以是一个多分类别变量，海蒂（2016）指出，对于那些“只在名义上测量”的定性变量，如性别、社会经济地位、民族等，不能直接加入回归模型，必须使用虚拟变量回归的方式来估计那些变量对回归模型所有参数的影响。虚拟变量的编码方法主要有二进制编码（binary coding）、效果编码（effects coding）和对比编码（contrast coding）等，以上三种方法均要求用 $G-1$ 个虚拟变量来描述一个包含 G 个类别的名义变量（nominal variable）。其中，针对二分的定性变量而言，二进制编码是最常用的方案之一。在进行定性变量的虚拟化编码时，必须指定一个类作为参照组，即选择一个明确的参照基准。虽然在统计层面上参照组的选择具有任意性，但在实际应用中，参照组应当根据合理的解释和推理过程确定下来，有些研究者通常选择最高或最低级别的那一类作为参照组，也有的研究者更倾向于选择中间的一类。

回归分析的好处在于建模过程的灵活性，线性回归模型可以加入一个虚拟变量，也可以加入多个，还可以在设定模型中引入定量变量。例如，当回归模型中仅含有一个虚拟变量时，常将其简化为均值差异检验（如 t 检验、单因子方差分析）。在实际应用中，由于二分类别变量（如性别）仅有两个水平数值，可将其视为连续变量的一种特例，因而不需要另行编码即可进入回归模型，但这仅是一种权宜之策。需要注意的是，在层次回归分析中，需要将整个区组的 $G-1$ 个虚拟变量全部同时纳入回归方程式，这样得到的检验结果才是该类别解释变量的整体效果，而当解释单个的虚拟变量时，必须以虚拟化的方式来说明其解释力与统计显著性。

第四节　多元回归分析的延伸应用

在基本的回归模型中，只有自变量和因变量两种。但如果有一个第三变量（M）可能影响变量 X 与变量 Y 的关系时，即产生了第三变量效应，第三变量 M 可以是类别变量，也可以是连续变量。在所有的第三变量中，调节变量和中介变量往往是研究中关注的重点。调节变量使得变量 X 对变量 Y 的影响效果有条件地产生变化，即自变量与调节变量对结果变量产生交互作用；而中介变量则扮演着自变量与因变量中继的角色。对于一个重要的第三变量，如果没有合理地纳入分析，不仅可能会造成回归系数估计的偏误，也可能会忽视第三变量对变量解释关系的条件化作用，因此，在回归分析中，这类变量的作用也应加以检视（邱皓政，2013）。

当自变量 X 和因变量 Y 之间的关系由变量 M 决定时，回归模型的设定就需要做出调整，以使得 X 与 Y 的关系相对于 M 而改变。检验这种差异效应需要使用交互项。交互项可以定义为模型里的两个自变量的乘积，这两个自变量可以同时是虚拟变量，如两个二分的定性变量：性别和婚姻状况（已婚或未婚），也可以是一个虚拟变量和一个定量变量（海蒂，2016）。在应用研究中同时包含类别变量和连续变量的多元回归更为常见。在不同的多元回归方程方式中，若同时将自变量 X 与调节变量 M 纳入回归模型对因变量 Y 进行解释，可称之为控制效果模型或限定回归模型，定义如下：

$$Y=b_1X+b_2M+a$$

若进一步增加一个交互作用项 XM，则可反映出 M 对 X 与 Y 关系的调节效果，此时可称之为调节效果模型或全回归模型，定义如下：

$$Y=b_1X+b_2M+b_3XM+a$$

当调节变量为连续变量时，交互作用检验之前的一个重要步骤是将解释变量进行中心化处理，一般而言，在带有交互作用项的回归分析中，变量中心化处理已成为一个标准作业规程。同时指出，如果调节变量是一个二分类别变量，一般可以省略中心化处理。邱皓政（2013）指出，解释变量平减（平均数中心化）后进行的调节回归分析，不会改变交互作用的参数估计和统计显著性，另一个优点是减轻自变量间的共线性威胁，即使得原本高度相关的两组变量之间的高相关性削减至低度水平。迪米特洛夫（2015）指出，中心化的预测变量得到的回归系数的标准误要比非中心化之前小很多。因此，中心化的变量会获得更有意义的回归系数，另一个优势是使得测量及其解释更具实际意义。他还指出，在预测变量中心化时，一般不需要对因变量 Y 进行中心化变换，因为从 Y 中减去其均值，并不会影响包含交互作用的回归方程中的回归系数。

调节效应的检验需要通过一系列规范的统计分析来实现。美国学者 Baron 和 Kenny（1986）从统计学的角度提出了调节效应和中介效应检验的概念、策略和程序，主要是通过三个回归方程式和四项判断准则来进行，是国际学界普遍采用的检验方法之一。我国学者温忠麟等（2005）针对变量的不同类型（直接观测的显变量和不可直接观测的潜变量），提出了相应的调节效应分析方法，主要包括多元回归分析和结构方程建模两类。管理研究一般是对理论的验证，而不是基于现有数据的探索。因此，国内管理学者刘军（2008）建议，在用 SPSS 进行层次回归时，一定要用强制进入法（强迫进入法），将所有变量加入方程式进行回归，而不能采用逐步回归等方法来分析。

在变量 X 对 Y 的影响中，第三变量 M 也可能以中介者的角色介入回归方程式。温忠麟等（2004）认为，由于中介效应是一种间接效应，不论其是否涉及潜变量，中介效应的检验均可以利用结构方程模型分析来实现；如果涉及的都是显变量，通过回归分析就可以检验中介效应。罗胜强和姜嬿（2014）指出，调节变量的用处是验证理论或定义理论的边界条件，而中介变量的用处主要是验证理论并找出其中的过程变量，换言之，中介变量是一个可以用来构建理论的变量。验证中介效应的方法有很多，在一般的管理研究中，最常见的中介变量验证方法主要包括 Baron 和 Kenny 的层次回归分析法、Sobel 检验法、自身抽样（Bootstrapping）法等。其中，最流行的是 Baron 和 Kenny（1986）的逐步检验回归系数法（逐步法），近年来虽然受到了一些方法论学者的质疑或批评，简单而有效仍是一个统计分析方法流行的关键所在（温忠麟和叶宝娟，2014）。

根据逐步法检验中介效应的程序，需要满足三个基本条件，可用相应的方程式来表示。假设 X 为自变量，Y 为因变量，M 为中介变量，变量间关系可用下列三组方程来说明：

$$Y=cX+e_1$$

$$M=aX+e_2$$

$$Y=c'X+bM+e_3$$

根据回归分析结果，首先检验回归系数 c，若显著，则进入下一步；接着依次检验回归系数 a 和 b，若 a 和 b 均显著，则可直接检验系数 c'，若 a 和 b 中至少有一个不显著，则需要做 Sobel 检验（温忠麟等，2012）。Sobel 检验统计量 $z=\frac{\hat{a}\hat{b}}{\sqrt{\hat{a}^2S_b^2+\hat{b}^2S_a^2}}$，其中，$S_a$，$S_b$分别是$\hat{a}$，$\hat{b}$的标准误。

第五节　含有虚拟变量的回归分析

在本节中，我们将以高校教师离职倾向为例，探讨四类含有虚拟变量的回归模型。在第一个模型中，自变量是性别；在第二个模型中，自变量是年均收入（税后，包含津贴/奖金等），收入分为六个类别（更严格地讲，属于定序测度变量）：1=10 万元以下、2=10 万～15 万元、3=15 万～20 万元、4=20 万～25 万元、5=25 万～30 万元、6=30 万元以上，需要构造五个虚拟变量，分别命名为 Earn_1、Earn_2、Earn_3、Earn_4、Earn_5，选择年均收入类别中的“30 万以上”为参照组。在第三个模型中，性别和年均收入两个定性变量均会加入回归模型，可以讨论高校教师性别之间的离职倾向差异是否可在与性别有关的年均收入里体现。在最后一个模型中，进一步扩展自变量的数目，即加入定量测度的解释变量（自变量），连同性别和年均收入的虚拟变量都被包含在其中。

通过多次估计二元回归方程，我们可以观察当自变量数目从少到多时，因变量期望值的变化，从而体会，回归方程所代表的因变量期望值 $E(Y_i)$ 由一个单一点进一步拓展到一系列连续数值构建的一条线的过程。其中，当引入虚拟变量时，自变量是只有两种可能的离散度量，在建模时，我们可以对每个可能的数值计算出一个 Y_i的期望值，即当虚拟变量 $D_{ji}=1$ 时，得到一个期望值；当 $D_{ji}=0$ 时，再得到一个期望值。这些估测出来的数值相当于条件均值，即群组 j 的均值 Y_i（海蒂，2016）。

前三个模型如下：

模型 1：$Y_i=f$（性别）$=\beta_0+\beta_1\text{SEX\_M}+u_i$

模型 2：$Y_i=f$（年均收入）$=\beta_0+\beta_1\text{Earn\_1}+\beta_2\text{Earn\_2}+\beta_3\text{Earn\_3}+\beta_4\text{Earn\_4}+\beta_5\text{Earn\_5}+u_i$

模型 3：$Y_i=f$（性别，年均收入）$=\beta_0+\beta_1\text{SEX\_M}+\beta_2\text{Earn\_1}+\beta_3\text{Earn\_2}+\beta_4\text{Earn\_3}+\beta_5\text{Earn\_4}+\beta_6\text{Earn\_5}+u_i$

一、自变量中仅含有一个虚拟变量的回归

在模型 1 中，通过离职倾向对虚拟变量男性（SEX_M）进行回归，确定性别是否为高校教师离职倾向的一个预测因素。表 14-1 列出了其回归结果。

表 14-1　模型 1、模型 2、模型 3 的回归结果

	模型 1	模型 2	模型 3
常数	2. 753	2. 210	1. 765
SEX_M	0. 458*		0. 506**
Earn_1		1. 446***	1. 512***
Earn_2		0. 784*	0. 834**
Earn_3		1. 148***	1. 213***
Earn_4		0. 832*	0. 869*
Earn_5		0. 512	0. 676
R^2	0. 018	0. 067	0. 089
调整后 R^2	0. 015	0. 052	0. 072
ΔR^2（$R_3{}^2-R_1{}^2$）			0. 071
F	5. 930	4. 503	5. 084
ΔF			0. 581

注：（1）* $p<0.05$，** $p<0.01$，*** $p<0.001$

（2）比较不同自变量对因变量的重要性时用标准化系数，做实际预测时用非标准化系数。

对于这些连续和离散的自变量回归系数的合理解释要看常数项（β_0），其代表当所有的自变量都为 0 时，Y_i 的期望值；同时，还要看 β_1，它代表 X_k 每变化一个单位，Y_i 期望值的变化。当 X_k 连续时，Y_i 的分布也是连续的，因此其回归系数也可以表示为斜率。相反，当 X_k 为虚拟变量时，Y_i 的变化是随每次 β_k 单位的变化而变化的，与连续变量不同的是，该变化基于是否为指定类别的成员的相关定义，因为虚拟变量一个单位的变化（从 1 到 0 或从 0 到 1）反映了它是否属于某个指定类别（海蒂，2016）。

模型 1 共线性诊断结果显示：容差 = 1，方差膨胀因子（VIF）= 1，德宾-沃森（D-W）值为 1. 962，可知，自变量之间不存在多重共线性。值得一提的是，因为自变量为单一的虚拟变量 SEX_M，共线性诊断自然为佳，

此为演示操作例子，实际应用中自变量只包含性别的回归建模极少见。模型 2 共线性诊断结果显示：容差介于 0.277～0.616 之间，方差膨胀因子（VIF）介于 1.623～3.605 之间，德宾-沃森（D-W）值为 1.883，可知，自变量之间不存在多重共线性。模型 3 共线性诊断结果显示：容差介于 0.276～0.978 之间，方差膨胀因子（VIF）介于 1.022～3.618 之间，德宾-沃森（D-W）值为 1.904，因此，自变量之间不存在多重共线性。

在本例的模型 1 中，虚拟变量 SEX_M 的回归系数为 0.458，说明男性的预测离职倾向水平比女性（参照组）高 0.458，此时 Y_i 的预测值可以通过简单的加减计算出来：当 SEX_M = 1 时，预测值等于 $\beta_0+\beta_1=2.753+0.458=3.211$，计算出来的 3.211 就是高校男性教师离职倾向的均值；当 SEX_M = 0 时，其预测值就等于 β_0。值得一提的是，由于模型 1 是一个二元回归模型，其 F 检验和 t 检验是等价的，该检验的 t 值（2.435）是 F 值（5.930）的平方根，模型回归和单因素方差分析（ANOVA）得到的结果是一样的。

虚拟变量的显著性检验要遵循标准化过程。常数项估计了参照组（女性）的离职倾向期望值，β_1 估计了虚拟变量的特征对期望值的影响，该影响捕捉了男性与女性之间的离职倾向差异，也就是说，此时 SEX_M 的回归系数测量了高校男性教师的离职倾向相对于女性如何。R^2 说明，性别差异解释了大约 1.8%的离职倾向中的方差。

二、自变量中含有多个虚拟变量的回归

本例的模型 2 估计了离职倾向作为年均收入的函数，其中年均收入由五个虚拟变量表示。回归结果见表 14-1 的中间列。与模型 1 的解释同理，常数项 2.210 为年均收入 30 万元以上（参照组）的高校教师的离职倾向均值，其他的回归系数估计了不同组别相对于年均收入 30 万元以上群体的差异程度，从 Earn_1 的回归系数可以看出，年均收入 10 万元以下的高校教师离职倾向均值比年均收入 30 万元以上的高校教师高 1.446，等于 2.210+1.446=3.656。以此类推可知，高校教师离职倾向均值在年均收入分组上的差异表现为：Earn_1>Earn_3>Earn_4>Earn_2>Earn_5。$R^2=0.067$，说明年均收入差异解释了大约 6.7%的离职倾向中的方差。

用一系列虚拟变量比用单一虚拟变量更能捕捉年均收入组别之间的差别信息，那么相应的年均收入对离职倾向影响的显著性检验应该为该模型的 F 检验，F 检验是检验所有年均收入组别的期望离职倾向水平是否一致。

F 检验可以表述为 R^2 与 k 个自由度的商和 $1-R^2$ 与 $N-k-1$ 个自由度的商的比率，其中，k 等于自变量的数目，因此，F 检验还可以看成对 R^2 的显著性检验（海蒂，2016）。

$$F=\frac{R^2/k}{(1-R^2)/(N-k-1)}$$

三、采用 t 检验估计类别之间的差异

在模型 2 中，我们知道，Earn_1（年均收入 10 万元以下）的回归系数最大（正向），因此其离职倾向也最高。但是，我们如何判断 Earn_1 的离职倾向确实是比 Earn_2 或 Earn_3 高呢？由于期望值在某两类之间的差异等于它们的回归系数之差（$\beta_j-\beta_k$），其中，β_j 代表第 j 类的虚拟变量的回归系数，β_k 代表第 k 类虚拟变量的回归系数。为了检验高校教师离职倾向在 Earn_1 和 Earn_2 两组之间的差异，需要用一个 t 检验来估计回归系数之间的差异（海蒂，2016）：

$$t=(\beta_j-\beta_k)/[\mathrm{var}(\beta_j)+\mathrm{var}(\beta_k)-2\mathrm{cov}(\beta_j\beta_k)]^{1/2}$$

因为回归系数的方差等于标准误的平方，所以上述计算式容易得出 t 值，许多统计应用软件（如 SPSS）都有计算方差、协方差矩阵的选项并输出结果。

四、自变量中包含两个定性变量的回归

这里有一个问题需要我们去理解：从年均收入 10 万元以下到 30 万元以上，其群组的均值是变化的，各个群组内的男女比例也是不一样的，那么，我们想知道，当控制了年均收入的离职倾向差异时，性别差异是否还会在高校教师离职倾向中存在？回答这个问题的方法是检验虚拟变量 SEX_M（男性）的偏回归系数，见表 14-1 最右列的模型 3。从常数值 1. 765 可以得出当所有的自变量为 0 时的离职倾向期望值，换言之，该常数值就是年均收入 30 万元以上的高校女性教师的离职倾向期望值。与之前的结果不同的是，从模型 3 得出的离职倾向期望值和直接对各群组计算均值的结果非常不匹配，这是由于在模型 1 和模型 2 中，我们将所有检验限制在一维中，即性别或年均收入。当将观测拓展到模型 3 时，其实是基于一个简单假设，即“男性对各组年均收入的影响是一样的”和“年均收入各组间的离职倾向差异对男性和女性也是一样的”，这种等价性影响是模型阐述的结果，需要注

意的是，模型 3 中这种“各群组的等价性”仅是嵌入在模型设定中的一个假设，其经验性仍有待检验（海蒂，2016）。

在模型 3 中，SEX_M 的回归系数 0.506 表示，在我们考虑了与年均收入有关的离职倾向方差和男性在各年均收入组别中不是均匀分布的事实后，男性的离职倾向均值比女性高 0.506。这个值比模型 1 中的估计略大一些，且该估计的离职倾向差异在 $p=0.006$ 水平下显著。为了检验控制了年均收入之后的性别局部效应或者控制了性别之后的年均收入局部效应是否仍在统计上显著，还要进行 F 检验。另外，在控制了其他变量后，可以用增量 F 检验来评价一个或一组分类变量的解释功效，例如，在本例中可以通过比较模型 1 和模型 3 的 R^2 值。F 检验的公式可以表示为（海蒂，2016）：

$$F=\frac{(R_3^2-R_1^2)/(k_3-k_1)}{(1-R_3^2)/(N-k_3-1)}$$

其中，${R_3}^2$ 是模型 3 的 R^2 值，${R_1}^2$ 是模型 1 的 R^2 值，N 为样本量（观测数），k_1 和 k_3 分别为模型 1 和模型 3 中的自变量数目。

五、自变量中包含定性变量和连续变量的回归

模型 4 中加入连续变量，连同虚拟变量一起纳入回归模型中。引入的连续变量是职业成长机会（OPP），因此高校教师离职倾向的期望是性别、年均收入和职业成长机会的函数。

模型 4：$Y_i=f$（性别，年均收入，职业成长机会）$=\beta_0+\beta_1\text{SEX\_M}+\beta_2\text{Earn\_1}+\beta_3\text{Earn\_2}+\beta_4\text{Earn\_3}+\beta_5\text{Earn\_4}+\beta_6\text{Earn\_5}+\beta_7\text{OPP}+u_i$

为检验模型 4 的影响效应，采用 SPSS 中的层次回归法，分两步：第一步是将性别和年均收入的虚拟变量一起纳入模型，采用 Enter 法进入方程；第二步是使连续变量 OPP 进入方程，检验其效应。需要说明的是，这里假设两个自变量之间不存在差异效应（例如，交互作用）。模型 4 共线性诊断结果显示：容差介于 0.270～0.975，方差膨胀因子（VIF）介于 1.026～3.707，德宾-沃森（D-W）值为 1.950，因此，自变量之间不存在多重共线性。

从模型 4 的回归结果可以看出，常数值比之前的三个模型估计都要大。这里的常数估计的是职业成长机会均值为 1（最小评分）且年均收入 30 万元以上的高校女性教师的离职倾向期望值，具有这些交叉特征的样本几乎是不可能存在的，事实上，本例中不存在这样特征的样本。虚拟变量 SEX_

M 的回归系数在这里表示当把年均收入和职业成长机会这两个对离职倾向方差有影响的变量剔除后，高校男、女教师之间的离职倾向差异（0.420）。虚拟变量年均收入的回归系数估计了在控制了其他自变量后，各组年均收入相对于参照组的离职倾向的净差异，比如，年均收入 10 万元以下的高校教师离职倾向比年均收入 30 万元以上的高校教师离职倾向平均要高 1.156 倍。同理，当保持性别、年均收入不变时，职业成长机会每增加 1 分（七点计分），其离职倾向降低 0.492 分。

表 14-2　模型 1、模型 2、模型 4 的回归结果

	模型 1	模型 2	模型 4
常数	2.753	2.210	4.299***
SEX_M	0.458*		0.420*
Earn_1		1.446***	1.156***
Earn_2		0.784*	0.455
Earn_3		1.148***	0.843**
Earn_4		0.832*	0.763*
Earn_5		0.512	0.603
OPP			-0.492***
R^2	0.018	0.067	0.274
调整后 R^2	0.015	0.052	0.257
ΔR^2（$R_4^2-R_1^2$）			0.184
F	5.930	4.503	16.696
ΔF			78.741

注：$^*p<0.05$，$^{**}p<0.01$，$^{***}p<0.001$；模型 1、模型 2、模型 3、模型 4 中的 β 值均为非标准化系数。

第六节　Logistic 回归分析

一、从多元线性回归到 Logistic 回归

作为一类标准的统计分析方法，多元回归分析在社会科学研究中的应用非常广泛，对解释社会现象提供了较好的方法论基础。多元回归具有良

好的统计性质，甚至在某些必要性假设条件不能完全满足时，仍然可以得到较为合理的结果。但是，多元回归分析的假设条件在整个方法论体系中处于至关重要的位置，一旦违反假设条件，其估计结果可能是不合理的，其中一个常见的基本要求是，因变量必须是具有间距测度等级的连续变量。而在实际研究中，有的时候我们需要了解某些定性变量的影响因素，比如：是否加入图书馆某项服务的微信群、是否采纳数字平台，等等。

在因变量属于定性变量的情况下，再使用多元回归分析的话，就会不可避免地违反某些重要假设条件，从而导致估计结果和推断存在严重误差甚至错误。严重违反的假设条件至少包括两个方面：其一，多元线性回归属于普通最小二乘法（OLS）一族的统计分析，通常要求变量是连续变量，自变量之间不能完全相关，此外，关于误差项 e 也有一系列的假设条件，即高斯-马尔可夫假设条件，再加上误差 e_i 是正态分布的假设条件。当以虚拟编码的二分定性变量（即变量只能取值为 0 和 1）为因变量的常规回归时，OLS 回归就出现问题了，至少对抽样方差的估计是错误的，那么建立在此基础上的置信区间都是无理的（郭志刚，1999）。

二、Logistic 回归的基础模型

回归分析是描述一个因变量与一个或多个预测变量之间关系的统计方法，一般的回归分析模型中，因变量与自变量通常都是连续变量。而当研究所要探讨的因变量是离散型，特别是二分类别变量（例如“是与否”“愿意不愿意”“接纳不接纳”）时，就需要采用 Logistic 回归分析方法进行建模和数据检验，输出最精简和最适配的分析结果。

在 Logistic 回归中，自变量可以是类别变量，也可以是连续变量。与其他多变量回归的基本假设不同的是，Logistic 回归不需要样本数据具有正态性。因为在 Logistic 分布中，自变量对因变量的影响方式是通过指数变化的方式来呈现的，但是，自变量数据符合正态分布的话，预测结果应该更为可靠。Logistic 回归的基础模型如下：

$$p=\frac{e^{f(x)}}{1+e^{f(x)}}$$

$$\ln\frac{p}{1-p}=f(x)=\beta_0+\beta_1X_1+\beta_2X_2+\cdots+\beta_kX_k$$

上述公式描述了自变量和一个由虚拟因变量定义的概率分布之间的关

系。上式中，p 表示某个事件（或活动）发生的概率，X_i =（i=1，2，…，k）为影响因素。比数表示的是相对于某个事件不发生的可能性而言发生的可能性，Logistic 可以简称为比数对数。

Logistic 回归系数对于自变量在具有某种特性或者经历一个事件的比数对数的因变量上所带来的影响，提供了一个简单的线性和可加的概括，但是对于因变量的变化缺乏一种直观的解释力度。Logistic 回归中造成的影响有许多解释，这些影响存在于概率、比数、比数对数中，而且对每一种影响的解释都有其优点。潘佩尔（2015）总结了 Logistic 回归系数的三种解释方法：第一种解释直接使用了从 Logistic 回归得出的系数。Logistic 回归系数简单表示自变量每变化一个单位，预测的发生某个事件或者具有某种特征的对数比数的改变。除了因变量的单位代表的是比数对数，系数的解释和普通回归中系数的解释是完全一样的。第二种解释将 Logistic 回归系数进行转化，使得自变量影响的是比数而非比数对数。为了找到对比数的影响，把 Logistic 回归系数取指数或者反对数就可以了。第三种解释 Logistic 回归系数的方法涉及将对比数对数或者比数的影响转为对概率的影响。

Logistic 回归中的显著性检验与其在普通回归中的检验没什么不同。和在普通回归中一样，在 Logistic 回归中，系数相对于标准误的大小是检验显著性的基础。SPSS 里面的 Logistic 回归程序通过计算 Wald 统计量对单个系数进行（双尾）检验，它等于系数除以系数标准误所得的比的平方，而且是一个卡方分布。因为一个二分变量上一个标准差的改变与一个连续变量上一个标准差的改变所代表的含义是不同的，所以有些学者在处理虚拟变量时会避免使用标准化的系数。对于一个包含虚拟变量的 Logistic 回归来说更重要的是，模型所预测的比数对数是代表不受限的因变量和随意定义的方差的一种变形。对于 Logit 模型来说，不存在一个简单明了的标准差，在 Logistic 回归中，也没有简单的标准化存在。计算标准系数也许对结果的解释有所帮助，可是不同的计算方法会得出不同的结果。

三、Logistic 回归的扩展模型

前面讨论的 Logistic 回归模型都是关于二分类别变量的。而在实际的问卷调查研究中，研究者也可以将此模型拓展至多分类因变量（即水平≥3 个的反应变量），而且多分类因变量既可以是有序的，也可以是名义的。当因变量的分类不存在次序关系时，可采用多项 Logit 模型；当因变量的分类之

间存在次序关系时，应采用有序 Logistic 回归模型。

1. 多项 Logistic 模型

通常，当要预测被调查者可能出现在哪个组时，判别分析（discriminant analysis）是一个可行的方法。判别分析时根据已知类别的事物性质来建立预测变量线性组合的判别函数，然后据此对未知类别的新事物进行判别，将其归入已知类别中的一种统计分析方法（朱红兵，2019）。应注意的是，在判别分析中，当预测变量为名义自变量时，必须将其重新编码为哑变量或对比变量。相比之下，多项 Logistic 模型应用于非次序多分类因变量时，其结果更好解释，不需要对自变量做出正态性假设。

在多项 Logistic 模型中，Logistic 是由因变量中的不重复的类别对的对比所形成的，然后对每一个 Logistic 分别建模。对于有 $j=1, 2, \cdots, J$ 类的非次序多分类因变量，多项 Logistic 模型可以通过以下公式来描述：

$$\ln\frac{P(y=j\mid x)}{P(y=J\mid x)}=\alpha_j+\sum_{k=1}^{K}\beta_{jk}X_k$$

在上式中，模型共有 $J-1$ 个 Logistic（即对数发生比），其中最后一个类别（即第 J 个类别）被作为参照类别。各个方程都有不同的参数，会估计出每一自变量对于不同 Logistic 的作用。

多项 Logistic 模型的假设是对因变量中的任意两个类别做出选择时，该类别的选择与其他类别无关。这既是该模型的基本特征，也是其固有缺陷。这里不讨论其优劣，仅对其应用做出阐述。在现实情境下，人们很多时候并不能确定因变量的类别之间是否存在次序关系，如果是这样的话，就应该使用多项 Logistic 模型（王济川和郭志刚，2001）。例如，网购产品的偏好、通勤工具的选择等。

2. 有序 Logistic 模型

在问卷调查研究中，研究者设计有序因变量的情形也比较常见。例如，采用 Likert 类型的测量尺度可以将用户满意度划分为非常满意、满意、一般、不满意、非常不满意等五个类别，或对受访者的支持态度、评价结果进行划分。这些测量结果通常都是按 1、2、3、4、5 等整数序列进行赋值的，而且这些类别之间存在比较明确的递增或递减顺序，但相邻类别之间的距离未知，赋值为 2 的程度不等于赋值为 1 的程度的两倍。从这个角度来看，有序因变量的实际取值（多分类）之间是不存在线性关系的，即独立不相关。

学界常将 Likert 类型的测量直接作为连续变量对待，这其实暗含了一个假设条件，即各相邻类别之间的差距相等。有些学者表示，当有序因变量的类别划分得更为细粒度时（如 Likert 7 点计分方式），将其作为连续变量一般不会产生太大的统计估计问题；另外一些学者则认为，在回归中将有序因变量视作连续变量将产生误导性结果（王济川和郭志刚，2001）。由于这种出错风险的存在，研究者在分析有序因变量时应该保持谨慎，选用更合适的方法。对多分类的有序因变量而言，一个适当的方法是采用累积 Logistic 回归模型，也称有序 Logistic 回归模型。累积 Logistic 回归的定义可以用以下公式来表述：

$$y = \alpha + \sum_{k=1}^{K} \beta_k X_k + \varepsilon$$

上式中，y 表示不能被直接测量的观察趋势，ε 为残差项。当实际观察因变量有 J 种类别时，而且各取值之间的关系为 $(y=1)<(y=2)<\cdots<(y=J)$，那么共有 $J-1$ 个未知阈值（threshold）或分界点将各相邻类别分开（王济川和郭志刚，2001）。

定序 Logit 模型与二分结果 Logistic 模型紧密相关，前者可以看作是后者的拓展，相应地，这些模型密切遵循 Logistic 和普通最小二乘回归分析的方法和模型建构策略。奥康奈尔（2018）指出定序因变量的分析方法要求研究者从研究问题出发而不是为了拟合某个模型。模型方法的选择应当一直由理论指引，或者是解释变量如何可能影响定序结果，或者是定序分数如何推导出来的。选择还应当由特定的研究目的以及特定统计模型应用而得到的结果的预期含义加以引导。常用的三种定序回归方法包括比例（ratio）或者累积比数（cumulative odds）、连续比数（continuation odds）以及相邻类别模型（adjacent categories model）。此外，这些模型还有一些扩展方式，允许对一些解释变量的比例性或者平行性假设做出较为宽松的约束。

四、Probit 分析

Probit 模型也是常用的离散选择模型之一，是另一种将非线性关系转换成线性关系的方式。Probit 分析将某个事件发生的概率转化为一个由累积的标准正态分布得出的分数而不是 Logistic 分布里面的比数对数的形式。除此之外，Probit 分析与 Logistic 回归所给出的结果其实是完全一样的。如同 Logistic 回归，Probit 分析依赖于将二分变量上的回归转化为连续因变量上的回归（潘佩尔，2015）。给定经历某个事件或者具有某种特点的概率，预测的 Probit 分析变成了由一个或多个自变量所决定的线性方程的因变量，线性方程如下：

$$Z_i = b_0 + b_1 X_i$$

上式中，Z 代表利用累积标准正态分布将概率转为 z 分数的非线性转化。对应着在 Logistic 回归中的比数对数的公式，$L_i = \ln[P_i/(1-P_i)]$，Probit 分析的公式等同于累积标准正态分布的倒数。尽管它不能用一个简单的公式来表达，但累积标准正态分布的倒数将概率转化成了代表 Probit 分析中因变量的线性的 Z 分数。

值得注意的是，当因变量为名义变量（即无序类别变量）时，Logit 和 Probit 这两类回归分析方法的使用效果并没有本质的区别，一般情况下可以换用。相比之下，Logit 回归分析的应用更广，因为其操作更为简便和直接，计算和理解也更容易。

五、二元 Logistic 回归分析的 SPSS 操作示例

根据因变量类别的多少，Logistic 回归可被分为二元 Logistic 回归和多元 Logistic 回归两种。Logistic 回归模型的条件是：观察是独立的，而且自变量必须与因变量的对数呈线性关系，大样本，自变量之间无多重共线性问题。如果因变量是二分类变量，那么自变量可以是尺度变量或分类变量；如果自变量是多分类变量，则要预先转换成 0-1 型的哑变量或用二元 Logistic 回归分析过程中的指示符进行编码（朱红兵，2019）。

以何筠和张嘉佳（2021）的问卷调查研究为例，为了分析代际差异，分别建立两代（新生代农民工、老一代农民工）农民工就业稳定性影响因素的二元 Logistic 回归模型。其中，因变量为就业稳定性，属于二分类变量（0=稳定，1=不稳定）；自变量中的性别、文化程度、职业培训状况、婚姻状况、是否独生子女、人际关系亲密度、职业期望为二分类变量，家庭人口数、就业动机为三分类变量，未来打算则有四个类别。

二元 Logistic 回归分析在 SPSS 中的操作步骤如下：按【分析】→【回归】→【二元 Logistic】路径打开“Logistic 回归”对话框，将“就业稳定性”放入右侧的【因变量】框内，选择影响因素放入右侧【协变量】框内。单击【分类】按钮，在弹出的“Logistic 回归：定义分类变量”对话框中，将影响因素中的多分类变量从左侧【协变量】移入右侧【分类协变量】框

内，其他选项保持默认设置。选择【方法】下拉列表中的【向后：瓦尔德】选项，将所有自变量一次性全部纳入模型，根据 Wald 统计量，计算模型中各自变量的概率，将没有显著性且概率最大的自变量从模型中移出，直到模型中所有的自变量均显著为止，即选择逐步移出算法（朱红兵，2019）。单击【选项】按钮，打开【Logistic 回归：选项】选项卡，在【统计量和图】框中选择【exp（B）的 CI】选项点击【继续】按钮输出结果。本例中的二元 Logistic 回归分析结果（部分）如表 14-3 所示。

表 14-3　两代农民工就业稳定性影响因素二元 Logistic 回归分析结果（节选）

影响因素	新生代农民工		老一代农民工	
	B	Exp（B）	B	Exp（B）
性别（男）	0.092	1.096	−0.347	0.706
文化程度（高中及以上）	1.130***	3.095	1.587***	4.889
是否参加职业培训（是）	−0.605**	0.546	−3.374***	0.034
婚姻状况（已婚）	1.577***	4.841	−21.241	0.000
是否独生子女（是）	0.855***	2.352	−0.813	0.444
家庭人口数（5 人及以上）				
3 人及以下	0.848**	2.335	2.438***	11.452
4 人	−0.751*	0.472	3.362***	28.836
……	……	……	……	……
将来打算（未定）				
返乡	2.571***	13.083	−5.552***	0.004
留城	1.576***	4.835	−4.180***	0.015
创业	0.757	2.131	−26.262	0.000
常量	−1.402**	0.246	2.560**	12.940

注：因变量参照类为“就业不稳定”，影响因素括号中的分类为自变量参照类；***、**、* 分别代表在 1%、5%、10%水平上显著。

第七节　如何筛选并确定控制变量

在问卷类实证研究中，采用统计方法控制额外变量是十分普遍的现象。

这里的额外变量（nuisance variable）也被称为混淆变量（confounding variable），指的是那些与核心变量（自变量和因变量）均相关且对因果关系产生干扰的因素。有效控制这些干扰因素是提高估计准确度和研究效度的重要措施。但是，问卷调查法很难像实验研究那样对变量进行操纵和控制，研究者通常会采用层次回归分析等统计方法移除额外的变异。在采用统计控制的方法论实践中，使用率最高的是控制变量法，指的是研究者基于常识经验、理论推演等基础，对影响自变量和因变量之间关系的其他因素加以控制并使其按照特定要求发生变化或者保持恒定，以帮助研究者探寻真实因果关系的一种方法（冯帅帅和罗教讲，2021）。

近年来，控制变量的合理使用问题得到了西方学者的重点关注，国内少部分学者也开始重视其规范化操作。总结以往研究发现，控制变量的选择过程中主要存在缺乏理论基础、使用替代变量、过度控制与控制不足、同质化（常用的控制变量非常相似）等问题；概括而言，控制变量的分析过程中主要存在忽略了控制变量的作用、控制变量模糊了核心变量的关系、与核心变量的相关过高或过低、基于剩余变异的分析不当、研究假设中未加入控制变量、没有比较不同的假设检验结果等（曹江雨等，2020）。从被选择的频次来看，在广义的管理学研究中，研究者常常“自觉地”将性别、学历（受教育程度）和年龄这三个变量中的至少一个或全部作为控制变量来使用，而这三个高频率出现的控制变量也往往是个体特征分析中最常用的人口学变量。

冯帅帅和罗教讲（2021）认为，规范使用控制变量方法的首要步骤是对第三方变量作用机制的分析、总结和归类，根据其作用效果的类型或形式，对合适的混沌因子进行控制。关于控制变量使用的规范化选取策略，研究者可以参考曹江雨等（2020）提供的“控制变量应用决策树”，分别适用于研究设计阶段、数据收集与分析阶段以及结果报告阶段。无论如何，研究者都应当以谨慎的态度对待控制变量，不能把控制变量当作“为了使数据结果更漂亮”的工具或为了形式上的“控制”而控制。最重要的是，研究者深入辨析和反思控制变量的采纳是否具备坚实的理论基础，至少要经过理论推演或基于前人研究结果给出合理的选择依据。总之，控制变量也是研究变量，研究者只要将其纳入模型，就应该给出合理解释。

调节作用成立的条件是自变量与调节变量的乘积对因变量有显著影响，而自变量和调节变量各自是否对因变量有影响作用从概念上并不直接关系到对调节作用的检验，但在检验过程中需要控制它们对因变量的影响。在谢礼珊等（2015）探究旅游服务员工创新行为影响因素的研究中，创新行为是因变量，自我效能感和组织学习氛围是自变量，市场导向是调节变量。在检验调节效应时，谢礼珊等（2015）使用 PASW Statistics 18.0 进行层级回归分析。首先以员工创新行为为因变量，通过单因素方差分析（ANOVA）发现，收入、工作年限、职位等人口统计特征对研究变量产生影响，因此将其作为控制变量纳入第一层回归方程中，得到模型 1；然后，将自我效能感和市场导向作为自变量纳入第二层回归方程，得到模型 2；最后，将标准化处理的自我效能感与市场导向相乘纳入第 3 层回归方程，得到模型 3。同理，构建模型 4、模型 5 和模型 6 来验证市场导向对组织学习氛围与员工创新行为间的调节作用。需要提醒的是，上述例子中并没有明确说明“研究变量”的具体类型。

第八节　多重共线性问题及其诊断方法

在多元线性回归模型中，解释变量之间不存在线性关系是重要假设之一，如果违背了该假设，运用普通最小二乘法（OLS）估计线性回归模型中的参数将失真、不准确甚至失去意义。通俗地说，多重共线性就是在进行线性回归分析时出现的解释变量（自变量）之间彼此相关的现象；从产生机制来看，多重共线性问题是指某个解释变量的变化对其他解释变量变化的干扰程度，理想的情况是这些解释变量在纳入回归分析时是互不影响的。出现多重共线性问题的原因是多种多样的，既包括数据收集阶段的不规范操作或考虑不周造成的缺陷，如样本量不足；也包括数据处理不当，如将虚拟变量的参照组放入回归模型。多重共线性诊断的常用方法主要有三种：相关系数法、方差膨胀因子（VIF）、容忍值。

解释变量（自变量）的相关系数诊断法，即解读变量之间的两两相关矩阵，如果解释变量之间的相关系数值很大，则认可存在多重共线性。但是相关系数值的大小与共线性强弱并不存在严格的一致性，有时候，相关系数值较小，也有可能出现多重共线性问题。

有学者通过观察变量之间的皮尔逊（Pearson）相关系数来判断共线性问题，例如，李维等（2018）通过皮尔逊相关分析发现，三个潜变量（*X* 归属感、*M* 情绪耗竭、*Y* 离职意向）之间的相关系数绝对值均小于 0.700

（$r_{xm}=-0.318$，$r_{xy}=-0.393$，$r_{my}=0.621$，$p<0.001$），指出“这不仅为进一步验证假设提供了初步的数据支持，而且也说明三个潜变量之间不存在明显的共线性问题”。

又如，在职业成长机会对高校教师离职倾向的影响研究中，三个潜变量之间的相关性如下：职业成长机会与离职倾向呈负相关关系（$r=-0.464$，$p<0.01$），职业成长机会与职业认同呈正相关关系（$r=0.438$，$p<0.01$），职业认同与离职倾向呈负相关关系（$r=-0.340$，$p<0.01$），并且相关系数的绝对值均低于 0.500，可见，三个潜变量之间不存在明显的共线性问题（王晴，2021）。

常见的统计软件能够提供方差膨胀因子（VIF）或容忍值（也称容差）来评估回归分析中可能存在的共线性问题。从数理关系上讲，方差膨胀因子的数值是容忍值（tolerance）的倒数，两者关系的公式化表达如下：

$$\mathrm{VIF}=\frac{1}{\mathrm{Tolerance}}=\frac{1}{1-R_i^2}$$

式中，R_i^2 为某个解释变量被其他解释变量当作因变量来预测时，该解释变量可以被解释的比例。每个自变量都有其 VIF 和容忍度。R_i^2 比例越大，容忍值越小，自变量相关性越强，共线性问题越严重。一般而言，当 VIF>5 时（容忍值小于 0.2），自变量之间就有很强的相关性，当 VIF>10（容忍值小于 0.1）时，说明共线性问题已经严重威胁参数估计的稳定性（邱皓政，2013）。

当回归分析出现严重的共线性问题时，如何补救？最简单的办法是直接删除相应的自变量。但应注意的是，研究者对删除变量需要保持审慎的态度。如果非要删除某个自变量，应当寻求理论支撑或借鉴前人成功做法。另外，增加样本容量也是可选之策。还可以对解释变量原值取对数后纳入回归模型，这样的话，参数估计的方差会变小，从而减弱多重共线性问题。在方法选择上，由于逐步回归（stepwise regression）法的应用前提假设是自变量之间不存在共线性，而当共线性问题较为严重时，可采用岭回归（ridge regression）法进行检验，因为通常认为岭回归估计的参数比用普通最小二乘法（OLS）估计要好一些。在 SPSS（18.0 以上版本）软件中，岭回归的操作路径为：【分析】→【回归】→【最优尺度（CATREG）】，在“分类回归”界面中选择“规则化”进入相应操作。

第十五章 调节作用分析

第一节 什么是调节作用分析

不同统计模型对交互作用的精确概念化有所不同，杰卡德和图里西（2012）认为，调节关系常被称为“交互作用”，如何更好地检验调节模型，现有文献充斥着大量相互矛盾的说法或争议，一个流行的概念化交互作用的方法是将其作为调节关系来对待。这一视角的变量间关系可以表述如下：假设 Y 为因变量，X 为自变量，Z 为调节变量，且 Y 受到 X 的影响；而当 X 对 Y 的影响取决于第三个变量 Z（该变量又称为调节变量）的取值时，就存在交互作用（见图 15-1）。例如，年均收入对离职倾向的影响可能因性别的不同而不同，年均收入对男性离职倾向的影响要比女性大。在此因果关系中，离职倾向是因变量，年均收入是自变量，而性别就是调节变量。

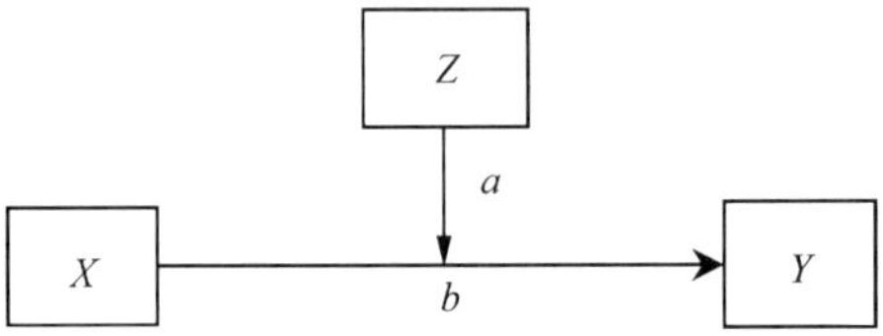

图 15-1 三变量调节模型

利用调节变量的方法进行交互作用分析，要求研究者必须确定一个调节变量以及所谓的关键自变量，在大多数情况下，研究模型中作为“调节者”的解释变量是比较容易确定的，例如，研究者想要检验职业成长机会对高校男性教师的离职倾向影响程度是否比女性更显著，显然，性别是调节变量，而职业成长机会是关键自变量。这里需要说明的是，调节变量的选择往往由研究者的解读视角决定，并不存在谁比谁好的问题，而且在统计上，两种方式的交互作用分析会得到同样的统计结果。

调节变量分析涉及两个重要概念：简单效应（或称“简单主效应”）和单自由度交互比较，展示这些概念的最佳方式是使用定性解释变量的析因设计（或称因子设计）（杰卡德和图里西，2012）。简单效应分析中的一个常见问题是，关键自变量（如性别）是否在调节变量（如收入等级）的每一个类别上都存在不同的影响？回答这个问题就需要单独比较低收入男性和女性的均值以及中等收入的均值，最后比较高收入男性和女性的差异，为此，我们需要在调节变量的三个类别中进行三次显著性检验。这些比较通常被称为“简单效应”或“简单主效应”，关注的是关键自变量在给定的调节变量类别中对因变量的作用。

第二节　调节效应与交互效应的区别

调节效应分析的目的是检验在自变量 X 对因变量 Y 的影响过程中，当调节变量 M 取不同值时，X 对 Y 的影响程度是否会有显著差异（周俊，2020）。如果有显著差异，那就说明调节效应存在，反之则不存在。因此，检验调节效应的主要作用是为现有理论划出限制条件及适用范围，既有助于揭示 X 影响 Y 的内在机制，又是研究者寻求理论突破的一条重要途径。在实际操作中，存在一种与调节效应类似但又有所区别的作用机制，即交互效应。

交互效应（interaction effect）是指在两个变量（X_1 和 X_2）对 Y 的影响时，其总效应不等于两者分别影响 Y 时的效应简单相加。在交互效应中，两个自变量在影响关系中的地位可以对等，此时 X_1、X_2 均可作为调节变量；而当两者的地位不对等时，只要其中一个起到了调节作用，交互效应就存在。与交互效应不同的是，调节效应中的变量角色是事先设定好的，往往由前人的相关研究进行理论推演或由理论基础决定，只要假设模型确定下来，已经确定的自变量和调节变量的角色不能互换（于晓宇等，2019）。

调节效应与交互效应的比较示例如图 15-2（a，b）所示。在图 15-2（a）中，性别对职业成长机会与离职倾向的关系起到调节作用，在此模型中，性别是调节变量，回归方程可表示为 $Y=\beta_0+\beta_1X+\beta_2M+\beta_3MX+e$；在图 15-2（b）中，性别与职业成长机会同时作为自变量，两者的地位是对等的，共同作用于离职倾向，从而产生交互效应，回归方程可表示为：$Y=\beta_0+\beta_1X_1+\beta_2X_2+\beta_3X_1X_2+e$。

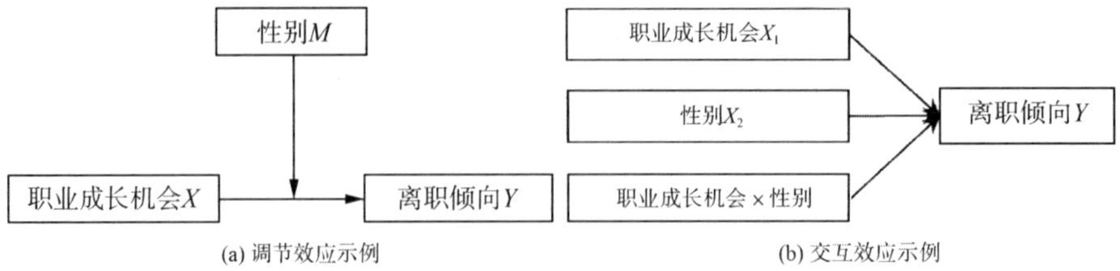

图 15-2　调节效应和交互效应的比较

于晓宇等（2019）指出，调节效应主要分为增强型和干扰型两种作用类型，其中，增强型（reinforcement）调节效应是指 X 和 Y 的正相关关系随着 M 的增大而增强。干扰型（interference）调节是指 X 和 Y 的正相关关系随着 M 的增大而减弱，当 M 达到一定数值时，X 和 Y 的关系甚至由正转负。

第三节　不同类型调节效应的检验方法

在实际的问卷调查研究中，调节变量可以是类别变量（如性别、学历），也可以是连续变量（如收入水平）。研究者需要根据自变量和调节变量的测量水平（level of measurement）选择不同的方法。不论调节变量是类别变量还是连续变量，都可以使用多元回归的方法检验调节效应。特别是当这两个变量都是用连续数据测量时，应尽量使用回归的方法而不要使用分组回归分析，回归分析方法明显比人为地通过分点把调节变量分成几段后用方差分析更好，因为它保留了变量连续的性质，避免了信息的损失和结果的偏差（刘军，2008）。在因变量为定量数据的情况下，结合测量水平，调节效应的检验可以分为四种类型：类型Ⅰ，自变量和调节变量都是类别变量；类型Ⅱ，自变量是连续变量，调节变量是类别变量；类型Ⅲ，自变量是类别变量，调节变量是连续变量；类型Ⅳ，自变量和调节变量均为连续变量。

类型Ⅰ：自变量是类别变量且调节变量是类别变量

第Ⅰ种类型的调节效应分析最简单，此时的自变量和调节变量均为二分类别变量，可使用多因素方差分析进行检验：若交互项显著，则调节效应存在，反之则不存在调节效应。这种情况下的调节效应分析还可以结合交互图进行阐释。例如，专业匹配情况（是否具有图情类专业背景）会影响图书馆员的离职倾向，我们根据文献回顾或理论推演可以提出这样一个假设，即专业匹配与离职倾向之间的关系还受到性别的影响，这种关系在男性图书馆员群体中表现更强，而在女性图书馆员群体中则不显著。这时的自变量就是图书馆员的专业匹配情况（是或否），因变量是图书馆员的离职倾向（连续数据），调节变量是性别（男或女）。此时的交互效应检验就可以通过构建 2×2 的多因素方差分析进行检验。

类型Ⅱ：自变量是连续变量且调节变量是类别变量

第Ⅱ种类型的自变量是连续变量，调节变量一般是二分类别变量，可采用分层回归或分组回归的方法检验调节效应。采用分层回归分析检验调节效应涉及两个模型，模型 1 包括部分自变量，模型 2 则是在模型 1 的基础上加入新的自变量，SPSS 软件会输出两个模型的相关统计量值的变化情况（如 F、R^2）。应当注意的是，当调节变量的类别大于 2 个时，纳入分层回归模型的调节变量需要事先进行虚拟化处理，同时对自变量进行标准化处理，并设定合理的参照组。分组回归分析就是将样本数据拆分成两组（调节变量的两个不同水平），分别进行回归分析，然后观察每个自变量对应的回归系数之间是否呈现出显著性差异（F 检验）。

例如，为探究工作价值观对离职倾向的影响关系是否存在代际差异，孟秀兰等（2020）将样本的出生年代划分为“70 后”“80 后”“90 后”三组，分别进行回归分析。分组回归结果如表 15-1 所示，Model_4、Model_7、Model_10 中工作价值观对离职倾向的负向影响均达显著水平，但是这种影响在不同年代间存在差异，从回归系数来看，工作价值观对不同年代员工离职倾向的预测作用力表现为“70 后”>“80 后”>“90 后”。

表 15-1　出生年代分组回归结果（孟秀兰等，2020）

变量	因变量：TI		
	70 后	80 后	90 后
	Model_4	Model_7	Model_10
sex	0. 142**	0. 151	0. 203
age	−0. 137	−0. 114	−0. 144*
sta	−0. 028	−0. 063	−0. 152
edu	0. 108*	0. 137	0. 159
year	−0. 079**	−0. 129*	−0. 214**

续表

变量	因变量：TI		
	70 后	80 后	90 后
	Model_4	Model_7	Model_10
time	0.037**	0.201**	0.271*
WV	−0.382*	−0.322**	−0.287**
R^2	0.519	0.573	0.534
调整后 R^2	0.503	0.531	0.512
F 统计量	15.782	16.982	15.486
VIF	≤2.338	≤2.482	≤4.438

注：** $p<0.01$，* $p<0.05$（双尾），WV 为工作价值观综合因子，TI 为离职倾向。

类型Ⅲ：自变量是类别变量且调节变量是连续变量

在这一类型中，自变量是二分类别变量，调节变量是连续变量。在此种情况下，由于调节变量是一个连续变量，因此无法验证在调节变量的每一个水平上，自变量对因变量的影响分别是怎么样的以及如何变化。一般情况下，我们都假设自变量 X 对因变量 Y 的影响是受到调节变量 Z 的线性影响，即为线性函数关系。检验线性调节效应时，可以把调节变量与二分类别的自变量的乘积纳入回归方程中，当控制了 X 和 Z 的作用时，如果交互项 X 和 Z 的作用显著，说明调节效应存在。研究者也可以通过 R^2 变化值的显著性水平判断是否存在调节效应。应当注意的是，在纳入回归模型前应对分类数据的自变量 X 进行虚拟化处理，同时对连续数据的调节变量 Z 进行标准化处理。

类型Ⅳ：自变量是连续变量且调节变量是连续变量

在实际的问卷调查研究中，第Ⅳ种类型更为常见。如果研究者认为自变量 X 对因变量 Y 的影响关系受到调节变量 Z 的作用时是按线性变化或按二次函数变化的，可以采用第Ⅲ种类型中引入乘积变量（即标准化处理后的 X 与 Z 相乘得到的交互项）的方法验证调节效应；如果研究假设认为 Z 对 X-Y 关系的改变作用是按阶梯函数变化的，那么可以将调节变量分成两半，分割点就在变化开始发生的点，然后就可以参照第Ⅱ种类型的检验方法。此外，第Ⅳ类调节效应分析的过程可以通过对自变量和调节变量进行编码后分组的方式实现，此时的定量数据就转换成了分类数据，然后实施第Ⅰ类调节效应分析流程。

第四节　调节效应图的绘制方法

为了更直观地判断调节效应的具体形态，研究者往往会通过绘制调节效应图的方式形象地呈现影响模式。虽然 SPSS 软件在运行回归模型后，并不会输出调节效应图，但是我们可以借助 Excel 软件人工绘制简易的调节效应图。这里的“简易”主要指的是无需追求绝对数值的精确无误，只要能表达出自变量 X 与因变量 Y 之间的关系随着调节变量 Z 变化而变化的趋势即可。最常用的简易绘制方法是四点定位法。当调节变量属于连续变量时，首先需要界定调节变量的高、低水平。在实际的操作中，高低取值的分组操作可以根据 Preacher 等（2006）的建议，分别以高（低）于均值一个标准差为基准，将调节变量分为高（低）两个级别。有的时候，研究者也会考虑将某个调节变量分为高、中、低三个级别，进而逐步考察影响关系在这三个条件下的差异。需要注意的是，高低分组的标准差加减操作必须根据量表的测量方向而定：当变量是正向测量时，高（低）两组分别是加（减）一个标准差；当变量是负向测量时，高（低）两组分别是减（加）一个标准差。

为减少计算量，建议对自变量 X、因变量 Y 和调节变量 Z 均作标准化处理，标准化后的变量的均值（平均数）为 0，标准差为 1。此时，绘制“高低分组”情况下 X 和 Y 之间的关系直线，只需要两点就可以确定，即分别取 X 的“高”点（$M+1SD$）和“低”点（$M-1SD$）带入含有交互项的回归方程式 $Y=b_0+b_1X+b_2Z+b_3XZ$，这样的话，用于确定两条直线的四点分别为：

点 1：$Z=-1$，$X=-1$ 情况下的 $Y=-\beta_1-\beta_2+\beta_3$；

点 2：$Z=-1$，$X=1$ 情况下的 $Y=-\beta_1+\beta_2-\beta_3$；

点 3：$Z=1$，$X=-1$ 情况下的 $Y=\beta_1-\beta_2-\beta_3$；

点 4：$Z=1$，$X=1$ 情况下的 $Y=\beta_1+\beta_2+\beta_3$。

连接点 1 和点 2，得到 Z 在低水平状态下的 X 与 Y 之间的关系直线，连接点 3 和点 4，得到 Z 在高水平状态下的 X 与 Y 之间的关系直线。对应于该图，调节效应存在的充要条件是两条直线的斜率不同，也即两者之间有夹角。需要注意的是，诠释调节效应时一定要结合两条直线的相对位置而给出，以上所述方法适用于自变量 X 和调节变量 Z 均为连续变量的情况（刘军，2008）。

例如，在谢礼珊等（2015）探究旅游服务员工创新行为影响因素的研究中，创新行为（EIB）是因变量，自我效能感（SE）和组织学习氛围（OLC）是自变量，市场导向（MO）是调节变量。在层级回归分析中，将收入、工作年限和职位作为控制变量引入回归方程，并对自变量和调节变量进行标准化处理，以检验市场导向是否起到调节作用，绘制了相应的调节效应图。出于简洁便利，绘图时所采用的回归模型未纳入控制变量，分别取（1，1）、(−1，1)、(1，−1)、(−1，−1) 四个点画图。图 15-3（a）方程为 $Y=0.574\times SE+0.321\times MO+0.287\times SE\times MO$，图 15-3（b）方程为 $Y=0.612\times OLC+0.121\times MO+0.105\times OLC\times MO$，均采用标准化回归系数。

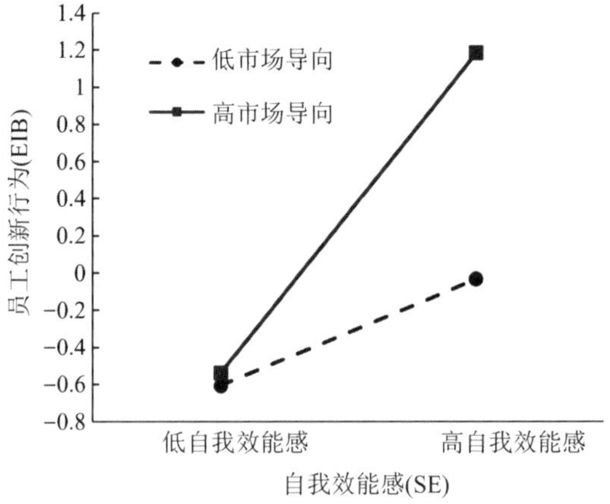

(a) 自我效能感对创新行为的影响

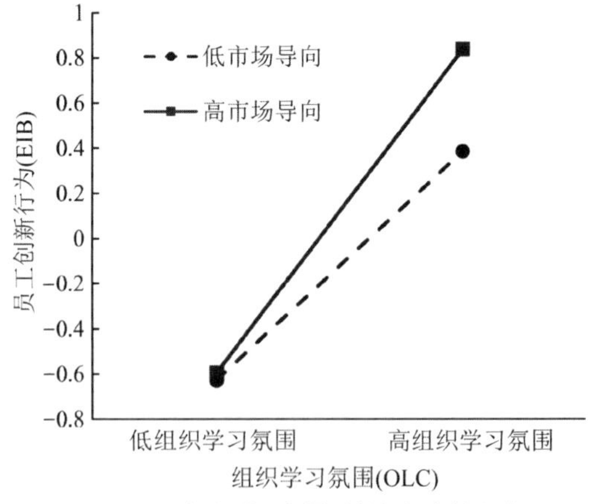

(b) 组织学习氛围对创新行为的影响

图 15-3　不同市场导向水平下自我效能感和组织学习氛围对员工创新行为的影响

在周小曼等（2018）探讨酒店实习生留职意愿前因的研究中，正面心理资本是自变量、组织社会化是中介变量，留职意愿是因变量，职业承诺是调节变量，调节组织社会化与留职意愿的关系。为了进一步明晰职业承诺的调节效果，以职业承诺均值 4.24 加（减）一个标准差 1.23 为界，将 401 个总样本分为高、低职业承诺两个子样本，并对两个样本的组织社会化对留职意愿的关系作回归分析，结果显示两组回归方程调整 R^2 与 F 检验显著，常量与方程系数均显著。其中，高组回归方程为 $Y=2.493+0.679X$；低组回归方程为 $Y=1.380+0.440X$。

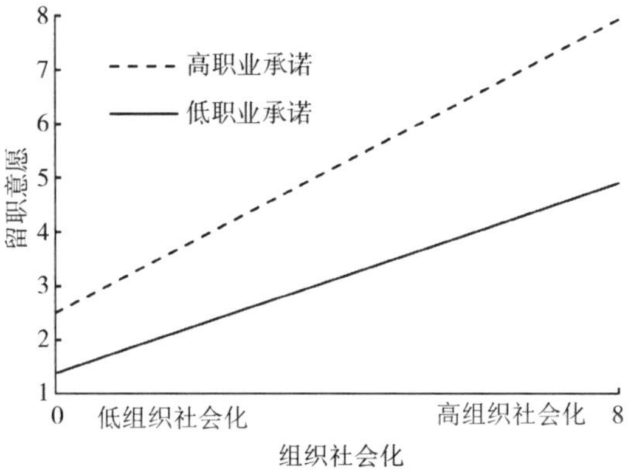

图 15-4 职业承诺的调节效果

第五节 调节效应的度量

一般采用 f^2 来度量调节作用大小（effect size）。当 $f^2<0.02$ 时，调节作用不明显，可以不予考虑；当 $0.02<f^2<0.15$ 时，该调节变量对预测变量的调节作用一般；当 $0.15<f^2<0.35$ 时，其调节作用中等；当 $f^2>0.35$ 时，其调节作用很强。但 f^2 的值较小并不表示调节作用不重要，在极端的情况下其调节作用是不容忽视的，特别是当系数的改变的影响较大时，这个调节作用应被管理者所重视（Chin et al.，2003）。

在刘丽丽等（2016）探索文化对 IT 服务员工知识共享（KS）与创新行为（IN）关系的影响研究中，文化多样性是调节变量，主要体现在集体主义（I/C）和权力距离（PD）两个维度上。集体主义的 f^2 为 0.026（详细过程如下所述），即集体主义对知识共享对创新行为有调节作用，该调节作用应被管理者重视，以增加创新行为。权力距离的调节作用的f^2值为0.008，其值都较低。也就是说，权力距离的调节作用并不明显。

衡量调节作用大小的f^2的计算公式如下：$f^2=[R^2(\text{interaction model})-R^2(\text{main effect model})]/[1-R^2(\text{main effect model})]$其中，主效应模型（main effect model）是指只有知识共享及集体主义或权力距离对创新的影响而无调节作用的模型；交互效应模型（interaction effect model）是指有调节作用的模型。图 15-5 和图 15-6 分别是集体主义调节作用的主效应模型和交互效应模型。因此，$f^2=(0.405-0.387)/(1-0.387)=0.026$。同样地，计算出权力距离调节作用的大小，$f^2=(0.388-0.383)/(1-0.383)=0.008$。

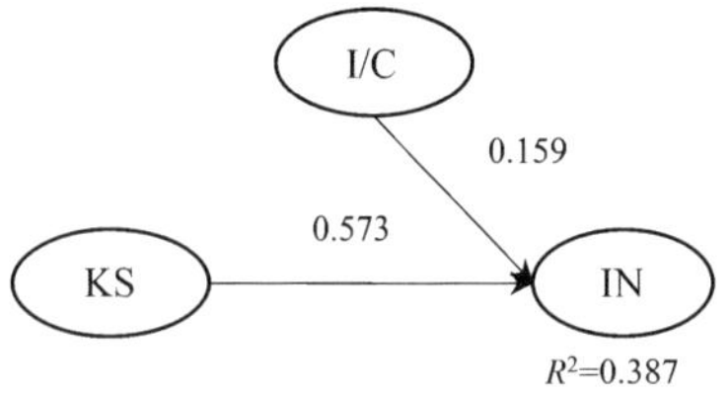

图 15-5　集体主义调节作用的主效应模型

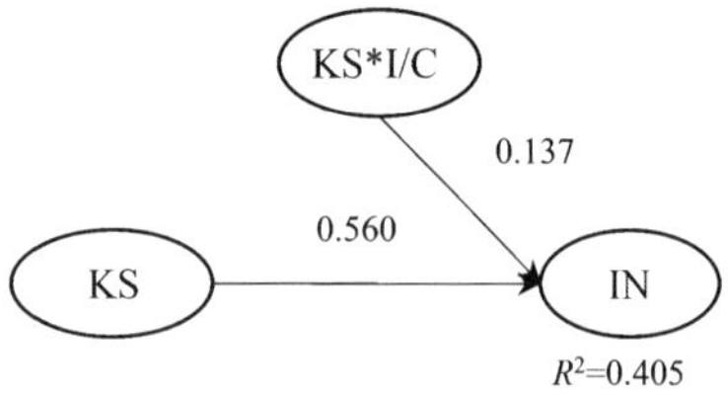

图 15-6　集体主义调节作用的交互效应模型

第十六章　中介作用分析

第一节　什么是中介作用分析

图 16-1 所示的是标准的三变量简单中介模型，其中，X 是预测变量（自变量），M 是假定的中介变量，Y 是因变量。中介作用的理论假设是，中介变量反映了自变量通过它来影响因变量的过程，因此在中介作用的检验过程中，研究问题就变成了 X 对 Y 的作用是直接的（即 $X \to Y$）还是间接的（即 $X \to M \to Y$）。如果这种作用是通过中介过程实现的，那么此时的假设应是，变量 X 有助于预测和解释中介变量 M 的变化，而这又有助于预测并解释变量 Y 的变化。理解这一过程并发现其影响机理，才能实现理论的创新和发展。

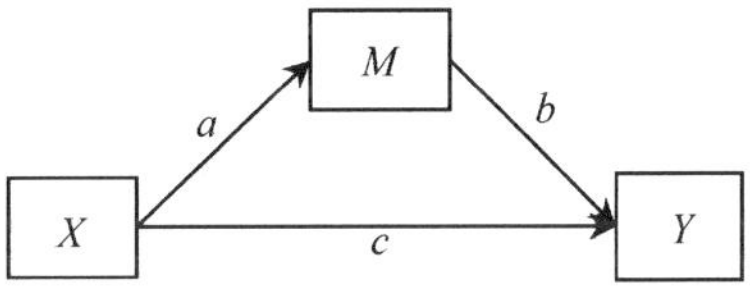

图 16-1　三变量中介模型

相较于传统的直接作用分析（$X \to Y$），中介作用分析能够揭示较为复杂的影响关系及其过程，对研究者产生了较高的吸引力，而作为方法本身也变得很流行，有关中介作用检验的学术论文也在迅猛增长。

第二节　中介作用分析中的因果关系

从逻辑上看，变量关系中存在的中介结构指的是这样一种特定形式的因果关系机制——某个自变量是通过某个中介变量而间接影响某个因变量的，研究者通常将这些变量间的相互关系称为“因果关系”，中介作用分析就是用来考察某项数据是否具有中介结构的一套统计方法（亚科布齐，2012）。在试图用证据来确立因果关系时，亚科布齐讨论了三个必要性准则：共变性、次序性和排除竞争性的解释。

（一）共变性

共变性准则是指，如果 X 是 Y 的原因，则 X 与 Y 必然相关。这里需要指出的是，第一，X 可能只是 Y 的几个原因中的一个（这种情形十分常见），或者说除 X 外，还有其他因素可以解释 Y；第二，即使 X 与 Y 的因果关系在研究总体中确实成立，而由于抽样、测量方法或概念操作化过程中不可避免地造成随机误差，在经验数据中观测到的变量间关系或被削弱；第三，出于上述原因，经验数据中用来支持间接作用路径结果的可能性就会变小；第四，数据相关性不等于存在因果关系，研究者要避免牵强地将相关数据解释为因果关系。

（二）次序性

次序性准则是指，如果 X 是 Y 的原因，则 X 一定是在 Y 之前发生的。在理想状态下，研究者应按照变量在理论假设的过程或机制中出现的顺序来依次测量：首先是 X，其次是 M，最后是 Y。这里所讲的依次测量指的是通过三个时间节点（t_1、t_2、t_3）来收集数据，而不是简单地指它们出现在同一个调查问卷上的前后位置。实现这种次序性测量的理想办法是让受访者在时间节点 t_1 回答有关 X 的题项，在时间节点 t_2 回答有关 M 的题项，在时间节点 t_3 回答有关 Y 的题项（时间间隔要有一定的意义或合理性）。但是，在实际操作中，许多中介作用检验都使用了横截面数据（即所有数据都在某一个时间节点上收集），但至少应注意，为保证因变量的测量不被其他测量干扰，通常是先测量 Y，再测量 M。

（三）排除其他可能的解释

如果存在较多的替代性或竞争性解释，那么其中的任何一个解释都会威胁因果关系结论的内部效度，换言之，会威胁到研究者通过经验数据来检验理论假设时的准确性。这种排除竞争性解释的因果关系检验有时候会面临更大挑战，例如，像 $X \to M_1 \to M_2 \to Y$ 这种链式中介作用路径，或者像 $X \to M_1 \to Y$ 并且同时存在 $X \to M_2 \to Y$ 这种多元中介作用路径。

Baron 和 Kenny（1986）提出的“因果逐步法”（causal steps approach）检验中介作用，非常流行。从字面意思看，很容易让研究者误以为逐步法可以证明因果关系，而事实上，逐步法在建立模型的过程中假设了变量之间的影响关系，而且，逐步法确实也不能验证因果关系，但这是所有统计方法都存在的共性问题；我们也应注意，不能一看到中介分析就认定仅仅是相关分析，如果有某种学科理论支持、文献做铺垫、有经验常识可进行佐证，加上统计验证，我们就提高了对因果的信心（叶宝娟和胡竹菁，2016）。正如亚科布齐（2012）所言，如果要进行中介作用分析，就必须有一个坚实的理论基础，因为相关性数据与推导出因果关系这一目标之间的关系会掺杂着某种模糊性；如果理论基础足够扎实，研究者就能够对替代性模型进行实证检验并提出反对意见，例如，在这些替代性的模型中，变量的角色被交换了或因果作用的方向被反转了。

第三节　中介作用分析的经典方法

从方法的应用来看，最流行的中介作用检验方法是由 Baron 和 Kenny（1986）提出的，这一方法的操作过程实际上是要拟合三个回归方程：

$$M=\beta_1+aX+\varepsilon_1 \tag{1}$$

$$Y=\beta_2+cX+\varepsilon_2 \tag{2}$$

$$Y=\beta_3+c'X+bM+\varepsilon_3 \tag{3}$$

其中，β 表示截距项（可忽略），ε 表示误差项（也可忽略），a、b、c、c'表示回归系数。

可能存在的中介作用需要满足以下条件方程：

（1）自变量 X 对中介变量 M 的回归系数 a 显著；

（2）自变量 X 对因变量 Y 的回归系数 c 显著；

（3）回归系数 b 显著，说明中介变量 M 能够显著预测因变量 Y，并且，自变量 X 对因变量 Y 的回归系数 c' 与第二个方程中的 c 相比，数值显著变小；

（4）第二个方程中的 c 与第三个方程中的 c'的数值大小的比较是通过 Sobel 的 z 检验来判定的。

Sobel 检验统计量 $z=\frac{a\times b}{\sqrt{b^2S_a^2+a^2S_b^2}}$，其中，$S_a$，$S_b$ 分别是 a，b 的标准误。计算时可使用回归系数，也可使用标准化回归系数，只要能够获得对应的标准误。

如果 a 或 b 不显著（或 a、b 均不显著），说明不存在中介作用，中介分析就此结束；如果满足上述前三个条件，说明至少存在部分的中介作用，即 X 对 Y 的影响部分是直接的，部分是间接通过 M 这一中介实现的；如果上述前三个条件都满足，但 c' 不显著，说明存在一种完全的中介作用，即 X 对 Y 的影响全部是通过 M 这一中介间接实现的。

值得注意的是，亚科布齐（2012）指出，许多中介作用的分析其实并不正确，并非所有论文的分析都严格地遵循了上述三个步骤，并且，许多研究并没有报告 z 检验的结果。Sobel（1982）的 z 检验相当重要，因为 Baron 和 Kenny（1986）的第三个步骤被广泛地误解和误用。z 检验所要解决的问题是，第三个方程中的参数估计值 c' 是否显著地小于第二个方程中的 c，目标是要证实 c' 确实“显著地小于” c。许多研究者会犯这样的错误：首先给出 c 的估计值以及相应的 t 值和 p 值（假定，$p=0.03$），然后给出 c' 的同类信息（假定，$p=0.14$），最后总结说“c' 的显著性小于 c”，这种说法并不准确。第一个参数 c 可能是显著的（即显著地大于 0），假定 $c=0.25$，c' 可能是不显著的（即与 0 之间不具有显著的差异），假定 $c'=0.10$，但 c' 可能并不显著地小于 c。z 检验就是对 0.10（c'）是否小于 0.25（c）的一个直接检验。

此外，亚科布齐（2012）通过例证的方式阐释了这样一种观点，值得我们思考。即在 Sobel（1982）的 z 检验计算式中，当路径 a 和路径 b 的强度相当时，z 检验的统计效力才达到最大。因为，只要作为分子的乘积项 $a\times b$ 中的任一个路径系数比较小时，它们的乘积就会大大减小，即使另一个比较大。例如，情形（一）：$a\times b=0.90\times 0.15=0.135$，情形（二）：$a\times b=0.30\times 0.89=0.267$。可见，避免过度地用相关数据推导出中介作用是相当重要的，往往需要理论作为经验结果的合理补充。

例子：以 292 名高校教师为调查对象（王晴，2022），检验职业认同是否在职业成长机会对离职倾向的影响中起到中介作用。根据亚科布齐（2012）提出的中介作用检验流程及方法，分别建立三个模型，通过 SPSS 软件进行层级回归分析，参数估计结果见表 16-1。

表 16-1　职业认同的中介作用检验结果

模型	R^2	ΔR^2	非标准化系数		标准化系数	F	t	95%置信区间	
			B	Std. Error	β			LLCI	ULCI
M1	0. 227	0. 160	0. 316	0. 041	0. 412	10. 371***	7. 648***	0. 234	0. 397
M2	0. 284	0. 180	−0. 481	0. 057	−0. 438	14. 050***	−8. 443***	−0. 593	−0. 369
M3	0. 296	0. 192	−0. 426	0. 062	−0. 388	13. 155	−6. 849***	−0. 548	−0. 303
			−0. 174	0. 082	−0. 122		−2. 139*	−0. 335	−0. 014

注：* $p<0.05$，** $p<0.01$，*** $p<0.001$。

回归分析中已将性别、学历以及年均收入作为控制变量。中介作用分析结果见表 16-1。模型 M1 的结果说明职业成长机会对职业认同有显著的正向预测作用（$\beta=0.412$，$p<0.001$），且回归系数 a 的 95%置信区间不包含 0；模型 M2 的结果说明职业成长机会对离职倾向有显著的负向预测作用（$\beta=-0.438$，$p<0.001$），且回归系数 c 的 95%置信区间不包含 0；模型 3 将职业成长机会和职业认同一起作为自变量代入方程，结果显示，回归系数 b 显著，意味着职业认同有助于预测离职倾向（$\beta=-0.122$，$p<0.05$），同时发现，模型 3 中职业成长机会对离职倾向的直接影响系数 c'（$\beta=-0.388$，$p<0.001$）与模型 2 中的 c 相比，数值的绝对值变小。Sobel 的 z 检验结果显示，模型 2 中的 c 与模型 3 中的 c' 的数值大小存在显著差异（$z=-2.046$，$p=0.041$），说明至少存在部分中介作用，即职业成长机会对离职倾向的影响部分是直接的，部分是间接通过职业认同这一中介实现的。

以上三个回归模型的德宾−沃森（D-W）值介于 2. 006～2. 057 之间，因此回归方程的随机误差项不存在自相关性；另外，方差膨胀因子（VIF）介于 1. 037～3. 696 之间，因此回归模型中解释变量之间不存在多重共线性。据此可知，三次回归检验均有效。

第四节　中介效应量（效果值）

中介作用分析考虑的另一个重要问题是如何区分直接作用效应和间接作用效应。在简单的中介效应分析模型中，自变量 X 对因变量 Y 的直接效应是由系数 c 来估计的，自变量 X 通过中介变量 M 对因变量 Y 的间接效应是由相应的系数乘积（即 $a\times b$）来估计的，自变量 X 通过直接和间接路径

对因变量 Y 的总效应是两者之和（即 $c+a\times b$）。

在中介效果量的评价指标中，使用最多的应是 ab/c 和 ab/c'，方杰和张敏强（2012）指出，这两个指标本身也存在着诸多问题。第一，效果量的大小是否能够揭示中介机制的实际重要性，当公式中的分母（c）较小时，即使分子（ab）很小，也会产生较大的效果量值，反之亦然；第二，许多研究者在计算中介效应在总效应中的占比时，容易忽略 ab 与 c' 的方向问题，ab/c 可能是负值，也可能大于 1（或小于-1），这说明用 ab/c 作为考察中介效应占总效应的比例是不恰当的；第三，ab/c 的值只有在大样本（$n>500$）条件下才能趋于稳定。此外，当前关于中介效果量的研究大都局限于简单的中介效应分析模型，如何将其拓展至更复杂的中介模型，是一个亟待解决的前沿课题，比如，中介效应的统计效力与数据类型（截面数据与纵向数据）、样本量等有关。

第五节　中介效应分析方法的发展

检验法的方法论实质是用中介效应估计值 ab 除以其标准误得到一个 z 值，然后将这个 z 值与基于标准正态分布的临界 z 值进行比较，或构建一个对称的置信区间；并且，Sobel 检验的前提假设条件是中介效应 ab 是正态分布且需要大样本作为数据支持（方杰和张敏强，2012）。由于中介效应的抽样分布往往不是正态分布，那么此时基于标准正态分布的临界 z 值构建出对称的置信区间是不准确的，这样的话，Sobel 检验的局限性就很明显了。为了取得更为准确的中介效应置信区间，近年来出现了多种改进方法，包括乘积分布法、Bootstrap 法和马尔科夫链蒙特卡罗（Markov chain Monte Carlo）法（方杰等，2011）。

中介效应分析的发展主要围绕两条主线：一是如何更精准地检验间接效应，二是针对不同的变量和数据类型，拓展新的中介模型，扩大应用范围。对于间接效应的检验，在所有的替代性或改进型检验方法中，目前公认的做法是使用 Bootstrap 法直接检验系数乘积 ab（即检验 H0：$ab=0$），大有取代传统方法（基于标准正态分布的 z 值构建的对称置信区间）的趋势。对于系数乘积的检验力及其方法学改进，温忠麟和叶宝娟（2014）综合了逐步法和 Bootstrap 法的各自优点，推荐先尝试简单的依次检验 a 和 b，如果不显著则用 Bootstrap 法直接检验系数乘积 ab 以提高检验效力，并且指出，运用该流程比单纯的 Bootstrap 法检验 ab 会带来更好的检验效力和结果解释性，且降低第 I 类错误率。具体流程及应用说明请见相关文献，此处不再赘述。

关于中介效应分析模型最新发展动态，主要存在两大趋势：一是应对非连续性变量、层级数据以及追踪数据进行模型拓展或引入多个中介变量，如类别变量的中介效应模型、多重中介效应模型、多层中介效应模型；二是将中介变量与调节变量组合起来建模，使得中介分析方法及其应用范围更广，如有调节的中介效应模型、有中介的调节效应模型。

第六节　基于 Bootstrap 的中介效应分析方法及程序应用

Bootstrap 方法的基本步骤是：首先，通过对原有样本进行有放回的 n 次（n>1000）的随机重复抽样，共抽取到 n 个样本；然后计算被抽取到的 n 个样本中的中介效应估计值 $a * b$；接着，重复上述步骤若干次（记作 n'，一般设定 n'>5000），再将 n' 个中介效应估计值按大小排序，得到一个序列，用该序列的第 2.5 百分位数（LLCI）和第 97.5 百分位数（ULCI）来估计 95%的中介效应置信区间（Preacher 和 Hayes，2004）。中介作用的真值的统计推论是根据 n' 个估计值产生的 CI%置信区间得到的，这种程序产生的置信区间的估计可能会有偏差，可以用偏差校正的（bias corrected）的统计方法调整上限值和下限值，如果 0 不在上下限的区间之内，就可以有 CI%的可信度认为中介作用不是 0，即中介作用显著（江程铭和李纾，2015）。

运用 Bootstrap 方法检验中介效应，已有专门的应用程序包可供学术研究之用。应当感谢学界前辈 Preacher 和 Hayes 及其合作者，他们设计开发了 Bootstrap 程序插件——PROCESS，可以直接通过网站免费下载并安装，在 SPSS（最好是 18 版本以上）软件中运行。该插件不仅可用于简单中介效应检验，还适用于检验多种典型的复杂中介效应模型。这里所说的“简单中介”，指的是仅有一个自变量、一个中介变量和一个因变量的效应模型。简单中介效应的 Bootstrap 检验操作步骤如下（陈瑞等，2013）：在 SPSS 软件嵌入 PROCESS 插件后，选择【分析】→【回归】→【PROCESS】；将自变量、中介变量和因变量依次选入相应的选项框中，然后，选择模型 4，即“Model Number”为 4；设定 Bootstrap 抽样数为 5000，取样方法选择偏差校正的非参数百分位法，即勾选“Bias Corrected”；接着，选择 95% 的置信度，即“Confidence level for confidence intervals”为 95%。最后点击【OK】确认，即可得到 Bootstrap 中介检验的数据结果。数据结果中的四个主要数据模块分别是：① 自变量对中介变量的回归结果；② 自变量、中介变量共同对因变量的回归结果；③ 控制中介后，自变量对因变量的直接影响结果；④ 中介路径的作用结果。在研究汇报中，应当看 LLCI 和 ULCI 的区间值是否包含了 0，如果发现未包含 0，说明中介效应显著，同时可以计算出中介效应量（效果值）。此外，还需要对控制了中介变量之后，自变量对因变量的影响效果进行分析，方法同上。

Bootstrap 抽样过程需要的计算量虽然比较大，但是很多结构方程建模软件也可以自动执行该程序，如 AMOS、Mplus 等软件。这些软件输出的数据结果提供了 95%置信度下的 LLCI 值和 ULCI 值以及 p 值，由此可以判断中介作用是否显著。AMOS 软件已经将 Bootstrap 算法内置到菜单命令中，因此不需要通过编写程序来实现。在 AMOS 软件的执行操作中，基于 Bootstrap 的简单中介效应检验只需要三个步骤：① 绘制结构方程模型（SEM）路径图；② 在分析属性选择上，即“Analysis Properties”菜单下找到输出对话框（output），选择“间接、直接以及总效应（Indirect，direct & total effects）”这个选项；③ 打开 Bootstrap 对话框，选定“Perform bootstrap”项，并输入 Bootstrap 的执行次数（一般大于 2000 次）；然后，选择“偏差校正的置信区间（Bias-corrected confidence intervals）”这个统计方法，置信度一般填入“95”即可。最后，点击【确定】输出结果。同理，可以根据 Bootstrap 置信区间的上下限是否包含 0 及其双尾显著性水平来判定中介效应是否存在。对于多重中介效应分析，其执行原理与简单中介效应分析一致，但两者产生的关键差异在于中介变量之间的相关性。执行多重中介效应分析时，是将所有中介变量同时纳入方程对因变量进行回归，此时得到的回归系数就有一个前提：假设其他所有变量不变，而由于这些中介变量之间极有可能存在相关性，因此得到的回归系数的“含义”与进行简单中介效应分析时不同（张涵和康飞，2016）。需要注意的是，Bootstrap 方法要求中介变量必须是连续变量且因变量不能是多分类别的变量（即要求因变量的水平≤2），否则，无法实现此操作。

第十七章　调节效应和中介效应的复杂模型

第一节　被调节的中介作用模型

一、被调节的中介作用的基本概念

在简单中介效应或简单调节效应（交互效应）中，中介作用或调节作用都是独立建构并检验的，研究者无法更准确或更细致地解析影响关系中可能存在的潜在机制和情境因素，在一定程度上制约了潜在的理论贡献或实践指导意义（于晓宇等，2019）。

在心理与行为以及其他研究领域中，如果某个模型包含的第三变量不止一个，可能同时纳入中介变量和调节变量，这些变量会因为出现在模型中位置不同而产生不一样的作用机制。对于要分析的因果关系（严格地讲，这里是 X 与 Y 的关系），在明确了中介变量和调节变量之后，可以通过路径图对变量之间的关系开展更深入细致的探索，这种深入分析有赖于两个概念：被调节的中介（moderated-mediation）模型和被中介的调节（mediated-moderation）模型（温忠麟等，2006）。

在基础心理学和应用心理学研究中，调节与中介相结合的研究非常普遍。通常，这些研究都是以有调节的中介或有中介的调节为框架的，两者都涉及类似的方法。但是，这些方法存在这样或那样的局限性，掩盖了调查研究中被调节或被中介效应的本质。Edwards 和 Lambert（2007）提出了一个通用的分析框架，用于整合被调节的回归分析和路径分析，阐明了调节变量如何影响构成中介模型的直接、间接和总体效应的路径。在该文中，研究者在讨论同时存在中介和调节变量的模型时，以中介模型为分析基准，根据中介机制的不同路径，主要分为前半路径、后半路径和直接路径三类，讨论这三类路径分别受到调节作用时的效应。需要指出的是，直接路径受到调节的模型不属于有调节的中介模型。

从理论上讲，调节了中介过程前半路径或后半路径，属于同时调节了中介过程前后路径的特例，中介效应等于两个路径系数（回归系数）的乘积：$(a_1+a_3U)(b_1+b_2U)$，如图 17-1 所示。

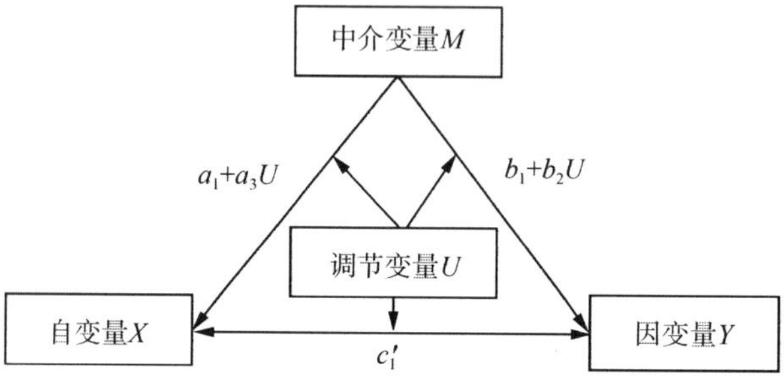

图 17-1　调节了中介过程的前后路径

二、被调节的中介作用的检验方法

以图 17-1 调节了中介过程的前后路径模型为例，叶宝娟和胡竹菁（2016）讨论并比较了有调节的中介作用检验的三种方法：依次检验、系数乘积的检验、中介效应差异的检验，同时指出，这三种检验方法不是竞争关系或互补关系，而是替补关系；但基于便捷性的考虑，如果通过依次检验已经得出“中介效应被调节”的结果，除非特别需要，可以不用后面的两种检验方法。而当需要计算系数乘积（中介效应 ab）的置信区间时，Bootstrap 法和马尔科夫链蒙特卡洛（MCMC）比 Sobel 法更具有检验效力。在中介效应的点估计和区间估计的统计功效上，有先验信息时，推荐使用 MCMC 方法；而当先验信息不易获得时，推荐使用偏差校正的非参数百分位 Bootstrap 方法（方杰和张敏强，2012）。

在充分了解既有文献的方法论基础上，叶宝娟和胡竹菁（2016）给出了有调节的中介模型分析步骤：第一步是检验回归方程系数 c_1 和 c_3。第二步是检验 $(a_1+a_3U)(b_1+b_2U)$ 是否与 U 有关，可做依次检验，如果依次检验结果是显著的，可知中介效应受到调节变量的作用；如果依次检验结果不显著，尚不足以下结论，进入下一步。第三步是使用非参数百分位 Bootstrap 法或 MCMC 法对系数乘积做区间检验，如果至少有一对乘积显著，则存在有调节的中介效应；如果系数乘积的区间检验结果还不显著，则进入最后一步，检验中介效应的最大值与最小值之差。有调节的中介效应模型的层次检验流程如图 17-2 所示。

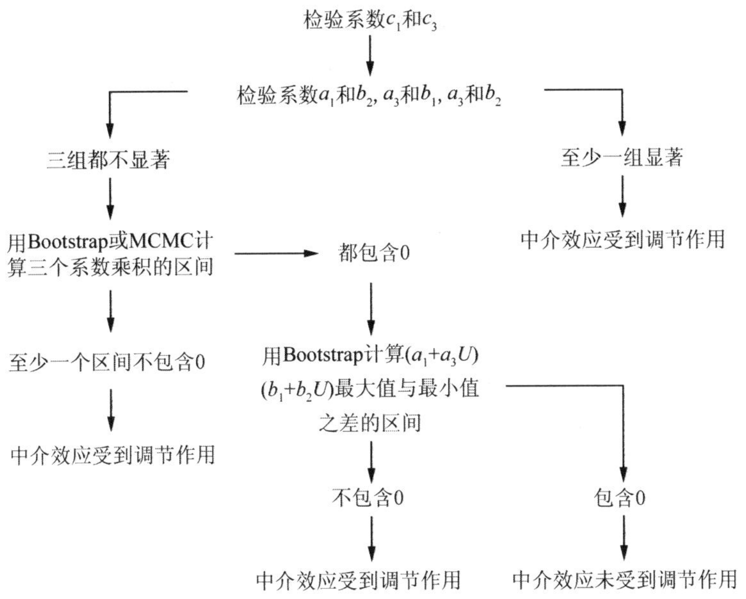

图 17-2 有调节的中介效应模型层次检验流程（叶宝娟和胡竹菁，2016）

三、被调节的中介作用的典型模型

被调节的中介模型有助于阐释自变量 *X* 影响因变量 *Y* 的内在机制及边界条件。于晓宇等（2019）指出，被调节的中介模型主要有三种典型：第一阶段被调节的中介作用模型、第二阶段被调节的中介作用模型以及两阶段被调节的中介作用模型。另外，考虑到中介模型的多样性，被调节的中介模型还有更为复杂的形态，如被调节的并行多重中介模型、被调节的链式多重中介模型。这里的“多重”在实际的问卷调查研究中最常见的是“双元”，即模型中包含两个中介变量。

1. 第一阶段被调节的中介作用模型

此模型强调的是调节变量如何改变自变量和中介变量的关系强度。以 Ren 等（2021）的研究模型为例（见图 17-3），总体假设为：绿色人力资源管理（GHRM）通过高层管理团队（TMT）绿色承诺对环保绩效（EP）的间接影响关系被 CEO 伦理型领导调节。假设检验的具体操作过程如下：研究者首先证实自变量（GHRM）通过中介变量（TMT 绿色承诺）对结果变量（EP）产生的间接关系；然后解释自变量与中介变量之间的关系如何随着调节变量的不同水平而变化。结果显示，与 CEO 表现出较低伦理型领导水平的公司相比，对于 CEO 表现出较高伦理型领导水平的公司，绿色人力资源管理（GHRM）与高层管理团队（TMT）绿色承诺的正相关关系更强。在上述检验中，研究者使用了 Hayes（2013）开发的 SPSS PROCESS 宏程序并采用 5000 次 bootstrap 抽样策略。

图 17-3　第一阶段被调节的中介作用模型实例（Ren et al.，2020）

以苏伟琳和林新奇（2019）探讨服务型领导（SL）对员工知识共享行为（KSB）的影响研究为例，构建并验证一个有调节的中介模型（整体模型见图 17-4），其中，以组织认同（OI）为中介变量，领导组织化身（SOE）为调节变量，研究者根据文献综述和理论推演，提出四个假设：

H1：SL 对 KSB 有显著的正向影响；

H2：OI 在 SL 与 KSB 关系间起中介作用；

H3：SOE 对 SL 与 OI 的关系起调节作用，即 SOE 水平越高，SL 对 OI 的积极影响就越强；

H4：SOE 能够调节 OI 在 SL 与 KSB 关系间的中介作用，即 SOE 水平越高，OI 的中介作用越强。

假设检验的具体操作过程如下：首先采用层级回归分析法检验假设 H1、H2 和 H3，然后借助 PROCESS 插件的 Bootstrap 法检验有调节的中介效应（即整体模型）。经检验，假设 H1、H2、H3、H4 均得到验证。

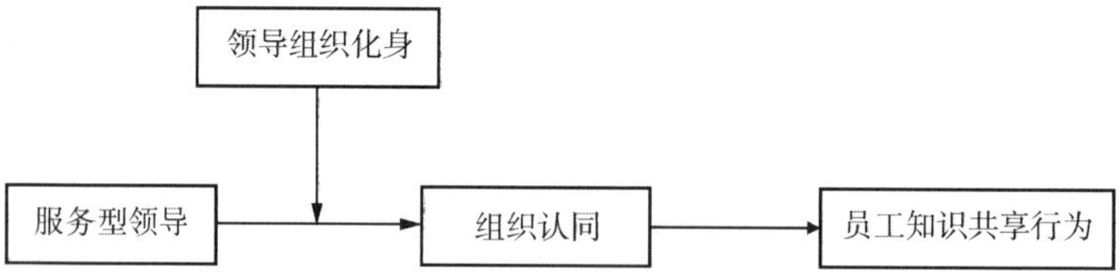

图 17-4　第一节阶段有调节的中介模型实例（苏伟琳和林新奇，2019）

再列举一个检验方法稍有不同的例子。在真实型领导对知识共享行为影响机制的实证研究中，刘明霞和徐心吾（2021）通过构建一个有调节的中介模型，阐释真实型领导对员工知识共享行为的影响机理，总体假设模型见图 17-5，研究者提出五个假设：

假设 1：真实型领导对员工知识共享行为有显著的正向影响；

假设 2：真实型领导对主管认同有显著的正向影响；

假设 3：主管认同对员工知识共享行为有显著的正向影响；

假设 4：主管认同在真实型领导与职员知识共享行为之间起部分中介作用；

假设 5：程序公平调节了真实型领导和主管认同的关系。

假设检验的具体过程如下：首先借助 AMOS 25.0 软件进行中介效应的结构方程模型分析，结果显示，假设 1~4 均成立。然后分析程序公平的调节效应，研究者采用 Muller（2005）等人采用的层次回归法进行检验，结果表明程序公平对真实型领导与主管认同的关系起显著的正向调节作用，假设 5 成立。值得一提的是，在该项研究中，研究者没有采用 PROCESS 插件进行整体检验，而是采用层次回归法单独检验程序公平对真实型领导与主管认同关系的调节作用。

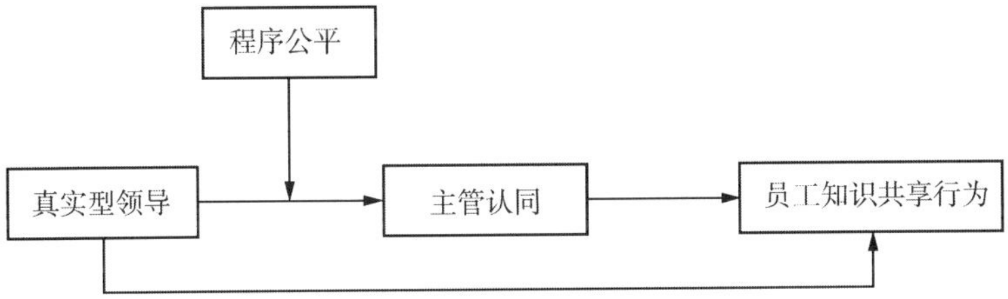

图 17-5　第一节阶段有调节的中介模型实例（刘明霞和徐心吾，2021）

2. 第二阶段被调节的中介作用模型

此模型检验的是调节变量是否显著增加或减弱了中介变量和因变量的关系强度。以 Hameed 等（2020）的研究模型为例（见图 17-6），总体假设为：绿色人力资源管理（GHRM）通过绿色员工授权（GEE）对员工组织公民行为（OCBE）的间接影响关系被个体绿色价值观（IGV）调节。实证检验的具体操作过程如下：研究者首先检验自变量 GHRM 通过中介变量 GEE 对结果变量 OCBE 产生的间接影响关系，然后解释中介变量 GEE 和结果变量 OCBE 之间的关系如何随着调节变量 IGV 的不同水平而变化，最后利用上述两个步骤来证实第二个阶段中存在的被调节的中介效应。在上述操作过程中，研究者使用了 Hayes（2013）开发的 PROCESS 宏程序，采用

bootstrapping 法重复取样 5000 次并使用 Hayes 的模型 14 进行检验，研究结果表明，当员工对 IGV 有较高的认知时，GHRM 通过 GEE 对员工 OCBE 的间接影响更大。

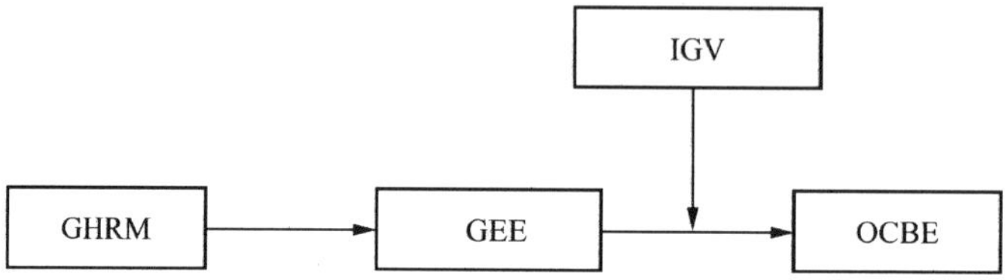

图 17-6　第二阶段被调节的中介作用模型实例（Hameed et al.，2020）

3. 两阶段被调节的中介作用模型

此模型强调的是调节变量是否显著改变了自变量和中介变量的关系强度，同时检验调节变量是否增加或减弱了中介变量和因变量的关系强度。以王怀勇等（2022）的研究模型为例（见图 17-7），总体假设为：领导认同在授权型领导影响反馈寻求行为的关系中发挥中介作用，领导差异化授权在中介机制的两阶段起到调节作用。在预研究中，研究者分两次招募被试完成数据采集，完成领导差异化授权问卷的编制工作。在正式研究中，研究者深入探索授权型领导对员工反馈寻求行为的影响机制：首先，将各变量纳入方程进行层次回归分析，采用 Bootstrap 法检验中介作用，计算出间接效应值和直接效应值；接着，使用 PROCESS 检验有调节的中介模型，分两个方程进行，在方程 1 中检验领导差异化授权和授权型领导的交互项显著水平，在方程 2 中检验领导差异化授权与领导认同的交互项显著水平；最后，为直观地呈现领导差异化授权的调节作用，将其按 $M \pm 1SD$ 分为高、低两个组进行简单斜率检验并绘制出相应的调节效应图（具体的绘制方法参见本书第十五章第四节有关内容）。

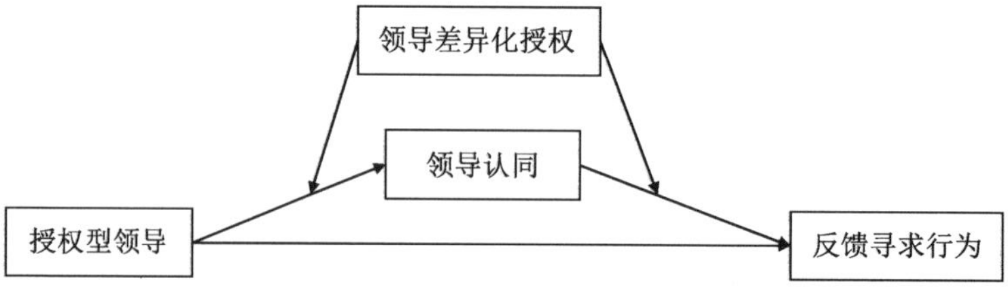

图 17-7　两阶段被调节的中介作用模型实例（王怀勇等，2022）

4. 被调节的链式中介作用模型

以张昊民等（2022）的研究模型为例（见图 17-8），总体假设为：职场负面八卦通过链式中介机制作用于越轨创新行为，核心自我评价在中介效应的第一阶段起到调节作用，并且只作用于职场负面八卦影响心理安全感的机制中。假设检验的主要过程如下：首先，采用 Bootstrap 法重复抽样 5000 次对主效应以及链式中介效应进行分析；接着，将调节变量（核心自我评价）纳入分析模型，检验交互项（职场负面八卦×核心自我评价）对第一个中介变量（心理安全感）的影响效应是否显著；最后，基于系数乘积法分析有调节的链式中介效应是否显著。在方法上，研究者没有采用 PROCESS 插件进行整体检验，而是采用了 Edwards 和 Lamber（2007）提出的方法进行有调节的链式中介效应分析。

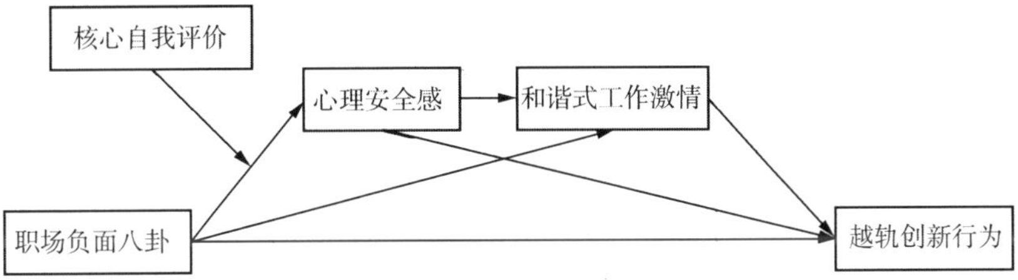

图 17-8　被调节的链式中介作用模型实例（张昊民等，2022）

以安世民等（2022）的研究模型为例（见图 17-9），总体假设为平台型领导通过链式多重中介的机制作用于个体角色绩效，其中，路径 A：平台型领导通过个性化交易间接影响个体角色，这一影响机制存在第二阶段被调节的中介效应；路径 B：平台型领导通过心理资本间接影响个体角色绩效，该影响机制也存在第二阶段被调节的中介效应；此外，还有链式中介路径 C 和多重中介路径 D。假设检验的实施过程如下：首先，采用 Bootstrap 法检验因果关系之间的链式多重中介效应，包括 1 条直接效应路径和 3 条间接效应路径，重复抽样 5000 次后的检验结果表明相应的假设均得到了验证。接着，采用层次线性回归法检验组织支持感的调节效应，结果表明组织支持感对上述路径 A 和路径 B 中第二阶段的调节效应均成立。最后，采用 Bootstrap 法审视被调节的中介效应大小。

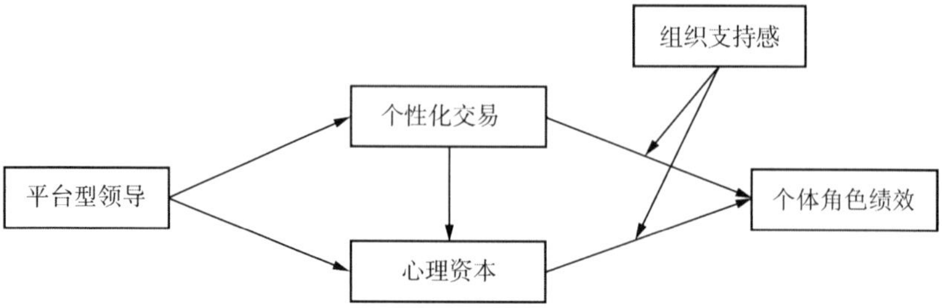

图 17-9 被调节的链式多重中介作用模型实例（安世民等，2022）

第二节 被中介的调节作用模型

一、被中介的调节作用的基本概念

被中介的调节模型可以理解为：假设模型首先存在的是调节效应，即调节作用在前，而这种调节效应被中介了。具体来说，被中介的调节模型意味着自变量 X 对因变量 Y 的作用受到调节变量的影响，而调节效应是通过中介变量而起作用的（杨学儒等，2019）。

被中介的调节作用主要有两种模型：类型Ⅰ和类型Ⅱ。对于类型Ⅰ，研究者需要首先解释调节变量为何以及如何改变自变量和中介变量之间的关系，是增强还是削弱？然后要阐明中介变量和因变量之间为何存在显著关系，接着，基于上述两个论点，探究为何中介变量可以传递自变量与调节变量交互效应对因变量的影响。对于类型Ⅱ，研究者首先要从理论角度证明可能存在的调节效应，接着要基于证据来证明调节变量对中介变量的影响，再次要阐明为何中介变量将同样调节自变量和因变量之间的关系，并传递原始调节变量的调节效应，最后是综合前述假设和论证来构建被中介的调节模型（于晓宇等，2019）。

二、被中介的调节作用检验方法

虽然被调节的中介效应和被中介的调节效应在模型构建方面的思维方式有所不同，但是这两类效应的检验思维差别不大。目前较为常用的方法是中介效应差异检验，基本原理是：只要自变量 X 通过中介变量 M 影响因变量 Y 的中介效应与调节变量 U 有关，或者说该中介效应是随着调节变量 U 变化的，则该中介效应是被调节的。具体的检验方法主要分为亚组分析

（subgroup analysis）和拔靴法（Bootstrap）两种。亚组分析是指只要对某个调节变量 U 值，中介效应显著，则存在条件中介效应；如果还有另一个调节变量 U 值，中介效应不显著，说明中介效应是随着调节变量 U 变化的。Bootstrap 法是检验调节变量 U 的不同水平（通常取其均值的上下一个标准差的值）上的中介效应之差是否显著，如果不同取值下的中介效应显著，则说明该中介效应是受到 U 的调节的（于晓宇等，2019）。

Muller 等（2005）总结了评价被中介的调节效应有效性的三个标准：一是在自变量、调节变量及其交互项对因变量的回归中，交互项的回归系数显著。二是要求在自变量、调节变量及其交互项对中介变量的回归中，交互项的回归系数显著。三是在自变量、调节变量、中介变量以及自变量与调节变量交互项对因变量的回归中，中介变量的回归系数显著，而此时交互项的回归系数值变小甚至变得不显著。

以徐本华等（2021）构建的被中介的调节效应检验程序为例，核心自我评价调节领导成员交换与员工主动创新行为之间的关系被心理授权中介，假设模型如图 17-10 所示。检验流程主要包括：首先，采用分层回归分析心理授权的中介作用；然后，基于对主效应回归步骤的分析，检验核心自我评价的调节作用；接着，检验核心自我评价正向调节领导成员交换与主动创新行为之间的关系，同时检验简单斜率并绘制调节效应图；最后，依据 Muller 等（2005）提出的三项标准，进一步检验核心自我评价的调节效应是否被心理授权中介。

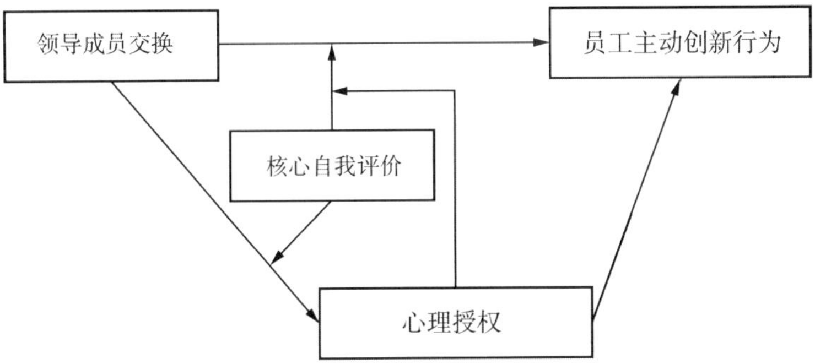

图 17-10　一个被中介的调节模型实例（徐本华等，2021）

值得一提的是，当前更为流行的检验工具是 SPSS 插件 PROCESS。研究者可以借助 PROCESS 提供的各类典型模型，检验被调节的中介、被中介的调节、多重中介等复杂模型，只需要根据理论假设，选择相应的模型“套用”并设置有关变量即可输出检验结果。

第三节　多重中介作用模型

中介效应研究已经从单一中介变量（相应地，这种中介效应称为简单中介效应）拓展到多个中介变量在自变量与因变量之间起作用的研究领域中，这类中介效应，即为多重中介效应（柳士顺和凌文辁，2009）。从变量间的关系结构上讲，多重中介模型可以分为并行多重中介模型、链式多重中介模型以及复合式多重中介模型三种，涉及多个自变量的多重中介模型比较复杂一些。其中，并行多重中介模型反映的是多个变量同时在自变量与因变量之间起中介作用的情形；在实际研究中，“并行”的中介变量一般为两个（称为并行双重中介模型），数量更多的话，在统计检验上行得通，但是在理论阐释上难以达到更好的通透性。在链式多重中介模型中，多个中介变量表现出顺序性特征，呈链状，“链”上的中介变量一般也为两个。由并行多重中介模型、链式多重中介模型复合而成的模型可称之为复合式多重中介模型，这类模型在许多研究领域也已经展开。

以武堂晓等（2023）构建的并行双重中介模型为例，心理疲劳、工作紧张分别是自变量、因变量，两种特质应对方式（消极应对、积极应对）是中介变量，该模型旨在分析特质应对方式在工作紧张和疲劳之间的并行多重中介效应，假设模型见图 17-11。该研究运用 AMOS 24. 0 对问卷数据模型拟合进行估计，采用偏差校正的非参数百分位 Bootstrap 法对双重中介效应进行统计检验，通过 95%CI（置信区间）是否包含 0 以及效应值来判断并行多重中介效应是否存在以及影响程度；此外，还分别讨论了“心理疲劳→积极应对方式→工作紧张”“心理疲劳→消极应对方式→工作紧张”两条单独路径的中介效果。

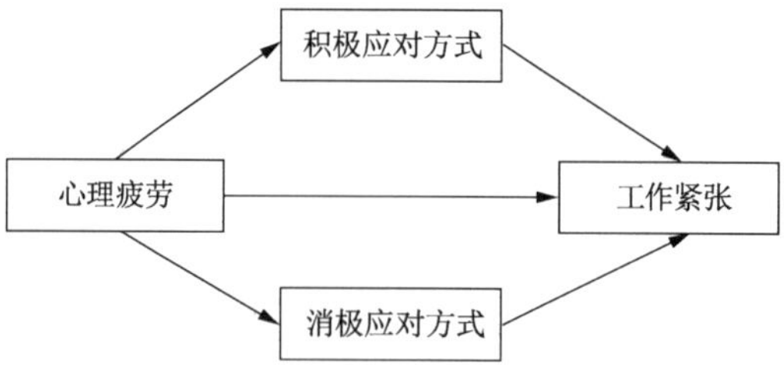

图 17-11　一个并行多重中介模型实例（武堂晓等，2023）

以倪旭东等（2023）构建的链式多重中介模型为例，职业呼唤是自变量，工作绩效是因变量，情绪调节和职业弹性是两个中介变量，旨在探索职业呼唤积极影响工作绩效的过程路径中情绪调节与职业弹性的多重中介作用机制，假设模型见图 17-12。该研究使用 AMOS 22.0 对链式中介效应进行结构方程模型分析：考虑到题项较多，在建模之前对题项进行打包处理。职业呼唤是单维度量表，将其 12 个题项一起打包，而情绪调节、职业弹性和工作绩效三个变量分维度进行打包；接着，分别检验两个中介变量（情绪调节、职业弹性）的单独中介效应，再对它们俩作为链式中介变量进行结构方程路径分析。该研究采用 Bootstrap 法进行程序的中介效应分析，并利用 AMOS 编辑语句分别计算多种中介效应系数，进一步检验单独中介效应、链式中介效应是否存在。

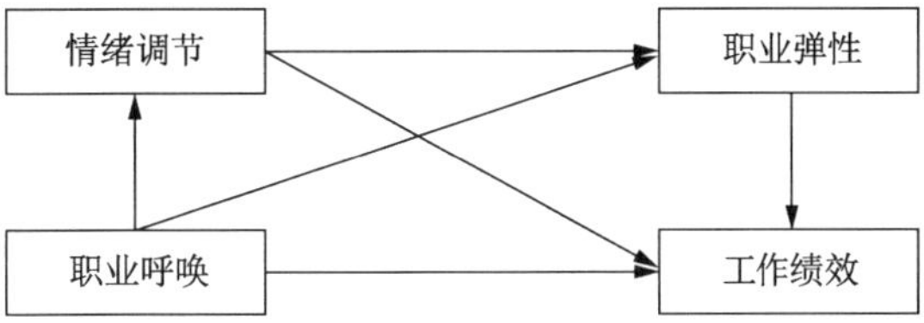

图 17-12　一个链式多重中介模型实例（倪旭东等，2023）

第十八章　结构方程模型在问卷数据分析中的应用

第一节　结构方程模型的基本原理

结构方程模型（structural equation modeling，SEM）是一种整合了因子分析和路径分析的统计方法，同时检验模型中包含的显变量、潜变量、干扰或误差变量之间的关系，进而获得自变量对因变量影响的直接效应、间接效应或总效应。近年来，SEM 分析已经受到更多专业研究者的青睐。

结构方程模型包含两个基本模型：测量模型和结构模型。测量模型由观测变量（observed variable）和潜变量（latent variable）组成。顾名思义，潜变量就是潜在的变量，即不能直接通过问卷等测量工具所得到的量。潜变量在问卷调查研究中主要指的是观测变量之间所形成的特质或抽象概念。当我们用一个潜变量去解释或预测另一个潜变量的目标特质时，这个解释或预测过程在 SEM 视角中就被称为“结构”，在 SEM 的“结构”部分，研究者需要用一个潜在特质去预测另一个目标特质（刘源和刘红云，2020）。

与回归分析相比，结构方程模型中的“结构”所表示的是变量之间更为复杂的关系。除了用矩阵表示外，研究者还常用路径图来表示 SEM 中变量之间的关系。其中，方框表示观测变量或指标，圆圈或椭圆框表示潜变量；小圆或小椭圆或无任何框标有 ε 或 δ 的变量，表示方程或测量的误差；单向箭头指向潜变量的，表示未能被潜变量解释的部分，是方程的误差；单向直线箭头连接的两个变量表示假定存在因果关系，箭头由原因变量指向结果变量。弧形的双向箭头表示假定两个变量之间无因果关系，但存在相关关系（易丹辉和李静萍，2019）。一个广义的结构方程模型通常包含多个测量模型及一个结构模型，变量间的简易关系如图 18-1 所示。

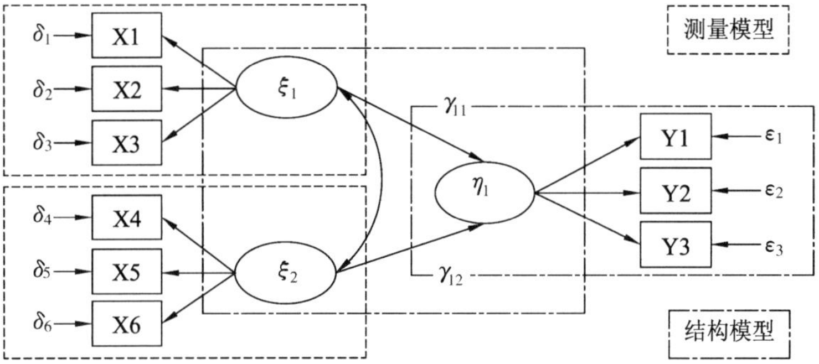

图 18-1　结构方程模型示意图

在 SEM 的分析软件中，较为常用的工具有 AMOS、Mplus、LISREL、EQS 和 R。相较而言，LISREL 在 2000 年前后较为流行，这款软件的更新速度缓慢且比较难学；Mplus 更新较快且功能强大，但要求使用者具备一定的编写代码的能力；EQS 虽比 LISREL 易学一些，但优势不如 Mplus；AMOS 更适合自学结构方程建模的研究者，不需要编写代码，容易上手，直接画图就可以构建模型；R 软件则可以处理包括结构方程建模在内的各种统计分析问题。因此，本书选用 AMOS 为 SEM 的分析软件。

第二节　结构方程模型的分析步骤

一、模型建构

在社会科学领域中，大部分问卷调查研究中的概念（如职业成长、情感承诺）均不能直接测量。如高校教师和大学生的数字素养，针对不同群体采用不同的测量指标，获得的素养测量结果并不完全一致。还有一些用于反映受访者家庭社会经济地位的测量指标，也需要通过问卷设置工资水平、职业及居住条件等具体的问项来粗略测量。

在模型构建阶段，研究者需要指定以下内容（侯杰泰等，2004）：① 观察变量（即具体的测量指标，通常是问卷中设置的题项）与潜变量（即因子，通常是概念）的关系；② 各个潜变量之间的相互关系（指定哪些因子间存在相关或直接效应）；③ 在更为复杂的模型中，可以限制因子载荷量或因子相关系数等参数值或关系（例如，限定某个测量概念的其中两个因子相关系数等于 0.35，或两个因子载荷量必须相等）。

二、模型拟合

模型拟合阶段的主要任务是对（新建的或修正的）模型进行参数估计与检验，也就是求出模型的解。结构方程模型的参数可以分为三类：自由参数、固定参数和限制参数，能够反映模型中变量间结构的最佳统计特征值是方差和协方差。参数估计就是由假设模型得出的协方差矩阵 $\sum(\theta)$ 与样本观察值的协方差矩阵 S 尽可能“接近”，如果模型定义正确，总体协方差矩阵与模型拟合协方差矩阵应该相等。$\sum(\theta)$ 与 S 的接近程度可以用拟合函数表示，记为 $F(S, \sum(\theta))$，不同的估计方法选用的拟合函数不同，得到的结果也不完全一样（易丹辉和李静萍，2019）。

结构方程模型参数估计的三种常用方法分别为极大似然估计（maximum likelihood，ML）、未加权最小二乘估计（unweighted least squares，ULS）、广义最小二乘估计（generalized least squares，GLS）。ML 估计方法具有较好的比较优势，如在大样本条件下的估计结果更趋稳定且是有效的，不需要考虑样本数据的单位差别，即不同的测量单位的估计结果相同，而且 ML 方法不仅适用于连续性结果变量，也支持估计类别结果变量。学术研究中经常用极大似然估计（ML）方法对模型进行参数估计。

模型参数的检验主要是进行参数的合理性检验和参数的显著性检验以评价参数的意义以及合理性，参数估计过程中所有待估计的参数均需进行检验（易丹辉和李静萍，2019）。其中，参数的合理性检验就是检验估计得到的参数值是否具有合理的实际意义，如所有的因子载荷系数和方差估计值都要大于 0、标准化系数值没有超过或太接近于 1。参数的显著性检验类似于回归模型中参数的 t 检验，如建模软件 AMOS 中参数显著性检验的统计量为 C. R. 值，其计算方法与 t 统计量一样，即参数估计值除以其标准误。

三、模型评价

对模型拟合效果的评价就是通过检视多个不同类型的整体拟合指数来衡量模型拟合程度的过程。结构方程模型的整体评价一般通过计算拟合指数（即拟合优度统计量）完成。其中，评价和衡量模型的绝对拟合程度的指数主要有 χ^2 检验、近似误差均方根（root mean square error of approximation，

RMSEA）；拟合评价的相对指数主要包括标准拟合指数（normed fit index，NFI）、非标准化拟合指数/非范拟合指数（non-normed fit index，NNFI）、比较拟合指数（comparative fit index，CFI）等。此外，还需要通过样本残差进行模型拟合效果的检视，影响样本残差的因素有模型设定的合理性、样本容量和指标的测量单位，相关的指数主要有均方根残差（root mean-square residual，RMR）、标准化残差（normalized residual，NR）、标准化残差均方根（standard root mean-square residual，SRMR）。应当注意的是，模型拟合效果的评价应综合应用多个拟合指数。

四、模型修正

模型修正的意义在于用样本数据考察依据理论或有关假设提出的初始假设模型，其目的是试图找到一个适合揭示数据结构关系的最佳模型。模型修正的基本流程如下（易丹辉和李静萍，2019）：首先检验零模型（即独立模型，其各个变量间的相关性限制为零）的卡方值；然后比较各个模型中最小的卡方值，即以最大的自由度进行测试；若零模型拟合效果不佳，则需考虑另外的模型，比如增加或减少可测变量构建新的检验模型，或寻求更新的实际含义支持的其他模型。

在进行上述检验后，按照模型的比较顺序，设开始假设的模型为 M1，修正后的模型分别为 M2、M3……，考察待定的若干个模型的多个拟合指数，找出最适合的模型。模型修正主要依据修正指数（modification index，MI）和临界比率（critical ratio，CR）的大小变化进行调整。模型的修正通常可以考虑从测量模型与结构模型两个方面着手，其中，测量模型的修正内容主要有：① 添加或删除因子载荷，② 添加或删除因子之间的协方差，③ 添加或删除测量误差的协方差；结构模型的修正内容主要有：增减潜变量的数目、改变潜变量之间的路径关系或模型残差项之间的关系（易丹辉和李静萍，2019）。若要修改模型，可以参考建模软件（如 AMOS）输出的模型修正指数和残差矩阵。需要注意的是，修改模型时，理论上每次只可修改一个参数，而后重新计算修正指数，直至获得的模型达到良好的适配标准。

第三节　结构方程模型在验证性因子分析中的应用

一般而言，概念的测量包含了不同方面的内容，这些内容通常用“维度”（dimension）来表征，比如，员工在组织的职业成长状况可以从职业能力、晋升机会、报酬增长等不同维度去考察。同样的道理，在考察个体职业成长的时候，也可以分为数量职业成长、质量职业成长等不同的侧面。这些不同的维度在心理测量中也被称为因子（factor），相应的研究方法即因子分析。众所周知，在统计检验方法上，因子分析分为探索性因子分析（EFA）和验证性因子分析（CFA）两种方式。在 EFA 中，测量题项之间可以形成什么样的结构维度是未知的，其结果是由样本数据决定的；而在 CFA 中，测量题项之间的结构维度是事先设定好的，目的是检验假定的结构维度是否能够较好地拟合样本数据。

一、一阶验证性因子分析

这里以图书馆员职业成长测量模型的验证性因子分析为例。假设我们需要用 9 个题项（CG1～CG9）考察图书馆员的职业成长状况，题如“图书馆工作促使我不断学习与业务相关的新知识”，受访者用六级李克特量表作答，选项从①=“非常不同意”到⑥=“非常同意”。根据之前得到的探索性因子分析结果，萃取到的 3 个因子分别命名为业务能力发展、科研水平提升、组织回报增长，据此构建一阶三因子模型。

该研究采用 AMOS 20.0 软件对收集到的样本数据进行验证性因子分析。图书馆员职业成长量表一阶验证性因子分析结果显示，预设模型可被识别，卡方自由度比（χ^2/df）值为 2.116，小于 3，表明预设模型与实际数据拟合效果良好。绝对适配指数 RMR 值等于 0.032，RMSEA 值等于 0.035，均小于 0.05；GFI 值为 0.987，符合大于 0.9 的适配要求。在相对适配指数中，NFI 值为 0.986，IFI 值为 0.993，CFI 值为 0.993，也都符合大于适配临界值 0.9 的要求。此外，从题项的质量考察，所有题项对应因子上的标准化因子载荷介于 0.69～0.86 之间，并且达到 $p<0.001$ 的显著性水平。由此，该研究开发的图书馆员职业成长量表通过了一阶验证性因子分析。一阶验证性因子分析模型及有关指标值如图 18-2 所示。

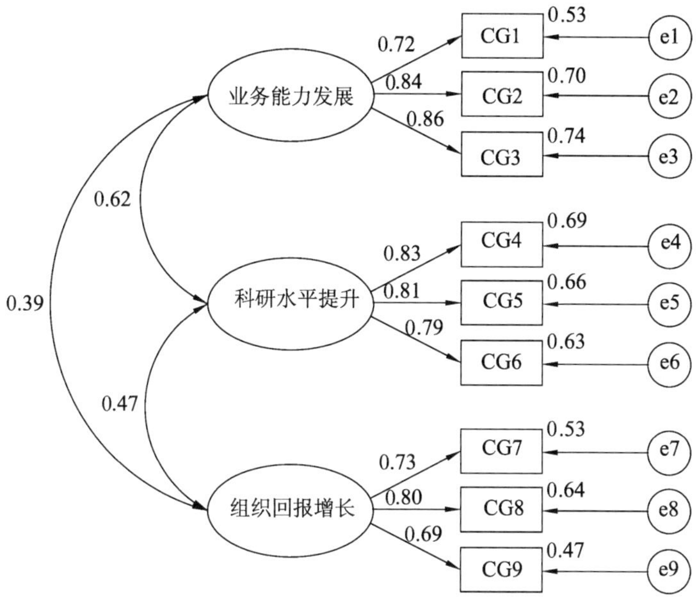

图 18-2　图书馆员职业成长量表一阶验证性因子分析模型

二、二阶验证性因子分析

二阶验证性因子分析也称为高阶因子分析，是一阶验证性因子分析的特例。根据一阶验证性因子分析结果，三个潜在变量之间呈现高度相关，且一阶验证性因子分析模型与实际数据适配度良好。因此，该研究接着检验二阶因子模型。参数估计结果表明，二阶因子模型可被识别，高阶因子在职业成长上的标准化路径系数值介于 0. 543 ~ 0. 867 之间，说明二阶因子模型具有较好的内在质量。检验结果还显示，有关适配度指数值与一阶验证性因子分析结果相同，不再赘述。因此，理论预设的三个维度（业务能力发展、科研水平提升、组织回报增长）可以较好地收敛于职业成长这一变量。二阶验证性因子分析模型及有关指标值如图 18-3 所示。

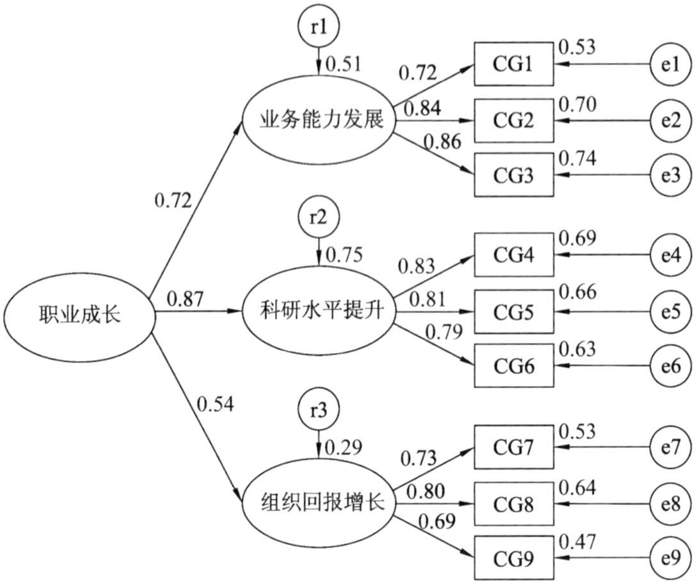

图 18-3　图书馆员职业成长量表二阶验证性因子分析模型

三、结构方程模型在中介效应分析中的应用

使用回归分析方法检验中介作用的前提是自变量 X、中介变量 M 和因变量 Y 这三个概念建构都由单一分值来表示，这里所指的单一分值既可以是单一变量，也可以是用来测量某一概念建构的多个题项的得分均值。但是，只要任何一个概念建构是由多个题项来测量的（并非用一个均值来反映），就不能使用回归方法。试想一下，当研究者分别用多个指标来测量 X、M、Y 这三个概念建构时，经典的回归方法在某种程度上有些无从下手。这时候结构方程模型（SEM）就可以同时提供一个测量模型和一个结构模型，并将两者完美地结合起来：既提高了概念测量的可靠性，又检验了这些概念之间可能存在的中介作用（亚科布齐，2012）。

中介作用检验在方法上的最大发展就是更加流行的结构方程模型，相对于回归方法，结构方程模型的优越性在于它会减少标准误，因为结构方程模型中所有的参数是被同时估计的，分别拟合三个回归方程模型会导致偏误，其原因在于缺失变量。基于同步估计的精确性，结构方程模型更有可能发现存在的中介作用模型，更接近总体的、已知的结构性特征，更具有统计上的可靠性。

这里以职业成长对高校教师知识共享的影响研究为例（$N=292$），通过文献回顾和理论推演，提出研究假设总体模型，如图 18-4 所示。在假设模型中，职业成长是自变量（包含两个维度：职业能力发展，PAD；组织回报增长，ORG），组织认同（OI）是中介变量，知识共享（KS）是因变量，量表均采用李克特 7 级计分方式。经检验，主要测量工具的信效度良好，主要变量间的区分效度良好，观测数据不存在严重的同源方差问题。在变量的描述性统计及相关分析的基础上，检验影响关系中的主效应和中介效应。

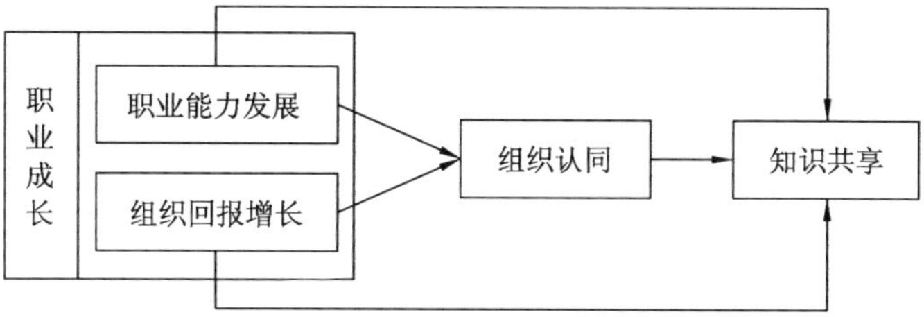

图 18-4 研究假设总体模型实例（王晴，2022）

以经典的中介作用检验流程为基础，分别建立两个路径模型，采用极大似然法并借助 AMOS 22.0 软件进行模型检验和参数估计，采用偏差矫正的 Bootstrap 法重复抽样 2000 次计算中介效应，结果如表 18-1 所示。

表 18-1 作用路径检验结果

作用路径	Estimate	S. E.	C. R.	95%CI（Bootstrap）	
				Lower	Upper
PAD--->OI	0. 185	0. 069	2. 662	0. 045	0. 392
PAD--->KS	0. 413	0. 087	4. 748	0. 184	0. 711
OI--->KS	0. 375	0. 088	4. 254	0. 186	0. 620
PAD--->OI--->KS				0. 019	0. 180
ORG--->OI	0. 138	0. 048	2. 864	0. 042	0. 252
ORG--->KS	0. 117	0. 058	2. 010	-0. 016	0. 252
OI--->KS	0. 418	0. 093	4. 483	0. 232	0. 681
ORG--->OI--->KS				0. 016	0. 131

参数估计结果显示，全路径模型与样本数据的适配性良好，（χ^2/df=2. 914，RMSEA=0. 081，CFI=0. 892，TLI=0. 878，SRMR=0. 052），全模型路径关系如图 18-5 所示。考虑到全模型中存在不显著的路径关系，可将其从全模型中删除，建立修正模型，重新检验模型的拟合优度并估计参数。

在局部模型中，模型Ⅰ（PAD→OI→KS）拟合效果可被接受（χ^2/df = 3.597，RMSEA = 0.094，CFI = 0.880，TLI = 0.863，SRMR = 0.054），模型Ⅰ的三组路径的95%置信区间均不包含0；模型Ⅱ（ORG→OI→KS）拟合良好（χ^2/df = 3.224，RMSEA = 0.087，CFI = 0.916，TLI = 0.901，SRMR = 0.049），模型Ⅱ的三组路径中，只有组织回报增长对知识共享的直接效应（ORG→KS）的95%置信区间包含0，其余两条路径的95%置信区间均不包含0。综上可知，职业能力发展、组织回报增长对组织认同均有显著的正向影响，组织认同对知识共享也有显著的正向影响；组织认同在职业能力发展与知识共享的关系间起部分中介作用，而组织认同在组织回报增长与知识共享的关系间起完全中介作用。

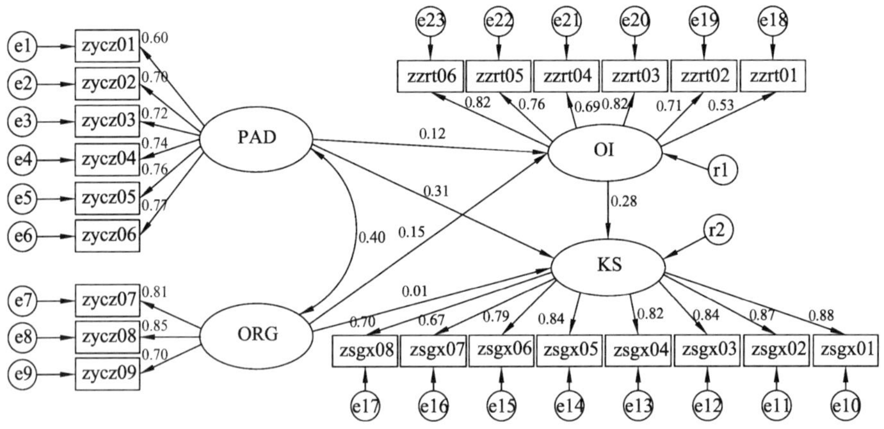

图 18-5　全模型路径关系

第四节　多群组结构方程模型分析

一、多群组结构方程分析的基本原理

在层级回归分析中，检验调节效应可以通过构造乘积项的方法实现，还可以利用分组回归分析进行考察。在调节变量为分类变量的情形下，如果自变量对因变量之间的影响关系较为复杂，涉及潜变量的结构模型和测量模型，分组的方法论思维就可以拓展到结构方程建模中，即多群组结构方程模型（multi-group SEM），也被简称为多组结构方程模型。这里的“组”的含义相当于一个调节变量的不同水平。含有乘积项的调节效应模型

的检验思路一般是将调节效应作为一个新的参数纳入方程中，以考察不同组别之间的影响有无差异。多群组 SEM 的基本思路是通过将不同的群组样本分别进行估计，然后通过限定对应的参数相等与否来达到检验调节效应的目的（刘源和刘红云，2020）。

在多群组 SEM 分析的实际操作中，研究者不需要对每一组（即调节变量的不同水平或类型）重新绘制模型，因为不论是哪一个群组，软件都用相同的模型进行分析。在更深入的研究中，研究者可能需要形成若干个模型，这里所说的“形成若干个模型”并不是要陆续绘制新的模型，而是对模型分别设定不同的参数（路径系数），从而形成不同的模型。多群组 SEM 分析即为了考察群组之间在重要变量间的系数有无显著差异（这些变量与研究假设密切相关），而有无显著差异在组织策略优化的运用上具有重要意涵（荣泰生，2010）。

在跨组比较之前，研究者首先要确定测量工具（如量表）的结构在这些组别中是相同的。例如，想要了解不同性别大学生就业质量及其影响因素的差异，先要测量就业质量的量表是否对男生、女生都适用。如果不同性别大学生的就业质量需要采用不同的问项来测量，那就难以比较男、女大学生就业质量的高低了。同理，想要了解学校教育因素对不同性别大学生就业质量的影响是否相同（即从学校教育因子到就业质量因子的路径，在男大学毕业生组和女大学毕业生组之间是否相同），也要先做测量恒等性（measurement equivalence/invariance）检验，也被称为测量等值性检验。

测量恒等性检验需要通过多个步骤，主要在于确认各组的协方差矩阵相同，大致步骤包括：形态相同检验、因子载荷量等同检验、误差方差等同检验以及因子方差等同、因子协方差等同检验，其中，限制模型具有共同的形态是最低的要求（侯杰泰等，2004）。具体来说，以调节变量仅有两个水平为例，将两组（根据调节变量的类别进行分组）中自变量对因变量的影响系数约束为相等时，若模型拟合明显变差，则存在交互效应（刘源和刘红云，2020）。在上述过程中，通常采用卡方差异检验作为不同模型拟合优度的评价指标。应当注意的是，在多群组比较中，不同组别之间的人数不能差异太大，否则估计值会出现异常。

二、多群组结构方程模型分析示例

以图书馆员职业成长（三个子维度）对情感承诺的影响关系研究为例，

为探究人口特征和组织特征对职业成长子维度与图书馆员情感承诺关系的影响差异，可以通过多群组路径分析检验以上群组变量的调节效应（N=896）。

在多群组路径分析中，需要对各种参数进行限制，设定不同的结构方程以找出最适配的路径模型。据此，在多群组分析中，分别选择测量权重（measurement weights）、结构权重（structural weights）、结构协方差（structural covariances）、结构残差（structural residuals）、测量残差（measurement residuals）等五个模型进行适配度比较，加上未设限（unconstrained）模型共六个竞争模型，性别群组模型适配度检验结果如表 18-2 所示。

表 18-2　性别群组模型适配结果比较

Model	χ^2/df	RMR	RMSEA	GFI	NFI	IFI	CFI
M0：未设限	1. 654	0. 052	0. 027	0. 967	0. 971	0. 988	0. 988
M1：测量权重	1. 585	0. 055	0. 026	0. 966	0. 970	0. 989	0. 989
M2：结构权重	1. 567	0. 056	0. 025	0. 965	0. 970	0. 989	0. 989
M3：结构协方差	1. 576	0. 073	0. 025	0. 964	0. 968	0. 988	0. 988
M4：结构残差	1. 564	0. 073	0. 025	0. 964	0. 968	0. 988	0. 988
M5：测量残差	1. 664	0. 077	0. 027	0. 955	0. 963	0. 985	0. 985

性别群组模型适配检验结果表明，在假定未设限模型为真的情形下，测量权重（$p=0.729$）、结构权重（$p=0.738$）、结构协方差（$p=0.386$）、结构残差（$p=0.451$）等模型的 $\Delta\chi^2$ 值均未达到 $p<0.05$ 显著性水平，ΔTLI、ΔCFI 的变化值均小于 0. 01，表明男女两组在以上模型系数上无显著差异，即组间具有不变性。但是，测量残差模型未通过检验（$p=0.008$）。

具体而言，六个模型的适配指标值均处于合理范围。其中，未设限模型和测量残差模型的卡方自由度比值相对大一点，结构协方差、结构残差和测量残差模型的 RMR 值比其他 3 个模型略高一些，RMSEA 值则介于 0. 025~0. 027 之间，并无明显差别。但是，从模型的标准化估计结果来看，在结构协方差、结构残差和测量残差模型中，职业成长子维度对情感承诺影响的路径系数不存在群组差异性。接下来对单个群组的不同结构方程模型估计结果进行比较。针对性别群组进行参数估计，在未设限和测量系数模型中，职业成长子维度对情感承诺影响的路径系数值变化甚微，说明这两个模型的估计结果具有一定的稳定性，可以选定其中一个模型进行多群组差异化影响的数据解析。该研究选择未设限模型，参数估计结果如表 18-3 所示。

表 18-3　性别群组未设限模型路径分析结果

路径	男（N=239）	女（N=657）
业务能力发展→情感承诺	0.551***	0.468***
科研水平提升→情感承诺	−0.120（p=0.195）	−0.034（p=0.521）
组织回报增长→情感承诺	0.253**	0.291***

注：** $p<0.01$，*** $p<0.001$。

在性别方面，组织回报增长、业务能力发展对男性图书馆员情感承诺的正向影响均达到显著性水平（$p<0.001$），而科研水平提升对其情感承诺的影响不显著。女性群组有同类结果。在影响程度上，业务能力发展对男性图书馆员情感承诺的影响要大于女性，而在组织回报增长与情感承诺的关系上，恰好相反。

附录1：研究报告中应注意的规范性表达

一、测量工具（或称变量测量）的报告内容

在研究报告（论文等）的具体表述中，一般会单独列出“变量测量”或“测量工具”等段落内容，在目录体系中一般将其纳入“研究方法/设计”章节，成为后者所属的下级目录。关于题项的测量，研究中一般会报告以下内容：首先是测量工具的具体来源，如引用某人编订/修正的（中文版）量表，标记出处；其次应列出至少一个题项（作为示例），若列出全部题项，可在段落中陈述题项内容，也可以附于文后，这可能与期刊编排规则有关；再者，需要表明 Likert 量表评分制，如五级评分制等，选项从 1“完全不符合”至 5“完全符合”等类似表述；最后，要求报告本研究量表的 Cronbach's α 系数值。

在设定好评分方法之后，可以阐明分数与测量态度/行为等的关系，如张玉琴和南钢（2020）在幼儿园教师职业生涯适应力对离职意向的影响研究中，不仅报告了量表来源及其构成、修订缘由、计分方式等，还说明了如何测算实际得分，即该量表所含全部题项的得分相加后取其平均值，在正向评分方式下，得分越高，说明该量表所测的态度（如工作满意度、离职倾向）越强。

二、变量描述性统计及相关分析

在变量的描述性统计和相关性分析中，一般需要报告主要变量的均值（常以“M”表示）、标准差（常以“SD”表示）以及它们之间的相关性，其中相关性常用皮尔逊相关系数。值得一提的是，这里报告的控制变量均值是否需要对其虚拟化后再取均值呢？例如，性别、学历、工龄等。从已有文献的表述内容来看，有的学者将控制变量虚拟化后再报告其均值，如……；有的学者直接将控制变量的类别数值进行计算，如杜鹏程和陈云（2019）在报告主要变量均值和标准差时，性别（M=1.62，SD=0.486）等

控制变量并未虚拟化。

有的学者在描述性统计分析列表中，在报告主要变量均值、标准差和相关系数的同时，也给出了量表的信度，如在高中华和赵晨（2019）的研究论文中，用对角线上括号中的数值表示各观测变量的信度值。

三、涉及调节和交互效应的变量处理

在涉及调节（交互效应）作用的数据模型分析中，有的学者仅对类别型控制变量进行虚拟化处理，如杜鹏程和陈云（2019）在研究论文中仅选择部分报告，主要是考虑到虚拟化后的控制变量众多且对自变量、因变量的预测作用不显著，但是并未报告虚拟变量的参照组。

杰卡德和图里西（2012）指出，在交互作用分析中，自变量 X 和调节变量 Z 的值都需要进行均值中心化（也称对中）处理，以避免多重共线性问题，并使得系数 β_1 和 β_2 更易理解，其中 β_1、β_2 分别是自变量 X 和调节变量 Z 的回归系数。

四、显著性水平 *p* 的标示

概率值是假设检验的判断依据之一，学界一般将 5% 的概率水平（95% 的置信区间）设定为结果是否显著的临界值，所以，在研究报告（含论文）中，常以 $p<0.05$ 表示拒绝原假设。当一个样本统计量转换成检验统计观察值 t，并进行假设检验得到 $p<0.05$ 的结果时，研究者通常会在 t 右侧标记一个星号 *，例如，$t=2.68^{*}$，表示该概率水平低于临界值；如果采用更显著的概率水平，例如，$p=0.002$，则标记两个 *；若是概率值 $p<0.001$，则标记三个 *，这样的标记法已被学界普遍接受，也被统计软件广为采纳。邱皓政（2013）指出，显著性符号必须标示在统计量数值上，而非概率值 p 上，例如，$p=0.045^{*}$ 或 $p<0.01^{**}$ 都是错误的标示方法（因为 p 值不必标示即可知其显著与否）。

五、回归系数的非标准化与标准化输出

为更清楚地表述影响强度或为避免误解、误读，有的学者在模型检验结果中同时列出了非标准化与标准化系数值，如李维等（2018）在农村教师归属感与离职意向的影响关系模型中，明确标注：（1）括号里的数字为非标准化输出；（2）括号外的数字为标准化输出；（3）……；（4）下同

(笔者注：主要指的是该研究中涉及的中介效应影响模型，图略)。非标准化回归系数反映的是自变量变化一个单位时，因变量的平均变化量；非标准化回归系数反映的变化情况受到测量尺度、数据量纲等因素的影响。为消除这些影响，可以使用标准化回归系数来揭示变化；标准化回归系数反映的仅是变量关系上的相对影响情况。

六、关于量纲的问题（测量量表采用不同的计分方式）

宣燚斐等（2018）在职业成长机会对员工工作投入的影响研究中，控制变量外的主要变量共有四个。其中，职业成长机会量表采用 Likert 四点计分方式（1 = 从不，…，4 = 总是），传统性量表采用 Likert 五点计分方式（1=完全不同意，…，5 = 完全同意）；另外，工作投入和工作动机均采用 Likert 七点计分方式，不同的是，工作投入量表采用“1 = 从来没有，7 = 总是如此”的编码方式，而工作动机采用“1 = 完全不同意，…，7 = 完全同意”的编码方式。

七、层级回归分析中控制变量的解释

层级回归（hierarchical regression)，又称层次回归、阶层回归，可用于研究多个自变量对因变量的影响程度。一般而言，在 SPSS 软件的层级回归操作中，第一个回归方程（模型 1）仅加入虚拟化处理后的控制变量（如性别和年龄），第二个回归方程（模型 2）再加入自变量。此时，模型 1 探讨的是控制变量的作用；模型 2 中 R^2（决定系数）的数值则表示控制了性别和年龄之后，自变量能够解释因变量的方差的多少。

值得注意的是，还有一个概念叫“多层线性模型”（hierarchical linear model，HLM)，也被称为“多水平线性模型”（multilevel linear model，MLM)，可用于分析具有嵌套结构的数据，它与层级回归（hierarchical regression）是两种截然不同的统计方法。

附录 2：问卷调查研究中的部分经典量表

一、工作投入（UWES 版）

Work & Well-being Survey (UWES)

The following 17 statements are about how you feel at work. Please read each statement carefully and decide if you ever feel this way about your job. If you have never had this feeling, cross the '0' (zero) in the space after the statement. If you have had this feeling, indicate how often you feel it by crossing the number (from 1 to 6) that best describes how frequently you feel that way.

	Almost never	Rarely	Sometimes	Often	Very often	Always
0	1	2	3	4	5	6
Never	A few times a year or less	Once a month or less	A few times a month	Once a week	A few times a week	Every day

1. ________At my work, I feel bursting with energy* (VI1)
2. ________I find the work that I do full of meaning and purpose (DE1)
3. ________Time flies when I'm working (AB1)
4. ________At my job, I feel strong and vigorous (VI2)*
5. ________I am enthusiastic about my job (DE2)*
6. ________When I am working, I forget everything else around me (AB2)
7. ________My job inspires me (DE3)*
8. ________When I get up in the morning, I feel like going to work (VI3)*
9. ________I feel happy when I am working intensely (AB3)*
10. ________I am proud on the work that I do (DE4)*
11. ________ I am immersed in my work (AB4)*
12. ________I can continue working for very long periods at a time (VI4)
13. ________To me, my job is challenging (DE5)

14. ________I get carried away when I'm working (AB5) *

15. ________At my job, I am very resilient, mentally (VI5)

16. ________It is difficult to detach myself from my job (AB6)

17. ________At my work I always persevere, even when things do not go well (VI6)

* Shortened version (UWES-9); VI = vigor; DE = dedication; AB = absorption

Schaufeli 和 Bakker (2003) 声明乌得勒支工作投入量表 (UWES) 免费用于非商业性科学研究，禁止商业和/或非科学用途，除非获得作者书面许可。

工作及健康状况调查 (UWES)

以下的 17 个句子是有关您在工作中的感受的陈述。请仔细阅读，并确定您是否曾在工作中有过这样的感觉。如果您从未有过这样的感受，请在该题目左端的横线上填入“0”。如果曾有过这样的感受，请您在横线上填入相应最能够描述您的感受的频繁程度的数字 (从 1 到 6)。

	几乎没有过	很少	有时	经常	十分频繁	总是
0	1	2	3	4	5	6
从来没有	一年几次或更少	一个月一次或更少	一个月几次	一周一次	一周几次	每天

1. ________在工作中，我感到自己迸发出能量 (VI1) *

2. ________我觉得我所从事的工作目的明确，且很有意义 (DE1)

3. ________当我工作时，时间总是过得飞快 (AB1)

4. ________工作时，我感到自己强大并且充满活力 (VI2) *

5. ________我对工作富有热情 (DE2) *

6. ________当我工作时，我忘记了周围的一切事情 (AB2)

7. ________工作激发了我的灵感 (DE3) *

8. ________早上一起床，我就想要去工作 (VI3) *

9. ________当工作紧张的时候，我会感到快乐 (AB3) *

10. ________我为自己所从事的工作感到自豪 (DE4) *

11. ________我沉浸于我的工作当中 (AB4) *

12. ________我可以一次连续工作很长时间 (VI4)

13. ________对我来说，我的工作是具有挑战性的 (DE5)

14. ________我在工作时会达到忘我的境界（AB5）*

15. ________工作时，即使感到精神疲劳，我也能够很快地恢复（VI5）

16. ________我感觉到自己离不开工作（AB6）

17. ________在工作中，即使事情进展不顺利，我也总能够锲而不舍（VI6）

UWES是测量工作投入的最常用量表。UWES是由活力（vigor）、奉献（dedication）和专注（absorption）组成的三维结构量表，其中，活力维度包含6个问项，奉献维度包含5个问项，专注维度包含6个问项。大量的实证检验结果显示，该量表在欧洲国家间以及中文情境下均具有良好的信效度。

企业员工的工作投入，也常被译作员工敬业度。值得注意的是，与工作投入（work engagement）最容易混淆的构念是工作卷入（job involvement）。

文献来源：Schaufeli W B，Bakker A B，Salanova M. The measurement of work engagement with a short questionnaire：a cross-national study [J]. Educational and Psychological Measurement，2006，66（4）：701-716.

二、服务创新行为（Service Innovative Behavior）

服务创新行为（service innovative behavior）量表的设计具有明显的“借来”之意。例如，Al-Hawari等（2019）用于测量服务创新行为的6个题项直接取自Scott和Bruce（1994）开发的员工创新行为量表，这6个题项分别是：

Q1：At work，I come up with innovative and creative notions

Q2：At work，I propose my own creative ideas and convince others

Q3：At work，I seek new service techniques，methods，or techniques

Q4：At work，I provide a suitable plan for developing news

Q5：At work，I try to secure the funding and resources needed to implement innovations

Q6：Overall，I consider myself a creative member of my team

文献来源：Al-Hawari M A，Bani-Melhem S，Shamsudin F M. Determinants of frontline employee service innovative behavior：The moderating role of co-worker socializing and service climate [J]. Management Research Review，2019，42（9）：1076-1094.

原始出处：Scott S，Bruce R. Determinants of innovative behavior：a path model of individual innovation in the workplace [J]. Academy of Management Journal，1994，37（3）：580-607.

三、绿色行为（Green Behavior）

Fawehinmi 等（2020）从 Blok 等（2014）编制的亲环境行为（pro-environmental behaviour）量表中选取 7 个题项用于测量工作场所内的员工绿色行为（employee green behavior，EGB），而实际调查发现，仅有 4 个题项的因子载荷值大于 0.4，这四个题项分别是：

Q1：I print/photocopy double-sided

Q2：I switch off my computer/notebook when I go home

Q3：I switch off the lights when I leave my office for a considerable period of time，and there is no one else

Q4：I recycle plastics

文献来源：Fawehinmi O，Yusliza M Y，et al. Assessing the green behaviour of academics：the role of green human resource management and environmental knowledge［J］. International Journal of Manpower，2020，41（7）：879-900.

原始出处：Blok V，Wesselink R，Studynka O，et al. Encouraging sustainability in the workplace：a survey on the pro-environmental behaviour of university employees［J］. Journal of Cleaner Production，2014（106）：55-67.

Kim 等（2017）采用 6 个题项来测量工作场所内员工的自愿绿色行为（voluntary workplace green behavior，VWGB），这 6 个题项分别是：

（1）avoiding unnecessary printing to save papers

（2）using personal cups instead of disposable cups

（3）using stairs instead of elevators when going from floor to floor in the building

（4）reusing papers to take notes in the office

（5）recycling reusable things in the workplace

（6）sorting recyclable materials into their appropriate bins when other group members do not recycle them

文献来源：Kim A，Kim Y，Han K，et al. Multilevel influences on voluntary workplace green behavior：individual differences，leader behavior，and coworker advocacy［J］. Journal of Management，2017，43（5）：1335-1358.

四、越轨创新（Bootlegging）行为

Criscuolo 等（2014）学者开发的越轨创新（Bootlegging）量表包含五个题项：

Q1：I have the flexibility to work my way around my official work plan, digging into new potentially valuable business opportunities

Q2：My work plan does not allow me the time to work on anything other than the projects I have been assigned to

Q3：I enjoy tinkering around with ideas that are outside the main projects I work on*

Q4：I am running several pet projects that allow me to learn about new areas

Q5：I proactively take time to work on unofficial projects to seed future official projects

注：在原始文献中，Q4 题项的因子载荷值为 0.349，低于 0.4，Criscuolo 等（2014）在计算因子得分时将其删除。中国大陆学者选择测量工具时，保留五个题项用于测量员工的越轨创新行为。

国内学者张昊民等（2022）在引用 Criscuolo 等（2014）的越轨创新量表时，并没有采用自陈式评分法，而是由员工的直属主管进行评价，题项如下：

Q1：该员工可以灵活围绕正式工作计划和内容，挖掘具有潜在价值的创新商业机会

Q2：该员工不做被分配项目以外的任何非正式工作

Q3：该员工喜欢探索那些与正式工作项目不太相关的创意

Q4：该员工为了解新的领域，正在同时投入精力从事几个子项目

Q5：该员工主动花费时间从事非官方的创新事项，并寄希望于将这些项目纳入未来正式项目中

原始出处：Criscuolo P, Salter A, Ter Wal A L J. Going underground: bootlegging and individual innovative performance [J]. Organization Science, 2014, 25 (5): 1287-1305.

文献来源：张昊民，孟洪林，刘春秀，等．职场负面八卦会抑制员工越轨创新行为吗？一个被调节的链式中介模型［J］．中国人力资源开发，2022，39（7）：26-40.

香港中文大学（深圳）Lin 等（2016）学者以中国员工为样本，开发的越轨创新量表包含 9 个题项：

Q1：I continued to improve some of the new ideas, although they did not receive my supervisor's approval

Q2：In my work time, I often thought about how to make the rejected ideas better

Q3：Although my supervisor asked me to stop developing some new ideas, I still worked on these ideas

Q4：Besides working on ideas that were approved by my supervisor，I also exerted effort in improving the rejected ideas by collecting information and trying again

Q5：I spent some of my work time in developing the ideas rejected by my supervisor

Q6：Up to this point I still have not given up on some of the rejected ideas

Q7：I have improved some rejected ideas in my working hours

Q8：Although some ideas were stopped by the supervisor，I worked on the improved versions of these ideas

Q9：Using some of my work time or resources，I kept on working on the rejected ideas

原始出处：Lin B，Mainemelis C，Kark R. Leaders' responses to creative deviance：differential effects on subsequent creative deviance and creative performance［J］. The Leadership Quarterly，2016，27（4）：537-556.

五、离职意向（Intentions to Quit）

Wayne 等（1997）编制的离职意向（intentions to quit）量表包括 5 个题项，其中的 3 个题项直接引自前人的研究成果，1 个题项取自另一项调查问卷，还有一个题项是自行开发的。量表采用七点刻度进行度量，从“非常不同意（strongly disagree）”（1）到“非常同意（strongly agree）”（7）。原始的测量题项表述如下：

Q1：I am actively looking for a job outside［company name］

Q2：As soon as I can find a better job，I'll leave［company name］

Q3：I am seriously thinking about quitting my job

Q4：I often think about quitting my job at［company name］

Q5：I think I will be working at［company name］five years from now（reverse-scored）

原始出处：Wayne S J，Shore L M，Liden R C. Perceived organizational support and leader-member exchange：a social exchange perspective［J］. Academy of Management Journal，1997，40（1）：82-111.

国内学者张凯丽等（2018）在引用 Wayne 等（1997）的量表测量一家

大型外资企业员工离职倾向时，根据该量表的原始翻译并结合中国发表文章的翻译结果，选取其中 4 个题项施测。测量题项采用 Likert 七级评分法，1 为非常不同意，7 为非常同意。中译版量表的测量题项如下：

Q1：我在积极地寻找另一份工作

Q2：我很认真得在考虑离开这个组织

Q3：我时常会想要离开这个组织

Q4：如果我能找到一份好的工作，我就会立即离开这个组织

文献来源：张凯丽，唐宁玉，尹奎．离职倾向与行为表现的关系：自我效能感和主动性人格的调节作用［J］．管理科学，2018，31（6）：117-127.

六、知识共享（Knowledge Sharing）行为

Lu 等（2006）以中国大陆地区 MBA 学员和企业中层管理者为样本，编制并修订的知识共享行为量表（单维）包含 8 个题项：

Q1：In daily work，I take the initiative to share my work-related knowledge to my colleagues

Q2：I keep my work experience and never share it out with others easily（R）

Q3：I share with others useful work experience and know-how

Q4：After learning new knowledge useful to work，I promote it to let more people learn it

Q5：I never tell others my work expertise unless it is required in the company（R）

Q6：In workplace I take out my knowledge to share with more people

Q7：I actively use IT sources available in the company to share my knowledge

Q8：So long as the other colleagues need it，I always tell whatever I know without any hoarding

注：第 6、7、8 题引用自 Bock 和 Kim（2002）开发的知识共享量表。

原始出处：Lu L，Leung K，Koch P T．Managerial knowledge sharing：the role of individual，interpersonal，and organizational factors［J］．Management and Organization Review，2006，2（1）：15-41.

原始来源：Bock G W，Kim，Y G．Breaking the myths of rewards：an exploratory study of attitudes about knowledge sharing［J］．Information Resources Management Journal，2002，15（2）：14-21.

七、知识隐藏（Knowledge Hiding）行为

Connelly 等（2012）开发的知识隐藏量表（三维）包含 12 个题项：

Evasive hiding（推脱隐藏）

Q1：Agreed to help him/her but never really intended to

Q2：Agreed to help him/her but instead gave him/her information different from what s/he wanted

Q3：Told him/her that I would help him/her out later but stalled as much as possible

Q4：Offered him/her some other information instead of what he/she really wanted

Playing dumb（装傻隐藏）

Q5：Pretended that I did not know the information

Q6：Said that I did not know, even though I did

Q7：Pretended I did not know what s/he was talking about

Q8：Said that I was not very knowledgeable about the topic

Rationalized hiding（合理隐藏）

Q9：Explained that I would like to tell him/her, but was not supposed to

Q10：Explained that the information is confidential and only available to people on a particular project

Q11：Told him/her that my boss would not let anyone share this knowledge

Q12：Said that I would not answer his/her questions

原始出处：Connelly C E, Zweig D, Webster J, et al. Knowledge hiding in organizations [J]. Journal of Organizational Behavior, 2012, 33 (1): 64-88.

以 Connelly 等（2012）开发的知识隐藏量表为基础，Rhee 和 Choi（2017）编制了包含 4 个题项的知识隐藏量表：

（1）I agreed to help him/her but never really intended to

（2）I pretended that I did not know the information

（3）I said that I did not know even though I did

（4）I tried to hide innovative solutions and achievement

注：以上题项中的“him/her”指的是与填答问卷的员工相匹配的同事姓名。

原始出处：Rhee Y W, Choi J N. Knowledge management behavior and individual creativity: goal orientations as antecedents and in-group social status as moderating contingency [J].

Journal of Organizational Behavior，2017，38（6）：813-832.

八、知识保留（Knowledge Withholding）行为

复旦大学管理学院 Peng（2012）以中国知识工作者为样本，开发的知识保留量表（单维）包含 3 个题项：

Q1：Do not want to transform personal knowledge and experience into organizational knowledge

Q2：Do not share innovative achievements

Q3：Do not share helpful information with others

原始出处：Peng H. Counterproductive work behavior among Chinese knowledge workers [J]. International Journal of Selection and Assessment，2012，20（2）：119-138.

九、组织内职业成长

华中科技大学管理学院翁清雄（2009）在其博士论文研究中开发的职业成长量表原创性水平较高，在同类量表中被引频次最多。在量表的编制阶段，问卷调查对象为企业员工，采用 Likert 五点法记分，即 5=非常符合，1=很不符合。正式量表由四个维度构成，其中，职业目标进展（career goal progress）是指目前的工作与职业目标、职业理想的相关性；职业能力发展（professional ability development）简称职业能力，是指目前的工作对员工的职业技能、职业知识、工作经验的促进程度；晋升速度（promotion speed）指在目前工作单位中，员工的职务晋升速度以及晋升的空间；报酬增长（remuneration growth）指在目前工作单位中，员工的报酬增长速度。具体题项如下：

Q1：目前的工作使我离自己的职业目标更近一步

Q2：目前的工作与我的职业目标、职业理想相关

Q3：目前的工作为我的职业目标的实现打下了基础

Q4：目前的工作为我提供了较好的发展机会

Q5：目前的工作促使我掌握新的与工作相关的技能

Q6：目前的工作促使我不断掌握新的与工作相关的知识

Q7：目前的工作促使我积累了更丰富的工作经验

Q8：目前的工作促使我的职业能力得到了不断地锻炼与提升

Q9：在目前工作单位的职务提升速度较快

Q10：在目前工作单位，我职务提升的可能性很大

Q11：在目前工作单位，我的职务比原先单位更理想

Q12：与同事相比，我的职业提升速度比较快

Q13：到目前的工作单位后，我的薪资提升比较快

Q14：在本单位，我目前的薪资继续得到提升的可能性很大

Q15：与同事相比，我的薪资增长速度比较快

其中，题项 Q1~Q4 测量职业目标进展，题项 Q5~Q8 测量职业能力发展，题项 Q9~Q12 测量晋升机会，题项 Q13~Q15 测量报酬增长。

原始出处：翁清雄．职业成长对员工承诺与离职的作用机理研究［D］．武汉：华中科技大学，2009.

哈尔滨工业大学管理学院张莉等（2017）研究认为组织内的职业成长是一个包含了数量和质量职业成长的二维构念，编制了相应的二维结构职业成长量表，其中，数量职业成长（quantitative career growth）是指员工在目前单位的薪资、管理职位或技术职位、管理的幅度或者指导的幅度以及晋升的发展状况。质量职业成长（qualitative career growth）是指员工对于目前单位未来发展前景的期望或评价。具体题项如下：

Q1：与组织中的同事相比，我的薪资增长的速度很快

Q2：与组织中的同事相比，我的管理职位或技术职位提升很快

Q3：与组织中的同事相比，我管理的下属或指导的人数增幅快

Q4：与组织中的同事相比，我得到晋升的次数比较多

Q5：我目前的工作与我整个职业生涯的发展相关

Q6：我感觉我目前的工作是职业目标实现的基础

在问卷数据收集阶段，该研究以国内的科研院所为取样来源，采用的是 Likert 五点计分方法，非常同意为 5 分，非常不同意为 1 分。其中，题项 Q1~Q4 为数量职业成长的测量内容，题项 Q5~Q6 为质量职业成长的测量内容。

原始出处：张莉，赵宁，陈龙．职业成长结构的验证及其对建言行为的影响［J］．工业工程与管理，2017，22（4）：134-139.

十、职业成长机会（Career Growth Opportunity）

清华大学经济管理学院张勉和张德（2007）将“职业成长机会”定义为“由雇主提供的可以增加相关知识和技能的机会”，职业成长机会是由三

个题项构成的单维结构量表，其中包含一个反向题。在新变量的度量上，以 15 家 IT 企业的 742 名员工为问卷调查对象，采用五级李克特评分方式进行测量，五个备择答案从"非常不同意"过渡到"非常同意"。职业成长机会的三个测量题项如下：

Q1：本单位为我提供了跟上与工作有关的新动向的机会

Q2：本单位没有为我提供学习新知识或提高专业技能的机会（R）

Q3：本单位为我提供了在工作上自我提高的机会

原始出处：张勉，张德．企业雇员离职意向的影响因素：对一些新变量的量化研究［J］．管理评论，2007，19（4）：23-28.

十一、组织认同（Organizational Identification）

Smidts 等（2001）开发的组织认同量表（单维）包含 5 个题项：

（1）I feel strong ties with ________

（2）I experience a strong sense of belonging to ________

（3）I feel proud to work for ________

（4）I am sufficiently acknowledged in ________

（5）I am glad to be a member of ________

原始出处：Smidts A，Pruyn A T H，Van Riel C B M. The impact of employee communication and perceived external prestige on organizational identification ［J］. The Academy of Management Journal，2001，44（5）：1051-1062.

十二、情感承诺（Affective Commitment）

情感承诺常被作为测量员工与组织关系的重要变量，在组织管理领域属于成熟量表。经典的情感承诺量表取自 Allen 和 Meyer（1990）开发的组织承诺三维量表，是其中一个维度，原始题项共有 8 个，其中包括 4 个反向题。国内学者在引用情感承诺这个分量表时采取了不同的策略，有的直接引用全部 8 个题项，有的仅用其中的 4 个正向题项，有的则引用 6 个题项，有的将部分反向计分题正向化，有的研究阐明了选用原因（如结合国内具体类型员工的特点进行调整）。情感承诺量表的汉化版表述大同小异，研究者在引用时应考虑适用情境和需求而定。英文的 8 个题项如下：

Q1：I would be very happy to spend the rest of my career with this organization

Q2：I enjoy discussing my organization with people outside it

Q3：I really feel as if this organization's problems are my own

Q4：I think that I could easily become as attached to another organization as I am to this one（R）

Q5：I do not feel like ‘part of the family’ at my organization（R）

Q6：I do not feel ‘emotionally attached’ to this organization（R）

Q7：This organization has a great deal of personal meaning for me

Q8：I do not feel a strong sense of belonging to my organization（R）

原始出处：Allen N J，Meyer J P. The measurement and antecedents of affective，continuance and normative commitment to the organization［J］. Journal of Occupational Psychology，1990，63（1）：1-18.

十三、职业召唤（Career Calling）

职业召唤，又被称为职业呼唤、职业使命感。Dobrow 和 Tosti-Kharas（2011）编制的 12 题项单维度量表应用最为广泛，无特定职业领域的限定适用范围；国内学者裴宇晶和赵曙明（2015）较早在公开发表的学术论文中翻译使用了该量表，为适合中国人阅读习惯，调整了部分题项。该量表（原版+汉化版）采用 Likert7 点计分方式进行自陈式测量。具体题项如下：

Q1：我对我的工作充满热情

Q2：我享受做我的工作胜过其他任何事情

Q3：从事我的职业让我有巨大的满足感

Q4：为了我的职业，我会不惜一切代价

Q5：每当向别人描述我是谁时，我通常首先想到的是我的职业

Q6：即使面临重重困难，我仍将坚持选择从事我的职业

Q7：我的职业将一直是我生命的一部分

Q8：我对我的职业感到有一种使命感

Q9：从某种意义上，我内心深处一直装着我的职业

Q10：即使没有做这份工作时，我也常考虑要从事它

Q11：投身目前的职业让我的生命活得更有意义

Q12：从事我的职业能够深深地触动我的内心，给我带来喜悦

原始来源：Dobrow S. R. & Tosti-Kharas J. Calling：the development of a scale measure［J］. Personnel Psychology，2011，64（4）：1001-1049.

引用出处：裴宇晶，赵曙明．知识型员工职业召唤、职业承诺与工作态度关系研究［J］．管理科学，2015，28（2）：103-114.

十四、信息素养（Information Literacy）

信息素养最早是由美国信息产业协会提出的概念，现已成为并将继续发展为创新活动的重要驱动力，员工的高水平信息素养对企业创新发展非常重要。王宗军和蒋振宇（2020）参考前人的研究成果，设计了包含 6 个题项的单维度量表，题项如下：

Q1：在工作中，我们的员工（下属、同事、领导）善于快速地识别完成任务所需要的信息

Q2：在工作中，我们的员工（下属、同事、领导）能有效地获取完成任务所需要的信息

Q3：在工作中，我们的员工（下属、同事、领导）经常准确地分析出信息所包含的意义

Q4：在工作中，我们的员工（下属、同事、领导）经常利用所获取的信息实现创新和改进

Q5：贵公司经常对员工的信息检索技术进行培训（如计算机基础、网络检索等）

Q6：贵公司重视对员工知识基础的考核（如业务知识、相关法律知识等）

原始出处：王宗军，蒋振宇．从知识获取到创新能力：信息素养的调节效应［J］．科研管理，2020，41（1）：274-284.

十五、服务型领导（Servant Leadership）

考虑到国内学界对学术研究语境中“Servant”内涵的理解差异，服务型领导，也被称为公仆型领导（这种叫法相较于前者更少一些）。Liden 等（2008）开发的服务型领导量表被国内学者引用次数较多，该量表由 28 个题项构成，包含七个维度（分量表）：抚慰心灵、为社区创造价值、概念技能、授权、帮助下属成长和成功、把下属放在首位、遵守道德规范，每个分量表涵盖 4 个题项。值得一提的是，Liden（2015）开发并修正的简版单维度测量量表（SL-7 item）有助于压缩问卷篇幅，更受欢迎，7 个题项如下：

Q1：My leader can tell if something work-related is going wrong

Q2：My leader makes my career development a priority

Q3：I would seek help from my leader if I had a personal problem

Q4：My leader emphasizes the importance of giving back to the community

Q5：My leader puts my best interests ahead of his/her own

Q6：My leader gives me the freedom to handle difficult situations in the way that I feel is best

Q7：My leader would NOT compromise ethical principles in order to achieve success

李琰和葛新权（2020）给出的中文版题项如下：

Q1：我的领导能够判断出工作相关事项是否出了问题

Q2：我的领导把我的职业发展放在首位

Q3：如果我有个人问题需要帮助，我会向我的领导寻求帮助

Q4：我的领导强调回馈社会的重要性

Q5：我的领导把我的最大利益放在他/她自己的利益之上

Q6：我的领导给予我自由让我以我认为最好的方式处理困难

Q7：我的领导不会为了成功而违背道德原则

原始出处：Liden R C，Wayne S J，Zhao H，et al. Servant leadership：development of a multidimensional measure and multi-level assessment [J]. The Leadership Quarterly，2008，19 (2)：161-177.

原始出处：Liden R C，Wayne S J，Meuser J D，et al. Servant leadership：validation of a short form of the SL-28 [J]. The Leadership Quarterly，2015，26（2）：254-269.

文献来源：李琰，葛新权．服务型领导对新生代员工工作激情的影响研究 [J]. 管理评论，2020，32（11）：220-232.

十六、员工责任式创新（Employee Responsible Innovation）

欧盟提出的“责任式创新”（Responsible Innovation）概念距今（2024年12月）不过十来年的时间，已迅速成为国内学界高度关注的学术增长点，相关理论建构、实践应用以及不同情境下的研究渐成勃发态势。曹元坤等（2024）探究了员工责任式创新的概念结构并开发对应量表，包含“伦理合规性创新”和“社会需求性创新”两个维度，各维度均有 4 个题项，具体如下：

Q1：我非常关注创新成果可能存在的伦理道德问题

Q2：我会预防创新活动可能带来的伦理道德问题

Q3：我善于提出符合社会伦理道德要求的创新构想

Q4：在创新过程中我善于提出解决社会伦理道德问题的方案

Q5：在创新过程中我会认真听取消费者、公众等社会利益相关者的意见

Q6：将消费者、公众等社会利益相关者的需求融入我的创新过程中非常重要

Q7：我会预防创新活动对社会发展可能存在的不利影响

Q8：当创新活动对社会发展造成不利影响时，我能够及时采取相应措施应对

其中，题项 Q1～Q4 为伦理合规性创新的测量内容，题项 Q5～Q8 为社会需求性创新的测量内容。值得一提的是，“Responsible Innovation”另一个流行的中文名称叫“负责任创新”，属于创新管理及相关领域的热门术语之一。

原始出处：曹元坤，罗元大，张琼. 基于扎根理论的员工责任式创新量表开发与验证研究［J］. 商业经济与管理，2024（9）：34-48.

附录 3：影响机制类问卷调查研究论文框架

影响机制类论文是问卷调查研究成果的主要形式之一，这里的影响机制指的是包含自变量、因变量以及中介变量、调节变量（中介变量和调节变量可以同时纳入分析模型）的前因后果阐释关系。以管理学领域 CSSCI 来源期刊新近发表的部分论文结构为构建基础，本书总结提炼出具有一定普遍适用性的影响机制类中文期刊论文写作框架，如图 F-1 所示，其行文逻辑大同小异，仅供参考。

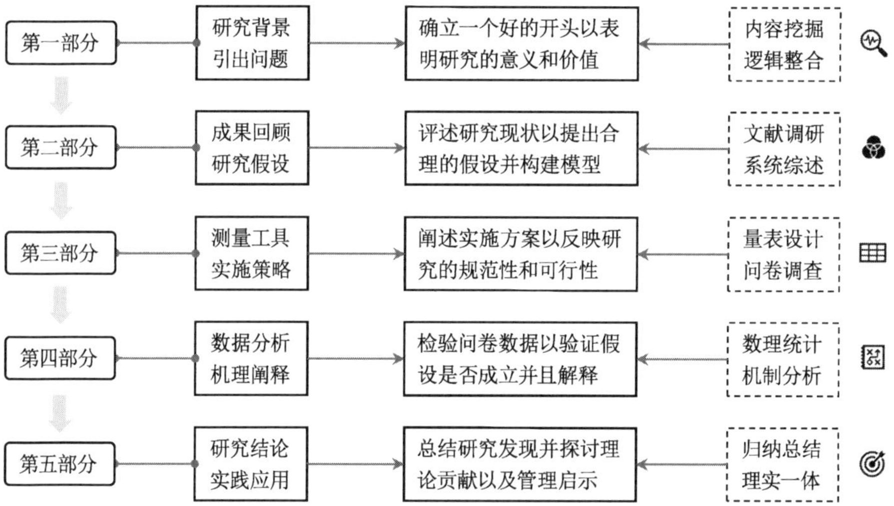

图 F-1　影响机制类问卷调查研究论文写作框架

一、引言（研究背景及问题的提出）

毋庸置疑，引言是正文的开头部分，即通过概念解读、现状点评、强化意义或价值等方式引出所要研究的目标指向。引言的表达能力，可能决定着期刊编辑、审稿专家对该文的首要印象，甚至影响着他们有没有兴趣继续往下读等行为。引言的呈现水平在某种程度上也反映出论文作者对该领域问题的认识能力。一篇“好”的学术论文，引言应做到简明扼要、逻辑清晰，甚至能够引人入胜，引起读者的学术兴趣或好奇心。

二、理论基础（或文献回顾）与研究假设

第二部分需要呈现的内容是该领域既有研究成果（通常是高水平论文）的回顾，应尽量做到系统而全面。或者，从理论基础的角度分析该领域核心变量影响关系，理论视角更多地强调变量内涵的解读。理论基础（或文献回顾）的系统性总结，是为了进一步提出研究假设做准备的。换言之，文中提出的研究假设必须是通过“挖掘”已有知识基础推导出来的，即使是相对较新的测量变量，也应当从关联性概念中获取灵感。一般而言，论文作者可以在“理论基础（或文献回顾）与研究假设”这部分的最后一段给出一个假设模型，常见的表述有：基于以上……的分析，综上所述，本文构建一个……的模型，如图 1（大多数情形下是论文中出现的第一个图）所示。另外，也有一些学者将这部分内容作为单独一节，更为深入地解释这个研究框架，这种情形更常见于注重理论基础的论文中。

三、研究方法（或研究设计）

第三部分应当详细地阐述如何收集问卷数据、研究对象是什么、样本有什么特征、测量工具有哪些等关键内容。应当注意的是，这里的研究对象≠调查对象，研究对象指的是想要探究哪些具体议题，而调查对象则是填答问卷的那些被试。研究设计不仅反映了论文作者如何开展这项研究工作，更体现了研究的难度、工作量等隐性信息。如果期刊篇幅允许，可以表格的形式列出样本特征描述情况。特别是测量工具，论文中必须准确给出量表的来源或题项的出处，如果对引用的原始量表进行了修改，则必须报告原因、过程及结果。所有量表应说明计分方式，如 5 点 Likert 计分方式和 Cronbach's α 系数。

四、数据分析与机理阐释

第四部分是研究者使用统计软件（如 SPSS、AMOS 等）进行问卷数据的信效度检验、相关性分析、回归分析等操作的结果呈现。由于多数问卷数据采用的是被调查者自陈式作答，容易出现同源偏差问题，需要采用相应的检验法进行检验，具体方法及操作见本书有关章节。问卷数据分析在学术论文中的行文框架可以是这样的顺序：① 同源偏差的检验，其结果必

须达标。② 主要变量的验证性因子分析，即先构建基准模型，然后分别构建比较模型，再验证其拟合度。这里需要特别注意的是，拟合度最优的那个模型一定要是基准模型，否则，前面的假设模型就有问题了。③ 描述性统计，包括各个变量的均值、标准差及相关系数。④ 假设检验，这一步是至关重要的！假设检验包括主效应检验、中介效应检验、调节效应检验以及复杂效应检验，应当清楚地列出回归、路径系数等检验结果，绘制调节效应图（如有此项的话）。⑤ 结果分析，即揭示并解释影响机制，这个内容最考验研究者的学术功力，是体现论文“高度”的重要方面。

五、结论与讨论

研究结论表达的是研究的主要发现，当然，需要对文中研究假设进行“呼应”，同时起到一个总结的作用。讨论部分一般包括理论贡献和管理（实践）启示，也可以在正文最后加上“研究的局限性及展望”，或者指明需要进一步研究的方向。

参考文献

[1] 翟振武. 社会调查问卷设计与应用 [M]. 北京：中国人民大学出版社，2019.

[2] 水延凯. 社会调查教程 [M]. 北京：中国人民大学出版社，1988.

[3] 张晓琼. 社会调查研究方法教程 [M]. 济南：山东人民出版社，2011.

[4] 尤克塞尔·伊金斯. 问卷设计 [M]. 于洪彦，译. 上海：格致出版社，上海人民出版社，2018.

[5] 徐国兴. 问卷设计 [M]. 上海：华东师范大学出版社，2020.

[6] 董焱，王晓红，牟静. 问卷调查数据分析实务 [M]. 2版. 北京：首都经济贸易大学出版社，2019.

[7] Wihuda F, Kurniawan A A, Kusumah A I, et al. Linking empowering leadership to employee service innovative behavior: A study from the hotel industry [J]. Tourism: An International Interdisciplinary Journal, 2017, 65 (3): 294-313.

[8] 张晋朝. 我国高校科研人员科学数据共享意愿研究 [J]. 情报理论与实践，2013，36 (10)：25-30.

[9] 韦生源. 借助网络平台及AI工具开展问卷调查的技巧 [J]. 秘书之友，2024 (11)：24-26.

[10] 风笑天. 社会调查方法 [M]. 北京：中国人民大学出版社，2019.

[11] 郭志刚. 社会统计分析方法：SPSS软件应用 [M]. 北京：中国人民大学出版社，1999.

[12] 郭志刚，郝虹生，杜亚军，等. 社会调查研究的量化方法 [M]. 北京：中国人民大学出版社，1989.

[13] 张佳良，袁艺玮，刘军. 伦理型领导对员工环保公民行为的影响［J］. 中国人力资源开发，2018，35（2）：19-29.

[14] 张玉琴，南钢. 幼儿园教师职业生涯适应力对离职意向的影响：工作满意度的中介作用［J］. 学前教育研究，2020（2）：32-40.

[15] 李澄锋，陈洪捷，沈文钦. 博士生国际期刊论文产出的群体差异：基于中国博士毕业生调查数据的分析［J］. 学位与研究生教育，2019（9）：59-65.

[16] 侯振虎，Chieh LI，许晓芳. 人口学变量对大学生综合幸福感的影响［J］. 高教发展与评估，2019，35（1）：54-71，91，2.

[17] Hansmann R，Laurenti R，Mehdi T，et al. Determinants of pro-environmental behavior：a comparison of university students and staff from diverse faculties at a swiss university［J］. Journal of Cleaner Production，2020，268：1-13.

[18] 王晴. 个体与组织特征对图书馆员职业成长的影响研究［J］. 国家图书馆学刊，2019，28（4）：10-20.

[19] 王宗军，蒋振宇. 从知识获取到创新能力：信息素养的调节效应［J］. 科研管理，2020，41（1）：274-284.

[20] 弗洛德·J. 福勒. 调查问卷的设计与评估［M］. 蒋逸民，田洪波，陆利军，等译. 重庆：重庆大学出版社，2010.

[21] 张勉，张德. 企业雇员离职意向的影响因素：对一些新变量的量化研究［J］. 管理评论，2007，19（4）：23-28.

[22] 风笑天. 现代社会调查方法［M］. 6 版. 武汉：华中科技大学出版社，2021.

[23] 王丹，刘红云. 量表数据中不努力作答的识别和清理［J］. 心理学探新，2023，43（6）：558-566.

[24] 张振刚，余传鹏，李云健. 主动性人格、知识分享与员工创新行为关系研究［J］. 管理评论，2016，28（4）：123-133.

[25] 王雁飞，朱瑜. 组织社会化、信任、知识分享与创新行为：机制与路径研究［J］. 研究与发展管理，2012，24（2）：34-46.

[26] 王鹏，朱方伟，宋昊阳，等. 人际信任与知识隐藏行为：个人声誉关注与不确定性感知的联合调节 [J]. 管理评论，2019，31 (1)：155-170.

[27] 王军，韩晓宁. 坚定与动摇：新闻从业者的职业承诺及其影响因素研究 [J]. 国际新闻界，2020，42 (8)：66-87.

[28] 叶晓倩，王泽群，杨琳. 参与式管理如何提高员工创新行为：基于诱因-贡献理论的视角 [J]. 中国人力资源开发，2020，37 (2)：53-64.

[29] Garg S, Dhar R. Employee service innovative behavior: the roles of leader-member exchange (LMX), work engagement, and job autonomy [J]. International Journal of Manpower, 2017, 38 (2): 242-258.

[30] 任莉颖，邱泽奇，丁华，等. 问卷调查质量研究：应答代表性评估 [J]. 社会，2014，34 (1)：196-214.

[31] 王小宁. 问卷分割的有效性和最优样本量分配方法研究 [J]. 数理统计与管理，2023，42 (4)：611-625.

[32] 臧雷振，徐榕. 方法论危机下的问卷调查：挑战、变革与改进路径 [J]. 社会学评论，2023，11 (2)：26-48.

[33] 徐本华，邓传军，武恒岳. 领导成员交换与员工主动创新行为：一个被中介的调节模型 [J]. 管理科学，2021，34 (2)：44-55.

[34] Yuan F, Woodman R W. Innovative behavior in the workplace: the role of performance and image outcome expectations [J]. Academy of Management Journal, 2010, 53 (2): 323-342.

[35] Jada U R, Mukhopadhyay S, Titiyal R. Empowering leadership and innovative work behavior: a moderated mediation examination [J]. Journal of Knowledge Management, 2019, 23 (5): 915-930.

[36] 周小曼，温碧燕，陈礼跃，等. 组织社会化视角下酒店实习生留职意愿的动态研究：基于职业承诺的调节 [J]. 旅游科学，2018，32 (5)：81-95.

[37] 吴士健，孙专专，刘新民，等. 家长式领导有助于员工利他行为吗：基于中国情境的多重中介效应研究 [J]. 管理评论，2020，32（2）：205-217.

[38] 赵红丹，夏青. 人际不信任、消极情感与知识隐藏行为研究 [J]. 科研管理，2019，40（8）：284-292.

[39] 邢璐，林钰莹，何欣露，等. 理性与感性的较量：责任型领导影响下属绿色行为的双路径探讨 [J]. 中国人力资源开发，2017（1）：31-40.

[40] Karatepe O M, RezapouraghdamH, Hassannia R. Job insecurity, work engagement and their effects on hotel employees' non-green and nonattendance behaviors [J]. International Journal of Hospitality Management, 2020 (87): 1-12.

[41] Podsakoff P M, MacKenzie S B, Lee J Y, et al. Common method biases in behavioral research: a critical review of the literature and recommended remedies [J]. Journal of Applied Psychology, 2003, 88 (5): 879-903.

[42] 翁清雄，席酉民. 企业员工职业成长研究：量表编制和效度检验 [J]. 管理评论，2011，23（10）：132-143.

[43] 翁清雄，杨惠，曹先霞. 科研人员职业成长、工作投入与工作绩效的关系 [J]. 科研管理，2017，38（6）：144-151.

[44] 何辉，黄月，王文博. 职业成长理论辨析与测量：主客观指标整合及实证研究 [J]. 首都经济贸易大学学报，2016，18（4）：41-49.

[45] 张莉，赵宁，陈龙. 职业成长结构的验证及其对建言行为的影响 [J]. 工业工程与管理，2017，22（4）：134-139.

[46] 刘苹，王亚男，胡江柠. 情绪研究的新工具—图片型量表研究现状 [J]. 心理学探新，2024，44（1）：81-90.

[47] 郝大海. 社会调查研究方法 [M]. 北京：中国人民大学出版社，2019.

[48] 保罗·E. 斯佩克特. 评分加总量表构建导论 [M]. 李兰，译. 上海：格致出版社，上海人民出版社，2017.

[49] 诺曼·布拉德伯恩，希摩·萨德曼，布莱恩·万辛克. 问卷设计手册：市场研究、民意调查、社会调查、健康调查指南 [M]. 赵锋，译. 重庆：重庆大学出版社，2011.

[50] 罗伯特·F. 德威利斯. 量表编制：理论与应用 [M]. 席仲恩，杜珏，译. 重庆：重庆大学出版社，2016.

[51] 于晓宇，赵红丹，范丽先. 管理研究设计与方法 [M]. 北京：机械工业出版社，2019.

[52] Brislin R W. Back-translation for cross-cultural research [J]. Journal of Cross-Cultural Psychology, 1970, 1 (3): 185-216.

[53] 刘喆，杨勇，唐加福，等. 自主动机、服务型领导力对情绪劳动的多层次作用机制：一个有中介的调节作用模型 [J]. 管理工程学报，2018，32 (3)：52-62.

[54] Fawehinmi O, Yusliza M Y, Mohamad Z, et al. Assessing the green behaviour of academics: The role of green human resource management and environmental knowledge [J]. International Journal of Manpower, 2020, 41 (7): 879-900.

[55] 范雪灵，王琦琦，刘军. 组织领地氛围抑制组织指向公民行为涌现的链式机制研究 [J]. 管理学报，2018，15 (5)：669-677.

[56] Stanton J M, Sinar E F, BalzerW K, et al. Issues and strategies for reducing the length of self-report scales [J]. Personnel Psychology, 2002, 55 (1): 167-194.

[57] 刘明霞，徐心吾. 真实型领导、主管认同与员工知识共享行为：程序公平的调节作用 [J]. 湖南大学学报（社会科学版），2021，35 (1)：45-53.

[58] Lu L, Leung K, Koch P T. managerial knowledge sharing: the role of individual, interpersonal, and organizational factors [J]. Management and Organization Review, 2006, 2 (1): 15-41.

[59] 刘丽华. 匹配视角下高绩效工作系统对组织公民行为的影响：心理授权的调节作用 [J]. 暨南学报（哲学社会科学版），2020 (1)：31-42.

[60] Allen N J, Meyer J P. The measurement and antecedents of affective, continuance and normative commitment to the organization [J]. Journal of Occupational Psychology, 1990, 63 (1): 1-18.

[61] 戚玉觉, 杨东涛. 组织支持感、组织承诺与员工建言行为: 与上司关系的调节作用 [J]. 财经理论与实践, 2016, 37 (4): 99-104, 135.

[62] He H, Gao J, Yan L. Understanding career advancement of newcomers from perspective of organizational socialization: a moderated mediating model [J]. Chinese Management Studies, 2020, 14 (3): 789-809.

[63] Carmeli A, Shalom R, Weisberg J. Considerations in organizational career advancement: what really matters [J]. Personnel Review, 2007, 36 (2): 190-205.

[64] Greenhaus J H, Parasuraman S, Wormley W. Effects of race on organizational experiences, job performance evaluations and career outcomes [J]. Academy of Management Journal, 1990, 33 (1): 64-86.

[65] 邱皓政. 量化研究与统计分析: SPSS (PASW) 数据分析范例解析 [M]. 重庆: 重庆大学出版社, 2013.

[66] 郑文智, 张林, 王舜淋. 企业数字导向: 概念、维度和测量 [J]. 华侨大学学报 (哲学社会科学版), 2022 (5): 70-80.

[67] 彭宇泓, 江燕伶, 郝辽钢等. 直播电商服务失败的结构维度与量表开发 [J]. 管理学报, 2024, 21 (9): 1382-1391.

[68] 格雷汉姆·加尔顿. 抽样调查方法简介 [M]. 武玲蔚, 译. 上海: 格致出版社, 上海人民出版社, 2014.

[69] 爱德华·布莱尔, 约翰尼·布莱尔. 如何抽样 [M]. 朱慧劼, 译. 北京: 中国人民大学出版社, 2022.

[70] 张峰, 耿晓伟. 组织政治知觉对乡村教师离职意向的影响: 组织公平和组织认同的中介作用 [J]. 心理与行为研究, 2018, 16 (5): 678-683.

[71] 李志辉，王纬虹. 乡村教师离职意向影响因素实证研究：基于重庆市2505名乡村教师调查数据的分析［J］. 教师教育研究，2018，30（6）：58-66.

[72] 张哲，张梦姣，张蕾，等. 智能教育时代职前教师生涯适应力提升策略研究［J］. 现代远距离教育，2021（3）：71-80.

[73] 王子舟. 选择图书馆职业的意愿及理由：2018年北大"图书馆学概论"课考试答卷分析［J］. 图书馆，2018（11）：24-29，43.

[74] 吴明隆. 问卷统计分析实务：SPSS操作与应用［M］. 重庆：重庆大学出版社，2010.

[75] 边燕杰，李路路，蔡禾. 社会调查方法与技术：中国实践［M］. 北京：社会科学文献出版社，2006.

[76] 易丹辉，李静萍. 结构方程模型及其应用［M］. 北京：北京大学出版社，2019.

[77] 道恩·亚科布齐. 中介作用分析［M］. 李骏，译. 上海：格致出版社，上海人民出版社，2012.

[78] 孔晨，赵璇，于亚航，等. 基层医务人员工作成长对离职意愿的影响［J］. 中国卫生事业管理，2021，38（5）：342-347，351.

[79] 梅丽莎·A. 海蒂. 虚拟变量回归［M］. 贺光烨，译. 上海：格致出版社，上海人民出版社，2016.

[80] 谢宇. 回归分析［M］. 北京：社会科学文献出版社，2013.

[81] 王晴. 我国图书馆员离职倾向实证研究［J］. 图书馆研究与工作，2021（2）：60-66.

[82] 朱红兵. 问卷调查及统计分析方法：基于SPSS［M］. 北京：电子工业出版社，2019.

[83] 王晴，宫昌俊，李耀昌. 学历和专业背景对图书馆普通员工职业胜任力的影响分析［J］. 国家图书馆学刊，2017，26（2）：37-44.

[84] 杜嫱，刘鑫桥. 高校教师离职倾向及学术权力感知的作用：基于"2016年全国高校教师发展调查"的实证分析［J］. 中国高教研究，2019（9）：48-53.

[85] 翁清雄. 职业成长对员工承诺与离职的作用机理研究［D］. 武汉：华中科技大学，2009.

[86] 罗胜强，姜嬿. 管理学问卷调查研究方法［M］. 重庆：重庆大学出版社，2014.

[87] 李从欣. 基于统计分析的高校教师职业成长研究［M］. 北京：经济科学出版社，2015.

[88] 卢纹岱. SPSS 统计分析［M］. 北京：电子工业出版社，2012.

[89] 李云. 上下级“关系”影响中层管理者职业成长和工作投入的作用机理研究［D］. 武汉：武汉大学，2012.

[90] Chi G Q，Chi O H，Ouyang Z. Wellness hotel：conceptualization，scale development，and validation［J］. International Journal of Hospitality Management，2020，89：1-9.

[91] Nouri H，Parker R J. Career growth opportunities and employee turnover intentions in public accounting firms［J］. British Accounting Review，2013，45（2）：138-148.

[92] 顾远东，周文莉，彭纪生. 消极情绪与员工创造力：组织认同、职业认同的调节效应研究［J］. 管理科学学报，2019，22（6）：21-35.

[93] 荣泰生. AMOS 与研究方法［M］. 重庆：重庆大学出版社，2010.

[94] 侯杰泰，温忠麟，成子娟. 结构方程模型及其应用［M］. 北京：教育科学出版社，2004.

[95] 温忠麟，侯杰泰，马什赫伯特. 结构方程模型检验：拟合指数与卡方准则［J］. 心理学报，2004，36（2）：186-194.

[96] Vandenberghe C.，Bentein K.，Stinglhamber F. Affective commitment to the organization，supervisor，and work group：antecedents and outcomes［J］. Journal of Vocational Behavior，2004，64（1）：47-71.

[97] Hodgkinson I R，Hughes P，Radnor Z，et al. Affective commitment within the public sector：antecedents and performance outcomes between ownership types［J］. Public Management Review，2018，20（12）：1872-1895.

[98] 傅剑波. 大型商业银行组织职业生涯管理对员工离职倾向的影响研究：以员工职业成长为中介变量［D］. 成都：西南财经大学，2013.

[99] 翁清雄，胡啸天，陈银龄. 职业妥协研究：量表开发及对职业承诺与工作倦怠的预测作用［J］. 管理世界，2018（4）：113-126，175.

[100] Fornell C, Larcker D F. Evaluating structural equation models with unobservable variables and measurement error［J］. Journal of Marketing Research, 1981, 18（1）：39-50.

[101] 周文斌，马学忠. 员工职业成长的组织公平影响研究：以组织支持感为中介变量［J］. 经济管理，2015，37（10）：64-74.

[102] 贾建锋，陈宬，焦玉鑫. 如何唤醒"装睡的员工"：人力资源管理强度对知识共享的影响机制研究［J］. 东北大学学报（社会科学版），2021，23（4）：26-33，98.

[103] 康勇军，王霄，彭坚. 组织结构影响管家行为的双路径模型：观点采择和情感承诺的中介作用［J］. 南开管理评论，2018，21（4）：148-157.

[104] 周浩，龙立荣. 共同方法偏差的统计检验与控制方法［J］. 心理科学进展，2004，12（6）：942-950.

[105] 熊红星，张璟，郑雪. 方法影响结果？方法变异的本质、影响及控制［J］. 心理学探新，2013，33（3）：195-199.

[106] Kock F, Berbekova A, Assaf A G. Understanding and managing the threat of common method bias: detection, prevention and control［J］. Tourism Management, 2021, 86: 1-10.

[107] 刘西真，赵慧军. 工作幸福感对知识共享的影响［J］. 首都经济贸易大学学报，2019，21（4）：84-92.

[108] 苏伟琳，林新奇. 服务型领导如何影响员工知识共享行为：一个有调节的中介模型［J］. 财经论丛，2019（10）：84-93.

[109] 杜恒波，朱千林. 职场负面八卦对员工知识隐藏的影响机制研究［J］. 科研管理，2020，41（3）：264-272.

[110] 郑建君，付晓洁. 中小学教师职业成长机会与知识共享的关系 [J]. 教育研究，2018 (7)：111-119，134.

[111] 田虹，王宇菲. 企业环境责任感知对员工亲环境行为的影响研究 [J]. 管理学报，2019，16 (6)：896-903.

[112] 李群，蔡芙蓉，张宏如. 制造业员工工匠精神对工作幸福感的作用及其影响因素研究 [J]. 管理学报，2021，18 (6)：864-872.

[113] 谢俊，储小平，汪林. 效忠主管与员工工作绩效的关系：反馈寻求行为和权力距离的影响 [J]. 南开管理评论，2012，15 (2)：31-38，58.

[114] 苏屹，樊起铭，李丹. 晋升制度模糊化对员工离职倾向的影响研究 [J]. 工业工程与管理，2018，23 (6)：143-148，172.

[115] 周俊. 问卷数据分析：破解 SPSS 软件的六类分析思路 [M]. 2 版. 北京：电子工业出版社，2020.

[116] 何筠，张嘉佳. 新生代农民工就业稳定性的影响因素及代际差异研究 [J]. 江西社会科学，2021 (2)：218-227，256.

[117] 陈健. 社会科学定量研究：原理、方法与应用 [M]. 南京：东南大学出版社，2018.

[118] 迪米特洛夫. 心理与教育中高级研究方法与数据分析：从研究设计到 SPSS [M]. 王爱民，韩瀚，张若舟，等译. 北京：中国轻工业出版社，2015.

[119] Baron R M, Kenny D A. The moderator-mediator variable distinction in social psychological research: conceptual, strategic, and statistical considerations [J]. Journal of Personality and Social Psychology, 1986, 51 (6): 1173-1182.

[120] Sobel M E. Asymptotic confidence intervals for indirect effects in structural equation models [J]. Sociological Methodology, 1982 (13): 290-312.

[121] 温忠麟，侯杰泰，张雷. 调节效应与中介效应的比较和应用 [J]. 心理学报，2005，37 (2)：268-274.

[122] 刘军. 管理研究方法：原理与应用［M］. 北京：中国人民大学出版社，2008.

[123] 温忠麟，张雷，侯杰泰，等. 中介效应检验程序及其应用［J］. 心理学报，2004，36（5）：614-620.

[124] 温忠麟，叶宝娟. 中介效应分析：方法和模型发展［J］. 心理科学进展，2014，22（5）：731-745.

[125] 温忠麟，刘红云，侯杰泰. 调节效应和中介效应分析［M］. 北京：教育科学出版社，2012.

[126] 弗雷德·C. 潘佩尔. Logistic 回归入门［M］. 周穆之，译. 上海：格致出版社，上海人民出版社，2015.

[127] 王济川，郭志刚. Logistic 回归模型——方法与应用［M］. 北京：高等教育出版社，2001.

[128] 安·A. 奥康奈尔. 定序因变量的 Logistic 回归模型［M］. 赵亮员，译. 上海：格致出版社，上海人民出版社，2018.

[129] 王晴. 高校教师职业成长机会对离职倾向的影响：个体特征与职业认同的作用［J］. 兵团教育学院学报，2022，32（5）：27-34.

[130] 冯帅帅，罗教讲. 社会学量化研究控制变量方法的反思与超越［J］. 深圳社会科学，2021，4（6）：95-105，115.

[131] 曹江雨，王忠军，唐云，等. 组织管理研究中的控制变量使用：问题与策略［J］. 中国人力资源开发，2020，37（8）：48-65.

[132] 谢礼珊，关新华，Catherine MERCIER-SUISSA. 个体与组织情景因素对旅游服务员工创新行为的影响［J］. 旅游学刊，2015，30（2）：79-89.

[133] 李维，秦玉友，白颖颖，等. 归属感对农村教师离职意向的影响研究：基于情绪耗竭的中介效应分析［J］. 教师教育研究，2018，30（6）：52-57.

[134] 詹姆斯·杰卡德，罗伯特·图里西. 多元回归中的交互作用［M］. 蒋勤，译. 上海：格致出版社，上海人民出版社，2012.

[135] 孟秀兰，柴攀峰，黄中伟. 工作价值观、组织公平与离职倾向及其代际差异 [J]. 科研管理，2020，41（6）：219-227.

[136] Preacher K J, Curran P J, Bauer D J. Computational tools for probing interactions in multiple linear regression, multi-level modeling, and latent curve analysis [J]. Journal of Educational & Behavioral Statistics, 2006, 31（4）：437-448.

[137] 叶宝娟，胡竹菁. 中介效应分析技术及应用 [M]. 北京：中国社会科学出版社，2016.

[138] 方杰，张敏强. 中介效应的点估计和区间估计：乘积分布法、非参数 Bootstrap 和 MCMC 法 [J]. 心理学报，2012，44（10）：1408-1420.

[139] 方杰，张敏强，李晓鹏. 中介效应的三类区间估计方法 [J]. 心理科学进展，2011，19（5）：765-774.

[140] 温忠麟，张雷，侯杰泰. 有中介的调节变量和有调节的中介变量 [J]. 心理学报，2006，38（3）：448-452.

[141] Preacher K J, Hayes A F. SPSS and SAS procedures for estimating indirect effects in simple mediation models [J]. Behavior Research Methods, Instruments, & Computers, 2004, 36（4）：717-731.

[142] 江程铭，李纾. 中介分析和自举（Bootstrap）程序应用 [J]. 心理学探新，2015，35（5）：458-463.

[143] 陈瑞，郑毓煌，刘文静. 中介效应分析：原理、程序、Bootstrap 方法及其应用 [J]. 营销科学学报，2013，9（4）：120-135.

[144] 张涵，康飞. 基于 bootstrap 的多重中介效应分析方法 [J]. 统计与决策，2016（5）：75-78.

[145] Edwards J R, Lambert L S. Methods for integrating moderation and mediation: a general analytical framework using moderated path analysis [J]. Psychological Methods, 2007, 12（1）：1-22.

[146] Ren S, Tang G, Jackson S E. Effects of green HRM and CEO ethical leadership on organizations' environmental performance [J]. International Journal of Manpower, 2021, 42（6）：961-983.

[147] Hayes A F. Introduction to mediation, moderation, and conditional process analysis: a regression-based approach [M]. New York: Guilford Press, 2013.

[148] Muller D, Judd C M, Yzerbyt V Y. When moderation is mediated and mediation is moderated [J]. Journal of Personality and Social Psychology, 2005 (6): 852-863.

[149] Hameed Z, Khan I U, Islam T, et al. Do green HRM practices influence employees' environmental performance? [J]. International Journal of Manpower, 2020, 41 (7): 1061-1079.

[150] 王怀勇，岳思怡，沈晓寻. 授权型领导对员工反馈寻求行为的影响机制：领导差异化授权两阶段的调节作用 [J]. 心理与行为研究，2022，20 (1)：130-137.

[151] 张昊民，孟洪林，刘春秀，等. 职场负面八卦会抑制员工越轨创新行为吗？一个被调节的链式中介模型 [J]. 中国人力资源开发，2022，39 (7)：26-40.

[152] 安世民，陈颖，张羽琦. 平台型领导对员工个体角色绩效的影响机制：被调节的链式多重中介模型 [J]. 技术经济，2022，41 (5)：134-144.

[153] 杨学儒，董保宝，叶文平. 管理学研究方法与论文写作 [M]. 北京：机械工业出版社，2019.

[154] 柳士顺，凌文辁. 多重中介模型及其应用 [J]. 心理科学，2009，32 (2)：433-435，407.

[155] 武堂晓，吴荧秋，张兴兵，等. 特质应对方式下干旱沙漠地区军人心理疲劳对工作紧张的中介效应 [J]. 陆军军医大学学报，2023，45 (14)：1569-1574.

[156] 倪旭东，杨露琳，朱星魁. 职业呼唤对工作绩效的影响：情绪调节和职业弹性的多重中介作用 [J]. 心理科学，2023，46 (4)：937-943.

[157] 刘源，刘红云. 结构方程模型应用［M］. 北京：北京师范大学出版社，2020.

[158] 杜鹏程，陈云. 差错反感文化对新生代员工离职倾向的影响［J］. 华东经济管理，2019，33（6）：140-146.

[159] 高中华，赵晨. 社会认同视角下交换关系差异对离职倾向的影响研究［J］. 管理学报，2019，16（10）：1466-1476.

[160] 宣燚斐，谢宝国，马娜娜. 职业成长机会对员工工作投入的影响：基于自我决定理论的视角［J］. 中国人力资源开发，2018，35（2）：141-152.

后 记

前言、后记，古人谓之序、跋。后记，多为有感而发之作。我是个后知后觉之人，也大致养成了“小时了了大未必佳”的缺憾。回想读研之际，便有了著书立说的学术志向，期间，基本上是过着“两点一线”的学习生活，即便是舍友们在打游戏，偶尔又喊又叫的状态，我都能够静下心来沉浸在学术研究之中，看着学术论文一篇接一篇地发表，颇有成就感。三年的博士求学之后，终于算是在学界落定，而今又开启了博士后之旅。

二〇一一年春季硕士生入学考试和复试后，实现跨省调剂录取，稳固了继续深造的信心，开始谋划自己的未来研究，较早地与硕士导师确定了读研期间的研究方向，结合自己在乡政府两年多的工作经历，硕士导师建议选择政府信息公开这个方向，我非常认同，后来又延展至政府数据开放等相关领域，打下了较为扎实的学术功底。

我的博士导师是一位睿智、有魄力且有深邃洞察力的大先生，对学生包容且宽容，我喜欢听他讲故事，人生百态、学术生态尽在其中。三年的读博生涯，我的感悟、体悟、领悟很多，宁波、成都、郑州等地的调研至今记忆犹新。博士导师连续举办十届的实证研究方法培训班（每届参会人数均在两百以上的博士生学术会议），广惠学林，我也受益匪浅，开拓视野、深耕学田。本书的立意大概起源于此，博士导师有期望，我必果敢行动，接下这个重任。就初衷而言，这本书是奉献给博士导师的。

当我阅读学习有关问卷调查、数据分析相关文献时，总会遇到需要的知识来源分布十分广泛以至于抓不住要点或无法有效将知识点衔接起来的窘况，有时要将十几本书籍同时摆在面前去查找、核对或标引出处，极大地影响了研究效率。因此，自从决定撰写一本关于问卷调查与数据建模类的学术专著，我就为自己设定了这样一个明确的目标：将有关文献中那些纷繁的知识，用简明扼要的方式贯通呈现出来并加上操作实例，帮助广大社会科学研究者便捷地理解并运用相关内容。我的专业知识和研究能力是在不断的学习、借鉴和创新中发展起来的，随着研究经验的积累和丰富以及对问卷调查研究的更多理解，非常有必要将这些知识分享给学界同仁和在读研究生，以期共同成长和进步。

王 晴

2024 年季夏